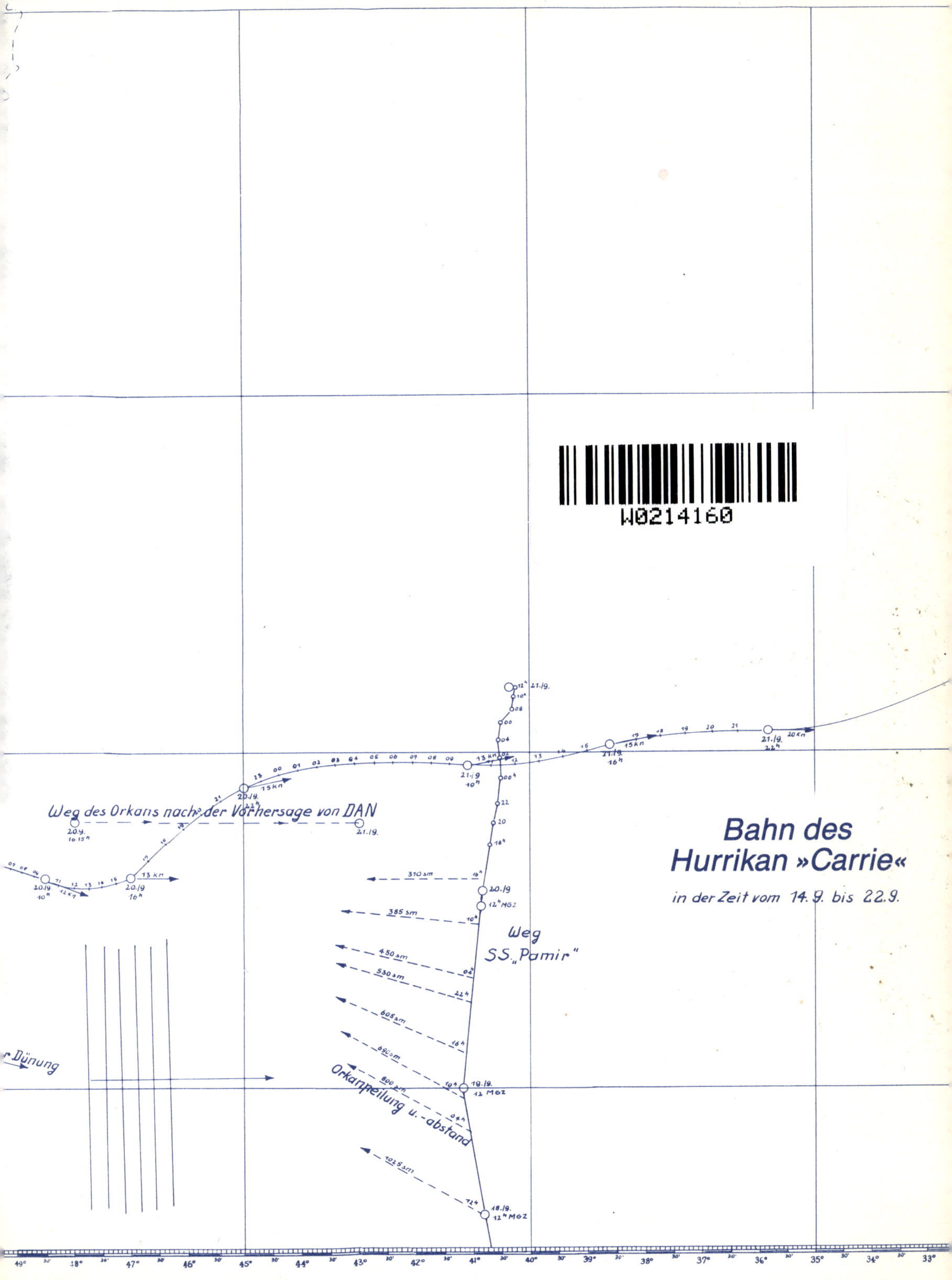

Bahn des Hurrikan »Carrie«

in der Zeit vom 14.9. bis 22.9.

Horst Willner

PAMIR

ihr Untergang und die Irrtümer des Seeamtes

SEIT 1789

Verlag E.S. Mittler & Sohn GmbH
Herford und Bonn

Abbildungsnachweis

Schutzumschlag:

Vorderseite: Ausschnitt aus einem Gemälde von Professor Dr. Hanswilly Bernartz, entnommen dem Buch »Berühmte Schiffe« von Hanswilly Bernartz, Koehlers Verlagsgesellschaft mbH, Herford

Rückseite: Archiv Kapitän Fritz Dominik, Hamburg

Bildteil: Seiten 65 bis 67 Archiv Kapitän Fritz Dominik, Hamburg
Seite 68 Dr. Hellmut Jebens, Hamburg
Seiten 69 bis 72 entnommen dem Film »Die letzten Segelschiffe«, den Heinrich Hauser im Winter 1929/30 auf der *Pamir* gedreht hat.

Die Deutsche Bibliothek – CIP-Einheitsaufnahme

Willner, Horst:
Pamir : ihr Untergang und die Irrtümer des Seeamtes / Horst Willner. - 2. Auflage - Herford : Mittler, 1992
ISBN 3-8132-0388-3

ISBN 3 8132 0388 3

Schutzumschlag- und Einbandgestaltung: Regina Meinecke, Hamburg, unter Verwendung der o.g. Abbildungen
Produktion: Jörn Heese
Gesamtherstellung: Hans Kock Buch- und Offsetdruck GmbH, Bielefeld
Printed in Germany

Inhaltsverzeichnis

Seite

Vorwort zur 2. Auflage

Mein Buch über die Geschehnisse um den tragischen Untergang der *Pamir* ist, obwohl das Unglück nun schon viele Jahre zurückliegt, auf ein so lebhaftes Interesse gestoßen, daß eine zweite Auflage erforderlich geworden ist.

Erfreut bin ich besonders über die große Zustimmung, die das Buch gefunden hat. Sie bezieht sich auf mehrere Aspekte.

Es wurde zunächst schon begrüßt, daß der damalige Seeamtsspruch über den Untergang der *Pamir* überhaupt einer kritischen Würdigung unterzogen worden ist. Er hatte nämlich bei vielen Betrachtern, Teilnehmern an der Verhandlung und Lesern schon deshalb Befremden, Unbehagen und Kritik hervorgerufen, weil der Kapitän schuldig gesprochen worden ist, obgleich er mit dem Schiff untergegangen war und sich gegen die Vorwürfe nicht hatte wehren können, und er auch — kraft Verweigerung des Seeamtes — nicht durch Berufene in Schutz genommen werden durfte. Darüber hinaus hatten aber auch der Inhalt und das Ergebnis meiner Untersuchungen und Darlegungen fast einhellige Zustimmung bei den Lesern und in der Presse gefunden.

Zwei Ziele habe ich verfolgt:

Ich hatte einen Beitrag zur Wahrheit über den Untergang der *Pamir* leisten wollen und damit zugleich eine Rehabilitierung der Schiffsführung, insbesondere des Kapitäns Diebitsch, der Besatzung und aller anderen, die Verantwortung trugen, beabsichtigt.

Außerdem wollte ich einen Appell an alle richten, die es angeht, in Fällen (abstrakt) vergleichbarer Art mit Vorsicht und Zurückhaltung zu urteilen.

Das Echo, das mein Buch mit dieser Zielsetzung gefunden hat, zeigt, daß der Untergang der *Pamir*, die Schiffsführung sowie die Reeder nunmehr in einem anderen Licht dastehen als in dem, in das sie vom Seeamt mit seinen Irrtümern gestellt worden waren.

Naturgemäß können nicht alle Stimmen wiedergegeben werden, jedoch sind einige besonders interessante im Anhang abgedruckt.

Großes Gewicht haben die Ausführungen von Kapitän Greiff. Denn er war von 1951 bis 1953 Kapitän der *Pamir* und ist im übrigen auch ein alter »Fahrensmann« auf Segelschiffen. Seine Kompetenz ist unbestritten. Auf Seiten der Angehörigen der auf See gebliebenen Besatzung hat sich Rechtsanwalt Westerkamp zustimmend geäußert. Er ist der Bruder des mit der *Pamir* untergegangenen Helmut Westerkamp und hat die Seeamtsverhandlung miterlebt. Der verstorbene Vater, ebenfalls Zuhörer in der Seeamtsverhandlung, war Staatssekretär im Bundeswirtschaftsministerium. Deutlich genug ist auch die Äußerung von Kapitän Memmen, dem Ehrenpräsidenten der Amicale Internationale Cap Horniers, Deutsche Sektion. Auch er war bei der Seeamtsverhandlung anwesend. Von besonderer Bedeutung ist die Stellungnahme von Admiral a.D. Peter, der übrigens ein Buch über den Untergang des Segelschulschiffes *Niobe* geschrieben hat. Das gleiche gilt für das Schreiben von Admiral a.D. Wellershoff, dem ehemaligen Generalinspekteur der Bundeswehr. Last not least ist der Brief von Herrn Professor Dipl.-Ing. Ulrich Gabler zu nennen. Er ist eine Kompetenz im Schiffbau; sein Ingenieurkontor Lübeck (heute: Ingenieurkonto Lübeck Prof. Gabler Nachfolger GmbH) ist weltbekannt.

Diese zweite Auflage ist überarbeitet und korrigiert worden.

Ergänzend ist anzumerken: Daß dieses Buch erst viele Jahre nach dem *Pamir*-Unglück geschrieben worden ist, hatte anfangs die im Vorwort zur ersten Auflage genannten Pietätsgründe. Später war es die außerordentliche Belastung, die mir eine Verwertung und Verarbeitung der vorliegenden Quellen und Unterlagen, insbesondere der von mir verfaßten Begründung der Berufung gegen den Seeamtsspruch, nicht früher möglich machte. Erst das Ausscheiden aus dem aktiven Wirtschaftsleben setzte mich in die Lage, vieles durchzuführen, was bislang nur Planung war. Dazu gehört das *Pamir*-Buch, das mir seit dem Seeamtsspruch ein brennendes Anliegen war.

Zur Trauer vieler ist Kapitän Fritz Dominik, damaliger Inspektor der *Pamir*, am 15. September 1991 verstorben. Ihn hatte der Seeamtspruch besonders hart getroffen. Er war glücklich, das Erscheinen der ersten Auflage dieses Buches noch erlebt zu haben. Auf sein Schreiben vom 24. August 1990 — Anhang 15 (Seite 144) — darf ich ausdrücklich hinweisen.

Wiederum darf ich den Personen, die im Vorwort zur ersten Auflage genannt sind, für ihre Unterstützung danken. Hinzufügen möchte ich einen Dank für wertvolle Hilfe an einen alten Freund und Mitarbeiter beim Norddeutschen Lloyd und im Hapag-Lloyd-Konzern, Herrn Assessor Heinrich W. Wefing.

Bremen, im Februar 1992 *Horst Willner*

Vorwort zur 1. Auflage

Warum, so könnte man fragen, greift der Verfasser die doch so viel beschriebene und untersuchte *Pamir*-Katastrophe (wieder) auf, zumal unter dieser aggressiven Überschrift?

Ich habe im seeamtlichen Verfahren die Stiftung *Pamir* und *Passat* (Eigner der *Pamir*) und die Reederei Zerssen & Co. (Korrespondentreeder) sowie — ab dem Berufungsverfahren — die Witwe des auf See gebliebenen Kapitäns Diebitsch (soweit wie zugelassen) anwaltlich vertreten.

In dieser Eigenschaft habe ich Unterlagen und Informationen erhalten, die zum Teil der Öffentlichkeit nicht bekannt sind. So habe ich die gesamte Seeamtsverhandlung vom ersten bis zum letzten Wort durch Parlamentsstenografen mitschreiben lassen, so daß die Aussagen der Zeugen und Sachverständigen schriftlich festgehalten sind. Diese Unterlage ist einmalig. Ich habe in der Sache *Pamir* auch einen Spruch des Bundesoberseeamtes erwirkt, der nicht ohne Bedeutung ist.

Die Stiftung hat mir — des weiteren — eine meteorologisch-nautische Untersuchung des *Pamir*-Unterganges von Kapitän Schmidt zur Verfügung gestellt, der damals Dozent an der Seefahrtschule Hamburg in diesem Fachbereich war. Außerdem liegen mir Stabilitätsgutachten und weitere Stellungnahmen von Sachverständigen vor.

Aus allem läßt sich zuverlässig feststellen, daß der Spruch des Seeamtes zentrale Makel, Fehler und Irrtümer enthält und damit ein mehr als fragwürdiges Bild der Katastrophe gezeichnet hat.

Es ist ein Gebot des öffentlichen Interesses und der Gerechtigkeit, insbesondere gegenüber dem Kapitän und allen weiteren Besatzungsmitgliedern, die auf See geblieben sind, dieses vom Seeamt hergestellte Bild nicht länger ohne Kritik und ohne Korrektur in die Geschichte der Seefahrt eingehen zu lassen.

Mir ist niemand anderes bekannt, der diese Aufgabe übernehmen könnte, weil außer mir, der die Beteiligten seinerzeit vertreten hat, niemand die Kenntnisse des Sachverhaltes sowie die Unterlagen und Informationen besitzt, die eine kritische Betrachtung des Seeamtspruches ermöglichen.

Es ist nicht früher geschehen, weil seinerzeit die Beteiligten und Angehörigen aus Gründen der Pietät und, weil nichts rückgängig zu machen war, die Sache ruhen lassen wollten. Jetzt aber ist die Zeit gekommen, zumal das erst jüngst in der zweiten, neubearbeiteten Auflage erschienene Buch von Jochen Brennecke und Karl-Otto Dummer, einem der Überlebenden der *Pamir*-Katastrophe, (»Viermastbark *Pamir* —

ihr Schicksal im Zentrum des Hurrikans ›Carrie‹«, Koehlers Verlagsgesellschaft mbH, Herford), das tragische Schicksal dieses Schiffes und seiner Besatzung unter Zugrundelegung des Seeamtsspruches wieder in das Gedächtnis gerufen hat.
Ich danke dem Verlag, dieses schwierige und heikle Thema aufzunehmen sowie für das Einfühlungsvermögen, mit dem er die Arbeit begleitet hat.
Weiter danke ich Herrn Hans Georg Prager für seine wertvolle Unterstützung, Frau Dr. Margot Küsel für das sorgfältige Lektorat und der Reederei F. Laeisz, Hamburg, für ihre freundliche Hilfe bei der Beschaffung dokumentarischen Fotomaterials von der *Pamir*.
Herr Kapitän Fritz Dominik, der seinerzeit als nautischer Inspektor der Reederei und des Korrespondentreeders der *Pamir* — neben dem auf See gebliebenen Kapitän Diebitsch — zwangsläufig im Zentrum des damaligen Geschehens stand, hat mich mit wichtigen Informationen und einschlägigem Material in meinem Vorhaben wesentlich unterstützt. Ihm gebührt ein besonderer Dank.

Bremen, im Winter 1990/91 *Horst Willner*

Das Unglück

Erinnern wir uns:
Am 21. September 1957 gegen 16.00 MGZ (13.00 Bordzeit) ist die frachtfahrende Viermastbark *Pamir* im Atlantik etwa 600 Seemeilen westsüdwestlich der Azoren im Zentrum des Hurrikans »Carrie« gesunken. Von der 86 Mann starken Besatzung konnten nur sechs Mann gerettet werden. Sie sind in den nachfolgenden Tagen aus zertrümmerten Rettungsbooten geborgen worden. Alle übrigen sind auf See geblieben.
Es handelt sich um einen der tragischsten Unfälle in der Geschichte der Seefahrt. Er hat eine außerordentlich große Anteilnahme in aller Welt gefunden.
Leider kennt die Seefahrtsgeschichte zahlreiche Fälle von Schiffsunglücken voller Dramatik und Tragik.
Wenn hier einige wenige — als Beispiele — genannt werden, so deshalb, weil im Anschluß daran und als Folgerung grundsätzliche und weltweite Maßnahmen ergriffen und Regelungen durch Gesetz und Verordnungen eingeführt worden sind, die der Verhütung von Seeunfällen und der Verbesserung der Schiffssicherheit dienen.
Der tragische Untergang der *Titanic* nach dem Zusammenstoß mit einem Eisberg im Jahre 1912 zog die Pflichtausrüstung der Passagierschiffe mit moderner Funktelegrafie sowie die Einführung des international einheitlichen SOS-Rufes nach sich.
Das furchtbare Brandunglück der *Morro Castle* vor New Jersey 1934 brachte den Erlaß bahnbrechender und umfassender internationaler Brandschutzvorschriften.
Der in diesem Buch erwähnte Untergang des modernen Lash-Schiffes *München* im Jahre 1978 führte zu einer bedeutsamen Verbesserung im Rettungsbootwesen.
Als Folge langer vergeblicher Suche nach der *Pamir* ergab sich eine grundsätzliche Umstellung in der Taktik des Such- und Rettungsdienstes zugunsten überfälliger Schiffe. Es wurde ein neuartiges Koordinationssystem entwickelt, in das Schiffe, Flugzeuge und Landstellen einbezogen wurden.
Die *Pamir*-Katastrophe hat neben der Verbesserung des Such- und Rettungsdienstes noch eine weitere Konsequenz nach sich gezogen, die allerdings nicht uneingeschränkt angenommen worden ist. Es handelt sich (jedenfalls in Deutschland) um die völlige Einstellung der Ausbildung seemännischen Nachwuchses auf frachtfahrenden Segelschiffen.

Der Spruch des Seeamtes

Inhalt

Das Seeamt Lübeck hat in dieser Sache vom 6. bis 10. und am 14. sowie am 20. Januar 1958 verhandelt und einen Spruch verkündet. Er ist veröffentlicht in der vom Bundesminister für Verkehr herausgegebenen Reihe »Entscheidungen des Bundesoberseeamtes und der Seeämter in der Bundesrepublik Deutschland« (hier zitiert mit SPR = Spruch und Seitenzahl, z.B. 110).

Wie im Vorwort bemerkt, hat der Verfasser die Verhandlung mitstenografieren lassen. So ist ihr Verlauf — einschließlich der Zeugen- und Sachverständigenaussagen — in sechs Bänden niedergelegt. Damit liegt ein historisches Dokument vor. Aus verlagstechnischen Gründen konnte es diesem Buch nicht als Beilage angefügt werden. Trotzdem wird es hier mit der Nummer des jeweiligen Bandes und der Seitenzahl zitiert, z.B. II, 12.

Das Seeamt hat in seinem Spruch Feststellungen über Hergang, Umstände und Ursachen des Untergangs der *Pamir* getroffen. Dabei hat es Kapitän, Eigner und Korrespondentreeder des Schiffes schwer belastet. Es heißt dort:

a) Es habe sich um einen Stabilitätsunfall gehandelt, verursacht durch Übergang der Ladung.
b) Die *Pamir* sei in den entscheidenden Stunden mit falscher Segelführung gefahren worden.
c) Der Kapitän sei mit den besonderen Segel- und Stabilitätseigenschaften der *Pamir* mangelhaft vertraut gewesen, der I. Offizier habe nur eine begrenzte Segelschiffserfahrung besessen.
d) Die Unterlassung der Flutung des Tieftanks sowie einer wirksamen Absicherung der Schiffsaufbauten gegen das Eindringen von Wasser hätten zum Untergang wesentlich beigetragen.
e) Es habe sich nicht um einen Fall von »höherer Gewalt« gehandelt. Das Unglück sei vermeidbar gewesen.

Die folgenden Zitate aus dem Spruch verdeutlichen die Aussagen des Amtes:

»... *zusammenfassend ist also zu sagen: Der Unfall der* Pamir *ist ein Stabilitätsunfall in dem Sinne, daß die* Pamir *einem Sturm zum Opfer gefallen ist, den sie hätte überstehen müssen, wenn die Ladung unverrutschbar festgelegen hätte, der Tieftank geflutet gewesen wäre, kleinste Orkansegel gestanden hätten und die Aufbauten wirksam gegen das Eindringen von Wasser gesichert gewesen wären. Hätten auch nur einige dieser die Stabilität verbessernden Momente vorgelegen, so wären die Aussichten, dem Orkan standzuhalten, viel größer gewesen.** Gerade weil das Eindringen von Wasser in die Aufbauten (auch bei allen Vorsichtsmaßregeln) und auch ein gewisses Übergehen von Gewichten nach seemännischer Erfahrung immerhin bei Orkanen vorsichtshalber in Rechnung zu ziehen war, wäre es um so notwendiger gewesen, bei der Segelführung und -stellung alle erdenkliche Vorsicht walten zu lassen, d.h. sich auf die kleinste Besegelung zu beschränken...« (SPR 291)

»... Pamir *ist also auch nicht das Opfer der spezifischen Gefahren eines tropischen Orkans* — extremer und plötzlich umschlagender Winde — geworden. Die *Windstärke* — auch die Maximalstärke — *war nicht größer, als sie bei schweren atlantischen Stürmen des öfteren vorkommt, und die Viermastbark hat in ihrer 50jährigen Geschichte sicherlich häufiger solche Sturmstärken überstanden.* Auch die Seegangsverhältnisse waren keine einmaligen. Vielleicht könnte man die *Pamir* insofern als das Opfer eines tropischen Orkans bezeichnen, als möglicherweise die Schiffsleitung aus dem Bestreben heraus, unter allen Umständen einem vermeintlich herannahenden »Orkanauge« zu entkommen, viel mehr Segel gefahren hat, als sie bei Annäherung eines gewöhnlichen schweren Sturms stehen gelassen haben würde...« (SPR 289)

»... muß man sich vergegenwärtigen, daß neben Sturm und Seegang *folgende Ursachen zusammengewirkt* haben, (wobei die Reihenfolge der Aufzählung keine Rangfolge andeuten soll):

Die *Führung von zehn bis zwölf Segeln (und deren Am-Wind-Stellung) anstelle kleinster Besegelung,* der *Ausfall der Aufbauten als Stabilitätsfaktor,* die *Verrutschbarkeit der Ladung,* die *unterlassene Flutung des Tieftanks.*

Sturm und Seegang müssen, wenn man von der etwaigen Möglichkeit, dem Hurrikan zu entgehen, einmal absieht, als unabänderlich hingenommen werden. Die übrigen *Ursachen waren* jedoch *vermeidbar*...« (SPR 289)

»... damit ist klargestellt, daß die *Pamir als ein* — bis auf die Segel — *unversehrtes und* (von der Beladung abgesehen) *in technisch einwandfreiem Zustand befindliches Schiff* unter der Einwirkung des Windes *Schlagseite bekommen hat und gekentert ist.* Die physikalisch-technischen Ursachen dieses Vorganges zu klären, mußte zu den Aufgaben des Seeamtes gehören...« (SPR 275)

»... konnte und durfte das Seeamt sich nicht auf die Auswertung rein empirischer Erfahrungen von Praktikern beschränken. Es mußten auch die Vertreter der Wissenschaft, also der Schiffbauwissenschaft, gehörig zu Wort kommen lassen...« (SPR 275)

»... das Seeamt hat deshalb nach sehr sorgfältiger Überlegung sich auf zwei *Stabilitätsfachleute* beschränkt, die die Gewähr für beste Fachkunde mit dem großen Vorzug der Unabhängigkeit und Unvoreingenommenheit verband: Dr. Ing. Wendel,

* Die Unterstreichungen in den Texten sind vom Seeamt vorgenommen worden.

Professor für Schiffbau an der technischen Hochschule Hannover und Universität Hamburg, zugleich Vorsitzender des Schiffssicherheitsausschusses der Schiffbautechnischen Gesellschaft und des Nautischen Vereins in Hamburg, und ferner Kapitän Platzoeder, früher 4 1/2 Jahre lang auf Laeisz-Seglern, davon zwei Jahre als Wachoffizier, jetzt Lehrer, besonders auch für Schiffsstabilität, an der Hamburger Seefahrtschule . . .
. . . die von beiden Sachverständigen entwickelten Auffassungen erscheinen überzeugend, die Berechnungen gründlich und zuverlässig . . .« (SPR 276)

». . . da die Beweisführung dem Seeamt obliegt, mußte, bevor das Gutachten Wendel/Platzoeder dem Spruch zugrunde gelegt wurde, geprüft werden, ob der von den Sachverständigen angenommene Sachverhalt dem Ergebnis der Beweisaufnahme entspreche . . . (SPR 277)

». . . damit ist klargestellt, daß Wendel/Platzoeder von einem Sachverhalt ausgegangen sind, der sich in der Beweisaufnahme in allen wesentlichen Punkten als zutreffend bestätigt hat. Das Seeamt ist auch überzeugt, daß *der Untergang der Pamir so stattgefunden hat und physikalisch-technisch so zu erklären ist, wie in dem zusammenfassenden Gutachten dargestellt* . . .« (SPR 282)

». . . in dem zusammenfassenden Gutachten (vgl. S. 156) haben Wendel/Platzoeder dargelegt — und dies ist auch aus den graphischen Darstellungen abzulesen —, daß *Pamir* unter den vorliegenden ungünstigen Umständen (große Segelfläche, Tieftank nicht geflutet) ohne Berücksichtigung des Stabilitätsabbaues durch achterlichen Seegang bei Stärke 10 (bei Berücksichtigung dieses Abbaues sogar noch früher) eine Neigung von 30 Grad bekommen mußte, bei der die Gersteladung übergehen mußte. Die Entstehung und die Zunahme der Schlagseite, das Kentern und schließlich der Untergang sind also im Sinne des Stabilitätsgutachtens *physikalisch-technisch einwandfrei geklärt, wenn zur Zeit des Entstehens der Schlagseite auch nur Stärke 10 aufgetreten ist.* Daß während der in Frage kommenden Zeitspanne mindestens eine solche Windstärke geherrscht hat, steht nach Rodewald und auch nach den Bekundungen der Überlebenden außer jedem Zweifel . . .« (SPR 283)

». . . zusammenfassend ist also festzustellen, *daß die Beibehaltung so vieler Segel und noch dazu ihre Am-Wind-Stellung falsch war und als eine der maßgebenden Ursachen für die Katastrophe angesehen werden muß* . . .«. (SPR 269)
». . . als Ergebnis dieser Erörterungen muß also festgestellt werden, daß eine rechtzeitige, deutlich befohlene, streng überprüfte und wirksame Herstellung des Verschlußzustandes nicht stattgefunden hat . . .« (SPR 254/255)

Über Kapitän Diebitsch ist im Spruch — u.a. — folgendes zu lesen:

». . . Kapitän Diebitsch's Erfahrungen können schwerlich ausgereicht haben, um sich ein absolut sicheres Bild z.B. darüber zu machen, was er der Viermastbark im schweren Sturm an Segeln ›anbieten‹ konnte und wann der Zeitpunkt, wo zweckmäßig beigedreht wurde, gekommen war . . .« (SPR 314)

»... so erscheint es durchaus einleuchtend, daß Kapitän Piening, ehemaliger Laeisz-Kapitän und langjähriger Inspektor dieser Reederei, den Kapitän Diebitsch, wie er vor dem Seeamt erklärt hat, ›nicht gern‹ genommen, sondern lieber Ausschau nach einem Kapitän gehalten hätte, der über Erfahrungen in der Führung vergleichbarer Segelschiffe verfügte...« (SPR 313)

Das Seeamt hat sich auch mit der Frage befaßt, ob andere als die festgestellten Gründe den Untergang herbeigeführt haben könnten, nämlich »höhere Gewalt« und Beschädigungen des Schiffskörpers (z.B. durch Seeschlag). Allerdings — und hier setzt ein wesentlicher Punkt der Kritik an — ist dies nicht gründlich und dazu noch in Befangenheit von der Stabilitätstheorie der Gutachter erfolgt.
Es hat andere als die von ihm festgestellten Gründe ausgeschlossen.
Zur Frage der »höheren Gewalt« hat es lediglich ausgeführt:

»... nur weil in den öffentlichen Erörterungen über den Untergang der *Pamir* des öfteren die Formel aufgetaucht ist, daß das Schiff ›höherer Gewalt‹ erlegen sei, hat sich das Seeamt auch mit der Frage der aufgetretenen Maximalwindstärken befaßt. Soweit man den Begriff ›höhere Gewalt‹ subjektiv verstehen, d.h. einer Ausschließung von schuldhaften Handlungen oder Unterlassungen in bezug auf die Verursachung gleichsetzen wollte, würden Fragen angesprochen, die im vorliegenden Verfahren nicht zur Erörterung standen. Wollte man den *Begriff der ›höheren Gewalt‹* aber objektiv fassen, so würde man seine Voraussetzungen *höchstens dann für erfüllt* ansehen dürfen, *wenn die Gewalt des Sturmes (und Seegangs) so übermäßig gewesen wären, daß er auch vor Topp und Takel bzw. kleinster Besegelung, bei unverrutschbarer Beladung, einwandfreiem Verschlußzustand der Aufbauten, besterzielbarem Stabilitätszustand, d.h. geflutetem Tieftank und bei bester Führung des Schiffes die* Pamir *hätte vernichten müssen. Dazu wäre aber nach dem Ergebnis der Stabilitätsgutachten eine Windgeschwindigkeit von weit über 100 Knoten erforderlich gewesen. Einer solchen Orkanstärke ist die* Pamir *bestimmt nicht ausgesetzt gewesen* ...« (SPR 285)

Diese Annahme des Seeamtes war falsch. Dazu aber später.
Und zur Frage einer Beschädigung des Außenkörpers der *Pamir* hat es — ebenso lapidar — lediglich erklärt:

»... es sind auch keine Anhaltspunkte dafür gegeben, daß Schäden des Schiffskörpers bei dem Untergang mitgewirkt hätten... Es sind auch bei der Beweisaufnahme über den Hergang der Katastrophe vom 21. September 1957 *keine Anhaltspunkte* hervorgetreten, die die Annahme rechtfertigen könnten, *daß Schäden im Schiffskörper* (Außenhaut) aufgetreten wären, die den Untergang hätten beschleunigen oder gar maßgeblich mit verursachen können...« (SPR 272 und 273)

Auch das war falsch.
Eine eingehendere Untersuchung hätte in beiden Fragen zu anderen Erkenntnissen führen müssen.

Schuldcharakter des Spruches

Aus den getroffenen »Feststellungen« des Seeamtes und aus dem im Zusammenhang damit erfolgten Ausschluß anderer Ursachen ergibt sich — mindestens impliziter — eine Schuld im Sinne von Fahrlässigkeit hinsichtlich der Führung der Segel, der Besetzung des Schiffes mit Patentinhabern und seiner Beladung. Diese Vorwürfe, wären sie richtig, träfen den auf See gebliebenen Kapitän, den Eigner und den Korrespondentreeder der *Pamir.*
Zwar hat das Seeamt — dem folgenden Zitat gemäß (SPR 239) — erklärt:

»... Schuldfragen standen nicht zur Erörterung. Schuldfeststellungen wären nur gegen sogenannte Beteiligte zulässig gewesen. Als Beteiligte hätten nur der Kapitän und die sonstigen Patentinhaber der *Pamir* in Betracht kommen können. Sie sind sämtlich ums Leben gekommen. Andere natürliche oder juristische Personen oder Behörden sind im Sinne des Gesetzes niemals ›Beteiligte‹, auch wenn sie an den zutreffenden Feststellungen menschlich, wirtschaftlich oder sonst irgendwie interessiert sein könnten...«.

Jedoch widerlegen die zur Sache gemachten Ausführungen die Erklärung: »Schuldfragen standen nicht zur Erörterung« und stempeln sie zu einem bloßen »Lippenbekenntnis«. Denn wenn das Seeamt

a) (nach seiner Ansicht) falsche Handlungen oder Unterlassungen als Ursachen feststellt und
b) erklärt, diese Ursachen seien vermeidbar gewesen, und
c) es nicht als seine Aufgabe ansieht, das Vorliegen von Entschuldigungsgründen zu untersuchen (SPR 240),

also Fehler feststellt, die für den Unfall ursächlich und nach seiner Ansicht vermeidbar gewesen seien, und in diesem Zusammenhang »höhere Gewalt« und andere Ursachen ausschließt, so kann nichts anderes daraus verstanden werden, als daß insoweit ein Verschulden vorliege.
Das haben die *Hinterbliebenen* jedenfalls so gesehen, wie sich aus den im folgenden zitierten Briefauszügen ergibt:

»... Sie alle haben aber nun wohl von den elf Ursachenpunkten, die zur Katastrophe der *Pamir* geführt haben und die auf der Seeamtsverhandlung in Lübeck festgestellt wurden, erfahren. Die erste und Grundursache durfte auf dem Seeamt nicht verhandelt werden. Jeder Anwesende auf der Seeamtsverhandlung wird aber wohl gespürt haben, wo die erste und Grundursache, die zur *Pamir*-Katastrophe führte, gelegen hat, und somit ist es nur gerecht, wenn wir Eltern hierfür die Verantwortlichen heranziehen. Ich glaube auch, daß wir es unseren Jungens schuldig sind, der Gerechtigkeit genauso mutig und tapfer nachzugehen, als wie unsere Jungens tapfer und mutig den Todesweg gehen mußten. Erst, wenn alle Fragen der *Pamir*-Katastrophe geklärt sind, dürfen wir Eltern unseren Jungens das stille und ruhige

Seemannslos

anerkennen. Daß viele Eltern ganz instinktiv fühlen, hier ist

Schuld,

beweisen Ihnen die nachstehenden Namen...«

»... Sie wissen sicherlich inzwischen auch wie ich, daß das Seeamt in Lübeck die klaren Gründe gefunden hat, weshalb die *Pamir* gesunken ist, und damit steht fest, daß die Schiffsführung grundsätzlich Schiff und Besatzung auf dem Gewissen hat...«

»... Ich habe den Seeamtsverhandlungen beigewohnt. Der letzte Tag, der die Stabilitätsfrage behandelte, brachte eine große Wendung in der Ursache des Schiffsuntergangs. Überzeugend entschied der Vorsitzende des Seeamts, daß nicht höhere Gewalt, sondern vier grobe Fehler zu der Katastrophe führten. Diese aufzuführen erübrigt sich, weil Sie wahrscheinlich das Urteil schriftlich erhalten haben werden...
Wenn die Schiffsführung auch nicht zur Verantwortung herangezogen werden kann, weil sie untergegangen ist, so trifft aber die Stelle eine große Schuld, diesen Kapitän auf diesen so wichtigen Posten beordert zu haben, und trägt somit auch die Schuld an dem Untergang der 80 Schiffsangehörigen und dem übergroßen Leid der Betroffenen und deren Auswirkungen ...
Und Kapitän Diebitsch war also diesen Anforderungen laut Seeamtsspruch für einen Großsegler nicht gewachsen...
Durch dieses schuldhafte Verhalten in beiden Fällen habe ich meinen Sohn verloren...«

»... Da dieses jedoch geschehen ist und die *Pamir* dadurch ihren Untergang gefunden hat, ist es berechtigt, wenn die Angehörigen der Opfer die Ersatzansprüche bei den verantwortlichen Stellen einklagen, denn es dürfte feststehen, daß Fahrlässigkeit, Aufsichtspflicht an Jugendlichen, Nichtkönnen und Unwissenheit zur Katastrophe der *Pamir* geführt haben...
Wenn so viele Schuldfragen auftauchen, dann ist hier unbedingt eine Privatklage wegen ›Fahrlässiger Tötung‹ gerechtfertigt...«

»... Meine Mandantin ist der Ansicht, daß die erforderlichen Maßnahmen zur Sicherung der Mannschaft bei der Führung des Schiffes *Pamir* nicht ordnungsgemäß gewährleistet worden sind. Sie beruft sich dabei insbesondere auf die Ermittlungen des Lübecker Seeamtes, aus denen hervorgeht, daß nicht unerhebliche Sorgfaltspflichtverletzungen vorgekommen sind...«

Die *Öffentlichkeit* hat den Spruch nicht anders verstanden. Folgende Presseschlagzeilen zum Seeamtsspruch zeigen es:

»... *Pamir* sank nicht durch höhere Gewalt...«

»... Die *Pamir* brauchte nicht zu sinken...«

»... *Pamir*-Tragödie war vermeidbar...«

»... Nicht höhere Gewalt, sondern menschliche Unzulänglichkeit verursachten die Katastrophe...«

»... Schlagseite durch falsche Segelführung...«

»... Man kann nicht einfach von höherer Gewalt sprechen...«
»... Schwere Vorwürfe des Lübecker Seeamtes...«
»... Spruch belastet Schiffsführung der *Pamir* und Stiftung...«
»... *Pamir* hätte den Sturm überstehen können...«
»... *Pamir* war Sturm nicht gewachsen...«
»... Kritik am Einsatz von Diebitsch...«
»... Nicht das Opfer eines Orkans...«
»Schleswig-Holsteinische Landeszeitung« vom 23. Januar 1958:
»... Der Spruch, den das Lübecker Seeamt zu Beginn dieser Woche über die Ursachen der *Pamir*-Katastrophe verkündet hat, soll kein Schuldspruch sein und kann es formell auch gar nicht sein, denn keiner der möglicherweise ›Schuldigen‹ hat das Unglück im Atlantik überlebt. Aber dennoch ist er in der Öffentlichkeit als dezidierter Schuldspruch verstanden worden und konnte in der Tat nicht anders verstanden werden. Wenn das Seeamt beispielsweise dem Kapitän Diebitsch mangelnde Vertrautheit mit der *Pamir* bescheinigt, dann ist das natürlich ein harter Vorwurf gegen den Kapitän und insbesondere gegen die Reederei, die einem — nach seeamtlicher Meinung — nicht hinreichend erfahrenen Manne das Schicksal der 85 Mann Besatzung überließ. Wenn das Seeamt die Ansicht vertritt, die falsche Segelführung des Kapitän Diebitsch in den letzten Stunden der *Pamir* habe die Katastrophe herbeigeführt, wenn es dem I. Offizier Köhler mangelnde Erfahrung attestiert und ganz generell zu dem Schluß kommt, die Viermastbark sei nicht ausreichend bemannt und außerdem gefährlich beladen gewesen, dann ist es klar, daß aus diesen Feststellungen in der Sicht der öffentlichen Meinung ganz handfeste Beschuldigungen werden müssen, die, da Kapitän Diebitsch und der I. Offizier tot sind, an der Reederei hängenbleiben. Das ist denn auch, ein Blick in den westdeutschen Blätterwald lehrt das, geschehen: Die Reederei, die jahrelang mit großem Idealismus die *Pamir* und die *Passat* in Fahrt hielt und sich dabei gewiß nicht nur von romantischen Schwärmereien leiten ließ, die große finanzielle Opfer brachte, um der deutschen Seefahrt und ihrem Nachwuchs zu dienen — diese Reederei steht nach dem Lübecker Spruch sehr zwielichtig da...«

Die »**Kieler Nachrichten**« haben in ihren Ausgaben vom 7. bis 21. Januar 1958 und im Anschluß daran (zusammengefaßt) in einer Broschüre über die Verhandlungen vor dem Seeamt unter dem Titel »Der Untergang der *Pamir*« berichtet. Der Bericht endet mit einem »Schluß-Kommentar«. Dieser trägt die Überschrift »Ein harter Spruch« und wird im folgenden zitiert:

»... Die Verhandlungen des Lübecker Seeamtes, das die Aufgabe hatte, den Untergang des Segelschulschiffes *Pamir* zu untersuchen, sind abgeschlossen. Mehrere Monate Vorbereitung, eine Vielzahl von Versuchen an Modellen und dem Schwesterschiff *Passat* und nicht zuletzt eine siebentägige Verhandlung waren notwendig, um noch einmal die letzte Fahrt der stolzen Viermastbark zu rekonstruieren.
Das Lübecker Seeamt stand vor einer schweren Aufgabe; es hat bei objektiver Betrachtung keine Mühe gescheut, um die dramatischen Ereignisse am 21. September des vorigen Jahres soweit wie möglich aufzuklären. Diese Tatsache dürften auch

die Stimmen anerkennen, die gestern bei der Verkündung des Spruches unmißverständlich ihren Unwillen, wenn nicht Protest anmeldeten. Denn, darüber sind sich alle, die der Verhandlung folgten, einig: einen Spruch mit dieser scharfen Formulierung, die weit über das Plädoyer des Bundesbeauftragten hinausgeht, hat keiner erwartet. Am stärksten betroffen von dieser äußerst kritischen Schlußfolgerung mußte, der Natur der Sache nach, die Stiftung *Pamir* und *Passat* sein. Ihre Aufgabe war es, die Qualität und Quantität der *Pamir*-Besatzung zu bestimmen. Sie war es, die für das Kommando des Kapitäns Diebitsch und seiner Offiziere verantwortlich zeichneten.
Zieht man aus der Spruchformel die Bilanz, so geht ohne weiteres daraus hervor, daß das Lübecker Seeamt zu folgenden Überzeugungen gekommen ist: Der Kapitän war nicht ausreichend mit dem Schiff und seiner Segelführung vertraut, und die Erfahrungen der Offiziere und Stammbesatzung reichten nicht aus, um das Schiff in höchster Gefahr zu erhalten.
Abgesehen von jeder Schuldfrage — und noch einmal mag mit Nachdruck betont werden, daß Fragen nach persönlicher Schuld gar nicht untersucht wurden — sind das schwerwiegende Vorwürfe. Nicht nur gegen die Stiftung und Reederei, vor allem gegen tote Seeleute, die nicht mehr in der Lage sind, sich zu rechtfertigen. So gründlich und gewissenhaft das Seeamt die Verhandlung führte, hat es sich die Schlußfolgerung nicht doch etwas leicht gemacht?

Schließlich sind alle entscheidenden Unterlagen der Rekonstruktion allein von Gutachtern und Sachverständigen erarbeitet worden, was in der Praxis bedeutet: Der Untergang der *Pamir* mußte gezwungenermaßen am grünen Tisch geklärt werden. Die Aussagen der Überlebenden mögen als Bestätigung und Hinweis von größtem Nutzen gewesen sein; Tatsachen über die Pläne und Entscheidungen der Schiffsführung konnten sie ebensowenig erbringen wie eine genaue Darstellung in den aufgeworfenen Fragen der Vorwarnung und der Sturmvorbereitungen.
So mußte vieles, was für die Schlußfolgerung von entscheidender Bedeutung wurde, als tatsächlich angenommen werden. Selten ist bei einer Gerichtsverhandlung — und auch das Seeamt ist nach dem Gesetz ein Gericht — soviel mit dem Konjunktiv gearbeitet worden wie bei der *Pamir*-Verhandlung. Warum also diese unmißverständliche Schärfe?

Vorsitzender Luhmann hat dafür selbst eine Erklärung gegeben. Sie liegt absolut in der Natur einer Seeamtsverhandlung. ›Unsere Aufgabe war es vor allen Dingen, Lehren für die Zukunft zu ziehen‹, betonte er. Soweit richtig und gut. Aber darf man die Lehren für eine zukünftige Segelschiffahrt auf einer Feststellung aufbauen, die die Schiffsführung der *Pamir* für alle Zeiten mit dem Tod einer jungen Crew belastet? Ohne die von der Öffentlichkeit viel zu oft gestellte und sehr makabre Frage aufzugreifen, ob die *Pamir*-Besatzung unter einer anderen Schiffsführung noch am Leben sei —, wie kommt es, daß sowohl die Stiftung selber wie die Seeberufsgenossenschaft, Institutionen also, denen man die bestmöglichen praktischen Erfahrungen bescheinigen muß, nicht die leisesten Bedenken gegen eine Verpflichtung von Kapitän Diebitsch, seiner Offiziere und seiner Stammannschaft äußerten?
Keiner wird hier Beweise und Gegenbeweise antreten können. Es wäre ein bitteres Zeichen, wenn sich das Lübecker Seeamt bei der Abfassung seines Spruches am

Ende doch noch von den Stimmen leiten ließ: ›Das war keine Katastrophe, das war auch kein unglücklicher Zufall, da hat jemand versagt!‹
Das bedeutete, um es ganz klar zu sagen, daß man am Ende doch einen ›Schuldigen‹ brauchte. Sollte es so gewesen sein, und wir wollen es nicht hoffen, dann wäre der Seeschiffahrt ein schlechter Dienst erwiesen worden. Man kann die Segelschiffahrt nicht damit retten, indem man die *Pamir*-Katastrophe in den Ausnahmezustand drängt. Das jedenfalls ist auch die Meinung der langgefahrenen Kapitäne, die schon mehr als einmal erlebt haben, wie bei einem Kampf zwischen Schiff und Besatzung auf der einen und den Naturelementen auf der anderen Seite Sturm und Meer am Ende die Sieger blieben ...«

Der Kommentar spricht für sich.
Abschließend zu diesem Kapitel ist festzustellen:
Das einzige, was das Seeamt nicht tat, war der Ausspruch des Verschuldens in der Spruchformel; das behielt es sich für die Begründung des Spruches vor. Das macht aber keinen Unterschied. Es ist nämlich gleichgültig, ob die Belastung mit einem Schuldspruch in der Formel oder in den Gründen des Spruches erfolgt, zumal zwischen beiden kein wesensmäßiger Unterschied besteht wie etwa im Gerichtsurteil zwischen Tenor und Entscheidungsgründen. Es ist auch belanglos, ob das Verschulden ausdrücklich als solches bezeichnet ist oder sich zwingend aus Bedeutung und Zusammenhang der im Spruch gewählten Worte ergibt, wie es hier der Fall ist. Es würde einen leeren und unzulässigen Formalismus bedeuten, sich etwa darauf zurückzuziehen, die Spruchformel enthalte keine Schuldfeststellungen, und es mache nichts aus, wenn den Gründen des Spruches Schuldvorwürfe entnommen werden könnten. Im Spruch, ob in der Formel oder in den Gründen, deutlich genug ausgedrücktes Verschulden stellt eben auch ohne Verwendung dieses Wortes einen Schuldspruch dar. So hat schon das Reichsoberseeamt entschieden (vgl. Schiffahrtzeitschrift HANSA 1939, S. 1044 und 1938, S. 175). Damit steht der Schuldcharakter des Spruches fest.

Die zentralen Makel des Spruches

Dieser Spruch ist kein »normaler« Seeamtsspruch. Das gilt nicht wegen der Tragik und Schwere des Seeunfalls und nicht, weil es sich um ein berühmtes Segelschiff gehandelt hat oder weil so viele junge Menschen in der Ausbildung den Seemannstod gefunden haben. Nein, auch solche traurigen Fälle kann ein Seeamt »normal« untersuchen und verhandeln.

Hier geht es um etwas anderes: richtige Ausübung des Ermessens, objektive Wahrnehmung der Rechtskompetenz und Verhandlungshoheit, Einhaltung rechtsethischer Prinzipien und gebotener Ermessungsgrenzen.

Was ist darunter zu verstehen?

Zunächst unter Bezugnahme auf den vorangegangenen Abschnitt:

Das Seeamt hat im Ausgangspunkt zutreffend erklärt, daß es keine Schuldfeststellungen treffen könne und dürfe, weil der Kapitän der *Pamir* und alle Schiffsoffiziere ums Leben gekommen seien. Diese Erklärung entspricht dem Gesetz, das seinerseits Grundsätze der Rechtsstaatlichkeit erfüllt. Zu diesen gehört, daß niemand schuldig gesprochen werden darf, der sich gegen Schuldvorwürfe nicht verteidigen kann. Das Seeamt hat dementsprechend am Anfang der Begründung seines Spruchs ausgeführt:

»... Schuldfragen standen nicht zur Erörterung. Schuldfeststellungen wären nur gegen sog. Beteiligte zulässig gewesen. Als Beteiligte hätten nur der Kapitän und die sonstigen Patentinhaber der *Pamir* in Betracht kommen können. Sie sind sämtlich ums Leben gekommen ...« (SPR 239)

So weit, so gut. Was aber danach kam, ist ein glatter Bruch dieser Aussage und entpuppt sich als Alibi-Erklärung und bloßes Lippenbekenntnis. Denn entgegen diesem Rechtsgrundsatz und entgegen der eigenen Erklärung hat das Seeamt danach die Schiffsführung — populär ausgedrückt — in einer beispiellosen Weise »in die Pfanne gehauen«.

In dem vorstehenden Abschnitt über den Inhalt des Spruches ist im einzelnen dargetan, daß und welche Schuldfeststellungen das Seeamt getroffen hat. Diese Feststellungen sind a priori ein Rechtsbruch, außerdem makaber. Sie verstoßen gegen »Recht und Sitte«, verletzen das Ansehen der Toten und die schutzwürdigen Interessen der hinterbliebenen Angehörigen und derer, die Kapitän Diebitsch das Schiff anvertraut haben. Außerdem sind sie falsch und unhaltbar.

Es überfällt den Leser des Spruches, noch mehr den Zeugen der Seeamtsverhandlung, jedenfalls »ein ungutes Gefühl«, zu erfahren, daß und wie hier gegen verteidigungsunfähige Tote gerichtet worden ist.
Dieses »ungute Gefühl« und mit ihm der Rechtsverstoß verstärken sich, wenn man bedenkt, daß auch denjenigen, die in der Lage gewesen wären, den Schutz der Toten gegenüber den Vorwürfen zu übernehmen — allein schon in der Verhandlung durch wiederholte öffentliche Hinweise auf die Grenzen der Kompetenzen des Seeamtes —, eine Verteidigung abgeschnitten wurde. Dabei handelt es sich um die Witwe des Kapitäns und um diejenigen, die ihn berufen hatten. Deren anwaltlicher Vertreter hatte beim Seeamt den Antrag gestellt, bei der Beweisaufnahme, insbesondere bei den Vorträgen der Sachverständigen, bei den Zeugenvernehmungen aktiv mitwirken zu dürfen, das Recht zu erhalten, Anträge zu stellen und zum Beweisergebnis am Schluß der Verhandlung Stellung zu nehmen. Das wurde vom Seeamt abgelehnt. Eine Beschwerde beim Bundesoberseeamt wurde zurückgewiesen.
»Als das Kind in den Brunnen gefallen war« und das Seeamt gegen Tote und andere Schutzwürdige eine Schuldfeststellung getroffen hatte, wurde gegen den Spruch des Seeamtes Berufung beim Bundesoberseeamt eingelegt. Als Begründung wurde ausgeführt: Zwar wisse man, daß nur lebende Patentinhaber, sogenannte Beteiligte, ein Berufungsrecht hätten, ebenso sei aber Rechtens, daß gegen tote Mitglieder einer Schiffsführung und andere formell »Nichtbeteiligte« kein Verschulden festgestellt werden dürfe. Geschehe dieses aber — contra legem — trotzdem, dann müsse umgekehrt denjenigen, die ein berechtigtes Interesse hätten, ein Berufungsrecht zugebilligt werden. Das waren die Witwe des Kapitäns und diejenigen, die ihn zum Kapitän der *Pamir* bestellt hatten.
Das mindeste, was von der Berufung hätte erwartet werden dürfen, war die Streichung der Schuldfeststellungen oder deren Abschwächung durch das Bundesoberseeamt. Dann hätte es nämlich die Berufung mangels Schuldfeststellungen zurückweisen können. Zwar lehnte das Bundesoberseeamt die Berufung als unzulässig ab, kassierte aber nicht die Schuldfeststellungen, sondern vertrat den formellen Standpunkt, es handele sich nicht um solche. SIC!
Immerhin machte der Vorsitzende des Bundesoberseeamtes in einem mündlichen Gespräch bemerkenswerte Ausführungen (siehe Anhang).
So verblieb es bei der Verweigerung einer Verteidigung. Das ist der weitere Makel. Ein dritter reiht sich gleichrangig ein.
Es bedarf keiner Begründung, daß Schuldfeststellungen nur aufgrund eines Tatbestandes getroffen werden dürfen, der eine solche schwerwiegende Entscheidung sicher trägt. Nicht einmal das war der Fall.
Niemand hätte Kritik üben können, und jeder hätte Verständnis gehabt, wenn das Seeamt erklärt hätte, es könne nicht sicher ermitteln, wie und aufgrund welcher Umstände der Untergang der *Pamir* erfolgt sei: keiner der Patentinhaber, auch nicht

der weit überwiegende Teil der Besatzung im übrigen, die Zeugnis hätten ablegen können, seien am Leben geblieben, und die wenigen Geretteten seien unerfahrene junge Seeleute gewesen, und ein Hurrikan mit seinen zerstörerischen Böen und gewaltigen Seen lasse sich nicht vom »grünen Tisch« messen. Es hätte dabei auch bedenken können und sollen, daß keiner seiner Beisitzer jemals als Kapitän eines Rahseglers gefahren war, geschweige denn als solcher einen Hurrikan erlebt hatte. Aber einer solchen Weisheit ging das Seeamt aus dem Wege.

Immerhin hat es wenigstens erklärt, es beschränke sich darauf, den »wahrscheinlichsten« Sachverhalt zu ermitteln (SPR 240). Wenn es aber schon selbst erkannte, daß es den wahren Sachverhalt nicht feststellen könne, warum zum Teufel, benutzte es dann den nur »wahrscheinlichsten«, d.h. einen unsicheren Tatbestand zum Schuldspruch. Das ist ein schwerer Ermessensmißbrauch.

Es fügte ihm schließlich noch einen weiteren hinzu. Möglicherweise hatte es selbst Bedenken gespürt. Jedenfalls läßt sich anders kaum erklären, daß es die »Wahrscheinlichkeits-Feststellung« zu einer »Ist-Feststellung« umgewandelt und befördert hat. In der Spruchformel heißt es nämlich »auf diese Weise *ist* das Schiff gekentert!« (Kursive Schreibweise durch den Verfasser). Eine unglaubliche Anmaßung und Abkehr von der eigenen Wahrscheinlichkeitsthese.

Wer sich bei und nach einem solchen Spruch wohl und zufrieden fühlt, muß besondere Gedanken und Gründe haben. Es ist jedenfalls schwer vorstellbar, daß jemand die hier angeführten Mängel nicht als zentrale Makel des Spruches empfindet.

Die folgenden Ausführungen werden die Mängel, Makel und Irrtümer des Seeamtes im einzelnen bloßlegen, verdeutlichen und den Nachweis erbringen, daß der Spruch unhaltbar ist.

Verfahrensmängel

Verfahrensmängel und sachliche Unrichtigkeit des Spruches stehen in engen Beziehungen zueinander. Oft sind Inhaltsfehler Folgen von Mißgriffen im Verfahren. Sie können sogar identisch sein.
Die hier gerügten Verfahrensmängel reichen von einer Vorwegnahme der Entscheidung, unzulässigen verfahrensleitenden Anweisungen, Fehlern in der Tatbestandsermittlung und der Beweiswürdigung, ungenügender Untersuchung alternativer Kausalitätsmöglichkeiten bis zur Abschneidung des rechtlichen Gehörs.
Einige Punkte werden hier kursorisch behandelt, später jedoch vertieft werden.

Vorweggenommene Entscheidung

Es ist — wie auch bei einem ordentlichen Gerichtsverfahren — selbstverständlich und entspricht dem Gesetz (hier: über die Untersuchungen von Seeunfällen), daß der Spruch eines Seeamtes nur nach öffentlicher und mündlicher Verhandlung ergehen kann, und zwar — das ist im Sinne des Gesetzes — auf der Grundlage dieser Verhandlung. Das gilt besonders für die Beweisaufnahme.
Hiergegen hat das Seeamt in der *Pamir*-Sache, wenn auch nicht formell, so doch materiell verstoßen.
Am 20. Dezember 1957, also etwa zwei Wochen vor Beginn der mündlichen Verhandlung (6. Januar 1958) hat eine Besprechung des Seeamtes in Lübeck stattgefunden. An ihr nahmen der Vorsitzende, Amtsgerichtsrat Luhmann, sämtliche Beisitzer, die beiden Stabilitätsgutachter und ein Vertreter des Germanischen Lloyd's teil.
Über den Inhalt dieser Besprechung hat der Reederei-Inspektor der *Pamir*, Kapitän Dominik, unmittelbar nach deren Beendigung von einem Teilnehmer Informationen erhalten. Sie waren so wichtig, daß er sie sofort in einer Notiz festhielt.
Aus guten Gründen ist seinerzeit kein Gebrauch davon gemacht worden. Eigner und Korrespondentreeder der *Pamir* sowie die Witwe des Kapitäns wünschten keine Ausschöpfung sämtlicher Rechtsmittel. Ohnehin hätte sie die Verluste an Leben und der *Pamir* nicht gutgemacht. Es sollte Ruhe einkehren.
Heute stellt sich die Lage anders dar. Die Geschichte über das Ende der *Pamir* wird neu geschrieben. Aufgrund beweiskräftiger Unterlagen werden Verhandlung und Spruch des Seeamtes kritisch untersucht. Dazu gehören unverzichtbar die Informa-

tionen, die Kapitän Dominik seinerzeit erhalten hat. Auf seinen Brief vom 24. August 1990 sowie auf die Aktennotiz vom 21. Dezember 1957 — beides befindet sich im Anhang — wird Bezug genommen. Daraus ergibt sich:
In der Besprechung am 20. Dezember 1957 hat Professor Wendel sein vorläufiges Stabilitätsgutachten vorgetragen und darin einen Ladungsübergang für ursächlich gehalten. In diesem Zusammenhang hat er in graphischen Darstellungen Hebelarmkurven für Glattwasser und für achterlichen Seegang vorgelegt. Die erwähnte Notiz enthält hierzu folgenden Vermerk:

»... Im übrigen enthält das Gutachten von Wendel keinerlei Eingehen auf die besonders schweren Wetterverhältnisse, und es ist auch nicht beabsichtigt, etwas Derartiges in das Gutachten aufzunehmen. Alle Anwesenden stimmten uneingeschränkt dieser Auffassung von Wendel zu ...«

Ist schon das merkwürdig, so kommt nun der Gipfel. Schließlich ist nämlich, nachdem man sich dem Stabilitätsgutachten angeschlossen hatte, in der Notiz folgendes zu lesen:

»... Etwa am Schluß der Besprechung hat Herr L., der sich nun klar darüber war, daß man hier die Entscheidung des Seeamtes bereits vorweggenommen habe, und dieses in der Verhandlung wahrscheinlich auch bemerkt werden würde, sorgenvoll gefragt: Wie können wir die Sache in der Verhandlung nun etwas beleben? Diese Frage blieb von den Anwesenden unbeantwortet ..«

Der Brief von Kapitän Dominik sagt dazu:
»... Kommentar überflüssig ...«

Dem ist nichts hinzuzufügen, es sei denn folgendes:
Diese vorweggenommene Entscheidung dürfte die Verhandlungsführung des Seeamtsvorsitzenden wesentlich bestimmt haben. Anders ließe sich nämlich kaum erklären, daß und warum Gesichtspunkte, Fragen, Argumente und Aussagen von Sachverständigen und Zeugen, die geeignet erscheinen konnten, jene Entscheidung in Zweifel zu ziehen, nicht die gehörige Beachtung des Seeamtes fanden. In die gleiche Richtung weisen die Verweigerung des rechtlichen Gehörs sowie die Verweigerung einer Verteidigung gegen Schuldvorwürfe.

Aus welchen Gründen aber das Seeamt überhaupt zu dieser Entscheidung, deren Vorwegnahme und Abschirmung kam, ist schwer erklärbar. Hinweise könnte hier das Kapitel über die möglichen »Hintergründe des Seeamtspruches« geben. Vielleicht bestand in Anbetracht des Mangels an eigener Rahsegler-Kapitänserfahrung der Beisitzer auch der einfache Wunsch des Seeamtes, sich an ein Stabilitätsgutachten klammern zu können, von dem man glaubte, sich nicht mit ihm auseinandersetzen zu müssen.

Erschwerung der Wahrheitsfindung durch unzulässige verfahrensleitende Anweisungen und voreingenommene Verhandlungsführung

Aufgabe eines Seeamtes ist es, den Tatbestand und die Ursache eines Seeunfalles zu ermitteln und zu untersuchen. Erst nach Feststellung des Tatbestandes stellt sich logischerweise die Schuldfrage; sie ist zu bejahen, anderenfalls zu verneinen, wenn zwischen den Ursachen und einem fehlerhaften menschlichen Handeln oder Unterlassen ein kausaler Zusammenhang besteht.

Folgendes — willkürlich gewähltes — Beispiel mag das verdeutlichen.

Ein Schiff erhält ein Leck und sinkt. Bei der Forschung nach der Ursache wird festgestellt, daß es einem Unterwasserhindernis — Wrack oder Felsen — zum Opfer gefallen ist. Logischerweise erst im Anschluß hieran kann untersucht werden, ob ein menschliches Versagen vorliegt.

Dieser Aufgabe ist das Seeamt Lübeck nicht gerecht geworden. Die *Pamir* war in einem Hurrikan gesunken. Als Ursachen konnten ein Stabilitätsversagen — so das Seeamt —, eine Leckage oder — allein oder in Verbindung damit — die Gewalt des Hurrikans in Frage kommen, also entweder ein »Schiffsfehler« oder »höhere Gewalt«. Es war Aufgabe des Seeamtes, jedem dieser möglichen Gründe nachzugehen. Das bedingte die Untersuchung aller dieser Möglichkeiten und deren Umfelder, insbesondere die Wetterverhältnisse genau zu erforschen.

a) In diese Aufgabe hat der Vorsitzende eingegriffen und sie durch eine unzulässige Anweisung an den Wettersachverständigen eingeengt und in eine bestimmte Richtung gelenkt. Er hat nämlich diesem vor Beginn der mündlichen Verhandlung vorgeschrieben, was er zu den Hurrikan-Verhältnissen sagen solle und was nicht. In der mündlichen Verhandlung hat er — ausweislich des stenografischen Protokolls (III, 102 ff) — folgendes erklärt:

»... das habe ich vor ungefähr acht Tagen mit Herrn Dr. Rodewald besprochen und ihm gesagt, wir bäten, nicht irgendwelche denkbar extremen Ausnahmefälle oder Absonderlichkeiten, die natürlich in der Theorie möglich sind, seinem Gutachten zugrundezulegen, *denn dann kämen wir bei den Stabilitätsfragen ins Uferlose* ...« (Unterstreichung vom Verfasser)

Eine derartige Anweisung an einen Sachverständigen begegnet grundsätzlich schweren Bedenken und offenbart Befangenheit und Voreingenommenheit des Anweisenden. Sie muß um so mehr befremden, als dem Seeamt der Ausnahmecharakter und die Absonderlichkeiten des Hurrikans »Carrie« bekannt waren (SPR 243, 261, 263), ebenso, daß kein tropischer Orkan ohne Böen ist und daß gerade in den Böen die zerstörende Kraft des Hurrikans liegt. »Extreme Ausnahmefälle oder Absonderlichkeiten« waren bei »Carrie« keine »Theorie«.

b) Wie sehr das Seeamt dieser selbst verordneten Einengung der Untersuchungsaufgabe zum Opfer gefallen ist, ergibt sich auch daraus, daß es sich auf die Stabilitätsfrage konzentrierte, sich darauf gewissermaßen geradezu »einschoß« und andere Möglichkeiten nicht gründlich untersuchte. Diese Unterlassung belegte die Spruchbegründung wie folgt (SPR 274):

»... die entstandene und ständig zunehmende Schlagseite und das schließliche Kentern erklärten sich aber *erschöpfend* durch die später noch zu erörternden physikalischen Vorgänge ...« (Unterstreichung vom Verfasser)

Erschöpfend heißt restlos genügend, es reicht schon (vgl. S. 38).
Bei den »physikalischen Vorgängen« handelt es sich um die Stabilitätstheorie.
Der mit der Konzentrierung der Untersuchung auf »Schiffsfehler« verbundene Ausschluß der Untersuchung von »höherer Gewalt« beruht des weiteren auf einem Denkfehler des Seeamtes. Dies zeigt folgende Erklärung des Vorsitzenden (VI, 19):

»... den Begriff der ›höheren Gewalt‹ sollte man vielleicht in solchen Fällen gar nicht in die Debatte werfen, denn er bedeutet so viel wie ein Naturereignis, das jedes menschliche Versagen ausschließt. Da wir aber die Schuldfrage nicht erörtern, sollten wir auch die Frage der ›höheren Gewalt‹ nicht erörtern ...«

Die Unlogik dieser Erklärung ist evident, geht es doch in erster Linie um die Frage der *Ursache*, gleichgültig, ob sie verschuldet oder unverschuldet eingetreten ist.
c) Eine weitere Möglichkeit zu prüfen, nämlich ob eine Beschädigung des Schiffskörpers zu Wassereinbruch und damit zum Untergang geführt haben könnte, hat das Seeamt ebenso lapidar erledigt. Es erklärte schlicht: »Es sind auch keine Anhaltspunkte dafür gegeben, daß Schäden des Schiffskörpers bei dem Untergang mitgewirkt hätten ...« (SPR 272)
Welcher Irrtum das war, wird sich zeigen.
d) Das Abschneiden einer wichtigen Frage kommt hinzu.
Das Seeamt hat dem Kapitän zwar vorgeworfen (SPR 269), daß »die Beibehaltung so vieler Segel — und noch dazu ihre Am-Wind-Stellung falsch war und als eine der maßgebenden Ursachen für die Katastrophe angesehen werden muß.« Aber es hat die Behandlung der Frage, wieviel Segel die *Pamir* in einem schweren Sturm etwa vertragen konnte, seltsamerweise als eine Ausschweifung abgelehnt. Das zeigt folgendes Zitat aus dem stenografischen Protokoll über die Verhandlung (IV, 85f).

Kapitän Ballehr:
»... In diesem Falle hatte sich Kapitän Diebitsch anscheinend entschlossen, nordwärts zu segeln, weg vom Zentrum, das in ostsüdöstlicher Richtung zog. Er konnte annehmen, daß ihn das Zentrum bei östlichem Kurs erreicht; davon mußte er weg nach Norden in die linke vordere Hälfte. Wie ich vorhin schon ausführte, hat er erst

versucht, mit seinem Motor die Fahrt zu bekommen, und nachher hat er die Segel gesetzt. Ob er stur N gesteuert hat oder bis zu NO, um sich seinem Ziel zu nähern, weiß man nicht genau. Wenn er NO-Kurs gesteuert hat — der Wind war gemeldet aus SSO bis zu SO —, hatte er also nicht rein achterliche Winde bei diesem Kurs, sondern, wenn er bis NNO den Wind zwei bis drei Strich eingehabt hätte, dann hätte er versucht, mit diesem einstehenden Wind bei fallendem Barometer so weit wie möglich nordwärts zu kommen. Er wußte am 19. September, daß der Hurrikan noch 300 Meilen von ihm entfernt war und daß er — wie aus den Meldungen hervorgeht — eine Geschwindigkeit von zehn bis zwölf Meilen hatte. Das waren also 24 Stunden Zeit für ihn mit dieser Segelstellung, die jetzt besprochen wird. Diese Segelführung stand ihm in jeder Minute zur Verfügung; sie war fast wirkungslos zu machen einfach durch Runterfieren und Einholen; dann ist das Segel fast dicht geschnürt. Und dann natürlich die Fock; denn etwas mußte er ja auch riskieren, um so weit wie möglich vom Zentrum weg nordwärts zu kommen. Und dann hat er sich wahrscheinlich gesagt: Die Marssegel stehen mir zur Verfügung...«

Vorsitzender:

»... Sie kennen anscheinend die Aussagen aus dem Gutachten: dann hat das keinen Zweck, daß Sie weitere Aussagen machen...«

Kapitän Ballehr:

»...Das trifft nicht zu; die Reederei steht überhaupt nicht mit uns in Verbindung...«

Kapitän Lehmberg:

»... Auch ich bin nicht unterrichtet worden über irgendwelche Aussagen...«

Vorsitzender:

»... Die Aussagen werden praktisch hier zitiert...«

Rechtsanwalt Doktor Willner:

»... Ich darf vielleicht bitten, die Frage mit zu erörtern, wieviel Segel die *Pamir* etwa vertragen konnte, insbesondere die Frage, ob die *Pamir* mehr als Groß-Untermarssegel vertragen konnte bis zu Windstärke zehn, elf, zwölf...«

Vorsitzender:

»... Das steht heute nicht zur Erörterung...«

Rechtsanwalt Doktor Willner:

»... Das ist eine Frage der Segelführung, wieviel Segel die *Pamir* etwa vertragen konnte, und das scheint mir in diesem Zusammenhang doch immerhin wichtig zu sein...«

Vorsitzender:

»... Das ist eine Stabilitätsfrage; das hängt mit der Ladung zusammen und gehört nicht hierher...«

Kapitän Wendt:

»... Verzeihung, Herr Vorsitzender! Das ist nicht nur eine Stabilitätsfrage, sondern eine Frage, die *vielleicht* bei der Stabilitätsfrage noch einmal zur Erörterung kommt...«

Vorsitzender:

»... Die Frage scheint etwas abschweifend zu sein...«

Rechtsanwalt Doktor Willner:

»... Ich finde nicht...«

Vorsitzender:
»... Doch, Sie schweifen mit dieser Frage ab. Wir reden ganz allgemein von der Segelführung und fragen die Kapitäne, was für Segel sie führen würden...«

Rechtsanwalt Doktor Willner:
»Herr Vorsitzender! Nicht ganz allgemein, sondern wir sprechen von der *Pamir*...«

Vorsitzender:
»... Nein, das zu erörtern lehne ich im Augenblick ab; das ist meines Erachtens eine Abschweifung...
(Widerspruch von verschiedenen Seiten)
Herr Kapitän Krieger sagt mir eben, die Herren Kapitäne hätten alle angenommen, sie stünden auf der *Pamir* und nicht auf ihren eigenen entsprechend großen Schiffen. Das kann vielleicht zweifelhaft sein. Aber jedenfalls meine ich, daß man, um beurteilen zu können, wieviel Segel das Schiff gerade noch tragen kann, das Schiff und seine Eigenschaften etwas kennen muß. Darum wollte ich, daß die Auffassungen etwas mehr allgemein gemacht werden. Herr Rechtsanwalt Doktor Willner wollte wissen, wieviel Segel die *Pamir* tragen könne. Das ist hier aber bisher nicht erörtert worden, und insofern ist es doch wohl eine Abschweifung...«

Kapitän Wesemann:
»... Herr Vorsitzender! Ich darf dazu folgendes sagen. Ich habe die Frage ebenfalls so verstanden, daß hier von der *Pamir* die Rede ist, und auch ich bin der Meinung, daß man auch nur von diesem Fall und von dieser Voraussetzung ausgehen kann. Es muß schließlich berücksichtigt werden, welche Einrichtung ein Schiff hat, ob und welche Ladung es hat und daß der Kapitän doch seine Maßnahmen aufgrund der am Ort herrschenden Wetterbedingungen trifft...«

Diplom Ingenieur Seefisch:
»... Die Frage der Segelführung ist zweifellos eine Frage der Stabilität. Aber vielleicht interessiert in diesem Zusammenhang, in dem wir nicht speziell auf die Stabilität der *Pamir* eingehen wollen, was im Segelhandbuch über diese Dinge steht und wie dort die Stabilitätsverhältnisse im Zusammenhang mit der Segelführung beurteilt werden...«

Vorsitzender:
»... Ich möchte doch, daß hier ein Normalschiff zugrundegelegt wird, bei dem hinsichtlich der Stabilität keine Bedenken bestehen...«

Diplom Ingenieur Seefisch:
»... Ich darf aus der Tabelle für die einzelnen Windstärken zitieren: Windstärke zehn — Groß-Untermarssegel, Windstärke elf — Sturmstagsegel, Windstärke zwölf — Topp und Takel. Ob das allerdings der seemännischen Praxis entspricht, kann ich nicht sagen...«
(Widerspruch bei den Kapitänen und Zurufe: Nein! Niemals! Entspricht nicht der Praxis!)

Vorsitzender:
»...Ich muß immer wieder darauf hinweisen, daß dies als Richtlinie in den Schiffsbüchern verzeichnet ist. Ich bleibe dabei, daß ich es als eine Abschweifung ansehe. Es handelt sich hier nicht um allgemeine Erfahrungen darüber, welche Segel ein Schiff bei den verschiedenen Windstärken tragen kann, sondern wir wollen ganz allgemein

annehmen, man befände sich in der Situation wie im Fall ›Carrie‹ und man habe sich entschlossen, nach Norden auszuweichen. Es geht also um die Antwort auf die Frage, ob man alle möglichen Segel setzt oder ob man seine Segelfläche begrenzt und damit auch schon gute Fahrt machen kann, aber eine größere Chance hat, bei einem plötzlichen Anschwellen der Windstärke davonzukommen. Nur diese Frage steht zur Erörterung und nicht die Frage, welche und wieviel Segel die *Pamir* bei äußersten Windstärken tragen kann...«
Kapitän Ballehr:
»... Die Entscheidung, welche Segel ich zu setzen habe, um etwas zu erreichen, richtet sich nicht nur nach der Stabilität des Schiffskörpers, sondern auch nach der Beschaffenheit der Masten usw. Es kommt darauf an, wie die Takelung aussieht, ob ich ein neues Schiff unter mir habe, ob die Stage, Wanten usw. neu sind, ob ich oben neue Segel dran habe. Denn dann kann ich mit dem Schiff viel mehr machen, als wenn ich auf einem Schiff bin, bei dem die Takelage 25 bis 30 Jahre alt ist und ich nicht weiß, was da drinsteckt. Folglich ist es mir möglich, auf einem neuen Segler ganz anders zu segeln als auf einem älteren...«
Kapitän Piening:
»... Tatsache ist, daß an den Masten der *Pamir* nichts kaputtgegangen ist...«

Hier ist anzumerken, daß der eben zitierte Verhandlungsverlauf *vor* Anhörung der Stabilitätsgutachter stattfand, also *ehe* das Seeamt *in* der Verhandlung von einem Verrutschen der Ladung ausging. Die Frage nach den Erträglichkeitsgrenzen der Anzahl gesetzter Segel hätte also auf der Grundlage unverrutschter Ladung und dichter Aufbauten behandelt werden müssen. Und das wollte der Vorsitzender nicht, offenbar, weil er solche Fakten nicht in Rechnung gestellt hatte. Wenn er also diese Fragen der Segelführung als eine »Abschweifung« ablehnte, so deutet das auf eine Voreingenommenheit für eine bestimmte Vorstellung hin, nämlich für die Annahme eines Ladungsüberganges. Zu einer solchen Vorstellung hätten möglicherweise die potentiellen Antworten nicht gepaßt. Die Verweigerung einer Erörterung dieser Frage stellt somit eine empfindliche Verfahrensbehinderung dar.
e) Nach Anhörung der Stabilitätssachverständigen, die einen Übergang der Ladung zugrundelegten, stellte der Vorsitzende Fragen nach dem Verlauf von Eventualfällen (VI, 64f). Man erkennt, daß er Fragen, bei denen auch die Segelführung interessierte, nur im Rahmen seines Denkschemas zu erörtern bereit war. Und dazu gehörte der angenommene Ladungsübergang.

Vorsitzender:
»... nun frage ich: Welche Windstärke wäre erforderlich gewesen, um das Schiff zum Kentern zu bringen? Sie waren also bislang von 33 m in der Sekunde ausgegangen. War das notwendig, oder mußte der Effekt, der eingetreten ist, schon bei geringerer Windstärke eintreten?...«
Professor Wendel:
»... Das kann ich nicht aus dem Kopf sagen...«

Vorsitzender:
»... wir könnten Ihnen Bedenkzeit geben; wir müssen ohnehin eine Pause machen...«
Professor Wendel:
»... Ich habe diese Kurven...«
Vorsitzender:
»... Ja, vielleicht können Sie es aber auch ohne genaue Berechnung allgemein sagen. Hätte z.B. Windstärke 10 schon ausgereicht?...«
Professor Wendel:
»... Bei 12 würde der Effekt sicher eintreten...«
Vorsitzender:
»... Ja, aber mich interessiert: Hätte der Segler bei Windstärke 10 auch schon kentern müssen?...«
Kapitän Platzoeder:
»... bei welcher Segelführung?...«
Vorsitzender:
»... Wie gehabt, die genannten zwölf Segel...«
Kapitän Platzoeder:
»... Bei Windstärke 10: nein!...«
Professor Wendel:
»... Es wäre kritisch; es kommt auf den Seegang an...«
Vorsitzender:
»... Ich wiederhole: mit achterlichem Seegang, übergehender Ladung und undichten Aufbauten, ungünstiger Seegang, kein Wasser im Tank...«
Professor Wendel:
»... Dann muß er kentern...«
Kapitän Platzoeder:
»... Ja, ich hatte Aufbauten nicht gerechnet; er muß also kentern...«
Vorsitzender:
»... Also auch schon bei Windstärke 10?...«
Professor Wendel:
»... Ja, auch!...«
Vorsitzender:
»... Gut, gehen wir weiter herunter. Wie ist es bei Windstärke 9? Würde das schwierige Berechnungen erfordern?...«
Professor Wendel:
»... Er würde bei 9 kentern, und bei Windstärke 8 auch. Bei Windstärke 8 wäre dann aber der ungünstigere Fall angenommen...«
Kapitän Platzoeder:
»... Ja, das könnte bei 8 eintreten; das wäre die Grenze...«
Vorsitzender:
»... Nun wollen wir den Fall einmal etwas günstiger setzen, also homogene Wellen, also wie die jungen Leute sagen, alles wie besprochen, aber rein seitlicher Seegang. Welche Windstärke wäre dann erforderlich?...«

Professor Wendel:
»... Nur rein seitlicher Seegang? Mit allen Marssegeln?...«
Vorsitzender:
»... Mit Segeln nach Darstellung der jungen Leute, nur rein seitlicher Seegang, im übrigen alles so ungünstig, wie eben angenommen, also kein Stabilitätsabbau durch achterlichen Seegang, sonst alles wie vorher...«
Professor Wendel:
»... Er würde kentern. Aber bei Windstärke 7 würde er nicht kentern; von 8 an würde er kentern — nein, ich möchte sagen, von 8 an würde es kritisch werden, aber von 9 an würde er kentern...«
Vorsitzender:
»... Also dann würde er mit den erwähnten Segeln, Aufbau undicht, nicht geflutetem Tank und übergehender Ladung bei Windstärke 10 auch in diesem Falle eines verändert angenommenen Seeganges mit Sicherheit kentern?...«
Kapitän Platzoeder:
»... Meines Erachtens erst bei 11...«
Vorsitzender:
»... Hat das einen so großen Einfluß — diese veränderte Annahme bezüglich des Seeganges —, daß Sie zu so unterschiedlichen Auffassungen kommen?...«
Professor Wendel:
»... Das müßte man wohl doch noch einmal überprüfen...«
Kapitän Platzoeder:
»... Ja, dazu brauchte man wohl doch etwas Bedenkzeit...«
Vorsitzender:
»... Eine Bedenkzeit wollen wir Ihnen selbstverständlich gern einräumen; wir machen ohnehin gleich eine Pause.
Aber nehmen wir zunächst einen weiteren Fall: Wenn der Tank geflutet gewesen wäre, haben wir also sehr viel günstigere Kurven; aber sonst alles wie bisher, also noch immer die vielen Segel, noch immer undichte Aufbauten, die Ladung verrutscht, aber den Tieftank geflutet: Welche Windstärke hätte er dann vertragen?...«
Kapitän Platzoeder:
»... Dann hätte er 12 vertragen — aber nein, Sie sagten Aufbauten undicht, dann hätte er nur 10 bis 11 vertragen...«
Vorsitzender:
»... Wie wäre es gewesen, wenn wir noch einen Moment günstiger nehmen: Tieftank voll Wasser und Aufbauten verschlußsicher? Was für eine Windstärke hätte er dann vertragen?...«
Kapitän Platzoeder:
»... Windstärke 12...«
Professor Wendel:
»... Aufbauten dicht und Tieftank geflutet? Ja, dann zwölf, wahrscheinlich noch mehr...«
Vorsitzender:
»... Also trotz der vielen Segel?

(Beide Sachverständigen bejahen!)
— Und nehmen wir noch eine Modifikation besser, kleinste Orkansegel, wie vorhin besprochen, also praktisch ohne Segel und Aufbauten dicht, Wassertank geflutet. Das ist also schon ein sehr günstiger Fall, und da werden Sie also erst recht sagen, er könne nicht kentern ...«
Professor Wendel:
»... Er kann nicht kentern, solange nicht die Aufbauten undicht sind ...«
Vorsitzender:
»... Und wenn die Ladung unverrutscht ist, braucht er natürlich erst recht nicht zu kentern; darüber brauchen wir aber nicht mehr zu sprechen; das ist klar ...«

SIC! Also bei unverrutschter Ladung hätte die *Pamir* — bei Annahme dichter Aufbauten und gefluteter Wassertanks — auch bei zehn bis zwölf Segeln Windstärke zwölf und noch mehr vertragen können.
Hier hätte, wenn man schon den »grünen Tisch« pflegte, die Aufklärung weitergehen, z.B. folgenden Fall erfassen müssen: Schiff ohne Segel, unverrutschte Ladung, Wassertanks nicht geflutet, dichte Aufbauten, *oder* zwölf — oder weniger — Segel, unverrutschte Ladung, dichte Aufbauten, Wassertanks voller Gerste.
Wie das Seeamt sich immer weiter verstrickte, wird sich noch stärker erweisen. Es ist nur zu bedauern, daß und wie die Ermittlung des wahren Tatbestandes durch die Verhandlungsführung erschwert worden ist.

Fehler in der Tatbestandsermittlung

Ein Urteil ist so gut oder schlecht, wie der Sachverhalt richtig oder falsch ermittelt ist. Das gilt nicht nur für Gerichtsentscheidungen, sondern auch für Seeamtssprüche.
In jedem Falle ist es die erste und wichtigste Aufgabe einer Entscheidungsinstanz, den Sachverhalt zutreffend zu ermitteln und festzustellen. Anderenfalls fehlt die Grundlage für eine richtige, jedenfalls sichere Entscheidung und für deren Anerkennung, es sei denn, die Entscheidung trägt einer Unsicherheit des Tatbestandes Rechnung. In diesem Bereich hat das Seeamt Fehler gemacht.
Die schwerwiegenden werden im folgenden kursorisch zusammengefaßt, ehe sie später eingehend behandelt werden.
a) Die Suche nach dem nur »wahrscheinlichsten« Sachverhalt ist bereits kritisiert worden. Was das Seeamt dann mit diesen »unsicheren Feststellungen« gemacht hat, zeigt, daß es zu notwendigen Differenzierungen nicht in der Lage war.
Soweit es aus dem Unfall nur Lehren ziehen wollte, mag der unsichere Tatbestand hingenommen werden, obwohl er für das Ziehen von Lehren keine notwendige Voraussetzung war.
Soweit er aber zu Schuldfeststellungen verwendet wurde, hätte das Seeamt den von ihm selbst erwähnten Grundsatz des Strafverfahrens (SPR 240): »in dubio pro

reo« (»Im Zweifel für den Angeklagten«) anwenden müssen. Dafür zeigte es aber kein Rechtsgefühl.

b) Ein schwerer Fehler in der Tatbestandsermittlung liegt in der Ignoranz eines starken Wassereinbruchs infolge einer Beschädigung des Unterwasserschiffes der *Pamir*. Daß dem so war, dafür gibt es schwerwiegende Hinweise und mehr. Ehe dieser Punkt eingehend abgehandelt wird, schon dieses vorab:

Zunächst ist auf die Funkgespräche der *Pamir* am 21. September zu verweisen:

14.01 MGZ (11.01 Bordzeit):

»SOS here broken fourmastbarque *Pamir*...«

14.54 MGZ (11.54 Bordzeit):

»SOS-SOS-SOS... german fourmastbarque broken — *Pamir* danger of sinking...«

14.57 MGZ (11.57 Bordzeit):

»now speed ship is making water — danger of sinking...«

Bemerkenswert ist, daß das Seeamt auf das Wort »broken« überhaupt nicht eingegangen ist und es bei der Übersetzung in die deutsche Sprache im Spruch sogar weggelassen hat. Das Wort spricht doch für sich selbst.

Als die *Pamir* gekentert war und kieloben trieb, schossen Wasserfontänen aus Löchern im Rumpf. Die Zeugen Haselbach (IV, 175), Friedrich (IV, 190, 191) und Dummer (IV, 201) haben das berichtet und darüber hinaus Aussagen gemacht, deren Verfolgung zu der Erkenntnis von Wassereinbrüchen im Unterwasserschiff geführt hätte. Selbst der Sachverständige, Professor Wendel, hat vor dem Seeamt (SPR 159) erklärt: »Zum schnellen Sinken werden auch Öffnungen im Schiffsboden beigetragen haben.« Einige der Geretteten, z.B. Kochsmaat Dummer, sagten aus, daß ein Wasser-Luft-Gemisch fontänenartig aus einer derartigen Öffnung aufgestiegen sei. Der Sachverständige Piening hat zu der Frage: »Halten Sie es für möglich, daß durch mechanische Wirkung des Seeganges im Zusammenwirken mit schweren Orkanböen bereits vor dem Kentern Zerstörungen am und im Schiff eingetreten sind, zum Beispiel Schottenbruch, Einschlagen von Luken und Aufbauten, die für den weiteren Fortgang von entscheidender Bedeutung waren?« folgendermaßen Stellung genommen. Zunächst:

Vorsitzender:

»... Das ist eigentlich eine Frage der Beweiswürdigung, die dem Seeamt obliegt. Theoretisch ist das natürlich möglich; aber ob es in diesem Falle tatsächlich stattgefunden hat, ist eine Frage der Beweiswürdigung, die wir uns vorbehalten müssen...«

Rechtsanwalt Doktor Willner:

»... Herr Vorsitzender! Ich hatte gedacht, daß vielleicht Kapitän Piening oder einer der anderen Herren erfahrener Segelschiffskapitäne, die als Sachverständige hier sind, sich zur Unterstützung des Seeamtes dazu vielleicht äußern könnten...«

Vorsitzender:
»... Ja, gut, aber wir wollen nicht zu der wissenschaftlichen Seite sprechen...«
Kapitän Piening:
»... Ich fasse die Frage so auf, daß es sich hierbei um eine Beschädigung des Schiffskörpers handelt, die durch den Sturm verursacht sein könnte. Das halte ich absolut für möglich, weil durch den schweren Sturm mit verhältnismäßig vielen Segeln eine Überbeanspruchung des Schiffskörpers stattfinden kann und dabei Risse auftreten können, durch die Wasser eingedrungen sein könnte...«
Vorsitzender:
»... Das ist ja wohl eine Feststellung, die auf keinen Widerspruch stoßen wird!...«

Dieses Thema wird im Kapitel »Wassereinbruch durch Beschädigungen am Unterwasserschiff« (S. 75ff) vertieft werden. Hier mag zunächst die Feststellung eines Fehlers in der Ermittlung des Tatbestandes genügen. Das Seeamt hat nämlich Fakten, Funksprüche und Aussagen, die für einen Wassereinbruch infolge von Beschädigungen des Schiffskörpers sprechen, ignoriert und lapidar erklärt:

»... es sind auch keine Anhaltspunkte dafür gegeben, daß Schäden des Schiffskörpers bei dem Untergang mitgewirkt hätten...« (SPR 272)

Und das war falsch.
c) Auch bei der Ermittlung des Wettertatbestandes hat das Seeamt geirrt und seinem Spruch unzutreffende Annahmen zugrunde gelegt.
Zur Orkanstärke:

»... dazu (Anmerkung: ›höhere Gewalt‹) wäre aber nach dem Ergebnis der Stabilitätsgutachter eine Windgeschwindigkeit von weit über 100 kn erforderlich gewesen. Einer solchen Orkanstärke ist die *Pamir* bestimmt nicht ausgesetzt gewesen...« (SPR 285)

Es hat weiter ausgeführt:

»... *nach alledem neigt das Seeamt zu der Auffassung, daß 70 kn schon die obere Grenze der an der Unfallstelle aufgetretenen mittleren Windgeschwindigkeit darstellen* dürften, wobei allerdings einzelne kurze Böenstöße darüber hinausgegangen sein mögen. *In dem entscheidenden Zeitraum* (von der Entstehung der Schräglage um 30 Grad bis zum Übergehen der Gersteladung) wird die Windgeschwindigkeit *schwerlich mehr als Stärke elf* betragen haben. Keinesfalls hat sie an 100 kn herangereicht, geschweige denn dieses Maß noch überstiegen, so daß also ›*höhere Gewalt*‹ in dem oben gedachten Sinne *nicht vorgelegen* hat...« (SPR 288)

Auch in diesem Punkt liegt ein schwerer Tatbestandsirrtum des Seeamtes vor. Der Wettersachverständige hat nämlich Angaben gemacht, aus denen hervorgeht, daß die *Pamir* einer Orkanstärke ausgesetzt war, die — insbesondere in Böen — weit über 100 kn hinausging. Näheres dazu später.

d) Eine entscheidende These des Seeamtes beruhte auf der tatsächlichen Annahme, daß die *Pamir* am 21. September mit Einsetzen der ersten Hurrikanböen wegen der hohen Segelführung schwere Schlagseite erhalten habe, wodurch der Übergang der Ladung und das Kentern eingeleitet worden seien.
Wiederum ist der Tatbestand unzutreffend angenommen.
Zwischen dem Wegnehmen, Losschneiden und Wegfliegen sämtlicher restlicher Segel und dem Eintritt der großen Schlagseite bestand — im Gegensatz zu der Annahme des Seeamtes — eine geraume Zeitspanne, in der das Schiff ohne Segel trieb. Somit ist eine Kausalität zwischen Segelführung und Entstehung der Schlagseite ausgeschlossen, mindestens aber fragwürdig.
Nach den Zeugenaussagen hat die erste Böe etwa um 8.45 Bordzeit (11.45 MGZ) eingesetzt (IV, 128). Sie bewirkte keine große Schlagseite. Mit dem gleichen Zeitpunkt begann das Wegnehmen und Wegschneiden der Segel. Etwa um 9.30 Bordzeit (12.30 MGZ) flog der Rest der Segel weg. Um 10.36 Bordzeit (13.36 MGZ) meldete Kapitän Diebitsch per Funk, daß das Schiff ohne Segel treibe. Von Schlagseite war keine Rede, insbesondere nicht von einer großen Schlagseite. Erst um 11.00 Bordzeit (14.00 MGZ), als das Schiff bereits etwa 90 Minuten ohne Segel getrieben war, berichtete der Kapitän per Funk:

»... alle Segel verloren, Schlagseite 35 Grad, noch zunehmend ...«

Damit zeigt sich, daß der vom Seeamt angenommene Zusammenhang zwischen angeblich zu hoher Segelführung, dem Einsetzen der Hurrikanböen und dem Eintritt der großen Schlagseite nicht besteht, mindestens zweifelhaft ist. Davon sind auch weitere Thesen des Seeamtes betroffen, die darauf fußen.
e) Dubios ist die Legende vom Übergang der Ladung.
Das Seeamt hat geglaubt, sie als Tatsache und Ursache des Kenterns feststellen zu sollen (SPR 282, 275, 277, 278). Es hat sich dabei auf die Gutachten der von ihm bestellten Gutachter berufen (SPR 277, 278, 282). Hätte es das wenigstens richtig getan, dann wäre nämlich eine »So-ist-es-Feststellung« nicht möglich gewesen. Denn Professor Wendel hat nur von »Vermutungen« und »großer Wahrscheinlichkeit« gesprochen (IV, 42, 43, 44). Und selbst das war eine kühne Behauptung. Nach allen Erfahrungen, speziell nach den auf der *Passat* gesammelten, auf die sich auch Professor Wendel bezog, muß nämlich ein Segelschiff längere Zeit mit großer Schlagseite gefahren sein, ehe die Ladung übergeht (SPR 130, 131, 155, 156).
Überprüft man mit diesem Wissen die Fakten, so muß man feststellen, daß gerade das bei der *Pamir* nicht der Fall war. Sie meldete um 11.00 Bordzeit (14.00 MGZ) erstmalig eine größere Schlagseite (35 Grad), aber schon um 12.03 Bordzeit (15.03 MGZ) kenterte sie. In der relativ kurzen Zeit konnte die Ladung nicht übergegangen sein. Das wird im Abschnitt »Ladungsübergang« (S. 51, 55ff) weiter belegt werden.

Der vom Seeamt angenommene Tatbestand ist mithin auch in diesem wesentlichen Punkt falsch, jedenfalls unsicher. Man muß sich in diesem Zusammenhang unwillkürlich an die Anweisung des Vorsitzenden an den Wettersachverständigen Rodewald erinnern, »extreme Ausnahmefälle oder Absonderlichkeiten« seien über den Hurrikan »Carrie« nicht zugrundezulegen, »denn dann kämen wir bei den Stabilitätsfragen ins Uferlose« (III, 102, hier Seite 24).

Fehler in der Beweiswürdigung

Ist schon die Zugrundelegung eines unsicheren, mitunter sogar falschen Sachverhalts — jedenfalls zum Teil — auf Lücken in der Ermittlung des Tatbestandes oder auf Fehler in der Beweiswürdigung zurückzuführen, so hat das Seeamt nicht allein diese bestehen lassen, sondern weitere hinzugefügt. Dabei geht es um die Nichtberücksichtigung wichtiger Ergebnisse der Beweisaufnahme, bedeutungsvoller Sachverständigen- und Zeugenaussagen oder um deren irreführende Wiedergabe. Das führte zu irrtümlichen Annahmen, merkwürdigerweise stets zu Lasten der Schiffsführung, des Eigners und des Korrespondentreeders. Eine Auslese zeigen folgende Beispiele:

a) als Untergangsort hat das Seeamt im Spruch (SPR 2) die Position 35 Grad 57 'N, 40 Grad 20 'W angegeben. Die Beweisaufnahme hat ergeben (SPR 102), daß das Trümmerfeld der *Pamir* am 25. September von Flugzeugen und Suchschiffen auf 35 Grad 35 'N, 40 Grad 16 'W gefunden worden ist. Da ein Vertreiben des Trümmerfeldes praktisch ausgeschlosen war, bedeutet das, daß dieser Standort um etwa 22 sm näher zum Hurrikanzentrum lag als der vom Seeamt angenommene und dem Spruch zugrundegelegte. Das wiederum führt zur Feststellung, daß die Wetterverhältnisse bei der *Pamir* nicht unbedeutend schlechter waren, als sie das Seeamt annahm.

b) Das Seeamt hat für falsch gehalten, daß Kapitän Diebitsch nicht früher, nämlich am 19. September, beigedreht und nicht früher Segel weggenommen habe (SPR 260, 261, 262, 265, 269). Hingegen hat der Wortführer der Sachverständigen, Kapitän Wendt, ausgeführt (IV, 69, 70):

»...Im Laufe des Vormittags des 21. Septembers noch an ein Aufgeben dieses Vorhabens (Anmerkung: Nordkurs mit größtmöglicher Geschwindkeit und entsprechender Segelführung rechtwinkelig weg von der Hurrikanbahn) zu denken, würde mir, soweit ich das von hier aus beurteilen kann, nicht in den Sinn gekommen sein, denn nur die Fortführung dieses Manövers schien erfolgversprechend zu sein...«

c) Es wird in Erinnerung gebracht, daß es 10.36 Bordzeit (13.36 MGZ), also am Vormittag des Unglückstages und damit die von Kapitän Wendt gemeinte Zeit war, als *Pamir* per Funk meldete:

»...treiben im schweren Hurrikan ohne Segel...«

d) Das Seeamt hat nicht berücksichtigt, daß nach den Zeugenaussagen (IV, 102, 105, 142) in der Nacht vom 20. zum 21. September die meisten Segel — und zwar »von oben nach unten« — weggenommen wurden und nur diejenigen blieben, mit deren Hilfe Kapitän Diebitsch die größtmögliche Fluchtgeschwindigkeit erreichen wollte.
Unter den Sachverständigen bestand Einigkeit, daß für das Segeln auf Nordkurs (rechtwinkelig weg von der Hurrikanbahn) mehr Segel geführt werden mußten, nämlich so viele, wie das Schiff überhaupt tragen konnte (Piening V, 20, 21, Ballehr IV, 85). Es wird daran erinnert, daß der Vorsitzende die Prüfung dieser Frage merkwürdigerweise als eine »Abschweifung« bezeichnet hatte (hier Seite 26ff).
e) Auch hinsichtlich der Anfangsstabiliät hat das Seeamt die Erklärungen von Sachverständigen zu Lasten von Kapitän Diebitsch nicht vollständig wiedergegeben und gewürdigt. So hat es eine Aussage des Sachverständigen Seefisch über die Rollzeitperioden, mit deren Hilfe die Anfangsstabilität der *Pamir* in concreto geprüft worden ist, nicht richtig zitiert und demgemäß falsch in seine Beweiswürdigung einbezogen (SPR 294, II 114). Außerdem hat es eine Aussage des Gutachters Wendel einfach weggelassen. Dieser hat nämlich zur Anfangsstabilität des Schiffes und zu den Bordstabilitätsunterlagen erklärt (VI, A, 79):

»... Er (Kapitän Diebitsch) würde also aus den Unterlagen entnehmen können: Damit kann ich fahren ...«

f) Zu dem Zeitpunkt am 21. September, zu dem die Situation »SOS-reif« angesehen worden sei, hat das Seeamt ausgeführt (SPR 310, 320):

»... Haselbach hat bekundet, der Zweite Offizier Buscher habe ihm im Boot erzählt, daß er schon um ca. 9.00 Bordzeit den Kapitän gefragt habe, ob er SOS geben solle; der Kapitän habe abgewinkt ...«

Tatsächlich hatte der Zeuge aber etwas anderes ausgesagt (IV, 123):

»... darf ich dazu einmal etwas sagen? Herr Buscher hat nicht um 9.00 den Kapitän gefragt, ob er SOS geben solle, sondern er hat gefragt, ob er eine Meldung absetzen sollte an andere Schiffe ...«

Der Unterschied zwischen SOS und einer »Meldung« ist, insbesondere hinsichtlich der Folgen, evident. Auch diese Wiedergabe einer Zeugenaussage ist mithin unzutreffend und erweckt den falschen Eindruck, die SOS-Frage habe bereits früh bestanden.
g) Das Seeamt hat angenommen, die *Pamir* habe sich nach dem Wegnehmen und Wegfliegen der Segel *nicht* aufgerichtet, weil das die zu diesem Zeitpunkt bereits (angeblich) übergegangene Ladung verhindert habe. Hier hat das Seeamt aber die Aussagen der Zeugen Haselbach (IV, 104, 107, 127), Wirth (IV, 142) und Anders

(IV, 174) übergangen. Diese Zeugen haben nämlich bekundet, daß sich das Schiff wieder aufgerichtet habe, als die Segel weggenommen oder weggeflogen waren.
h) Hat das Seeamt schon die vorhandenen »Anhaltspunkte« für Schäden im Schiffsboden beiseite geschoben, so gilt das insbesondere für die Aussagen von Zeugen. Der Zeuge Haselbach hat bekundet (V, 175), man habe bereits an Bord davon gesprochen, daß mittschiffs ein Wassereinbruch stattgefunden habe. Eine gleiche Aussage hat der Zeuge Friedrichs gemacht (IV, 190, 191). Das Seeamt hat sie nicht beachtet.
Die Reihe dieser Fehler in der Beweiswürdigung läßt sich fortsetzen. Das geschieht eingehend im Kapitel »Die Unrichtigkeit des Spruches« (Seite 44ff).

Widerspruch zwischen Formel und Begründung des Spruches

Die Spruchformel enthält — nach Darlegung, daß das Schiff mit den geführten Segeln, der Segelstellung, seinem Beladungszustand, dem nicht gefluteten Tieftank und dem Winddruck der gegebenen Situation stabilitätsmäßig nicht gewachsen gewesen sei, starke Schlagseite erhalten und infolge Überschreitens ihres Böschungswinkels einen Übergang der lose geladenen Gerste erlitten habe, zudem Wasser in die nicht ordnungsgemäß verschlossenen Aufbauten gedrungen sei — *die Feststellung*: »Auf diese Weise *ist* das Schiff gekentert.« Das heißt: so und *nicht anders* ist es gewesen.
Diese Apodiktik wird (schon) von der Begründung des Spruches nicht getragen. So heißt es dort (SPR 282):

»...der Hergang wird etwa folgender gewesen sein...«

Zudem hat das Seeamt in der mündlichen Verhandlung stets betont, daß es nur den »wahrscheinlichsten Fall« untersuche. Ausweislich des Verhandlungsprotokolls hat der Vorsitzende erklärt:

»...wir haben nur die Aufgabe, den wahrscheinlichsten Fall zu untersuchen...« (IV, 63)
»...das Seeamt nimmt den wahrscheinlichsten Fall an...« (VI, 80)
»...wir haben uns bei unserer Feststellung um den wahrscheinlichsten Sachverhalt bemüht...« (VI, 81)

An Sachverständige:

»...ich bitte, den wahrscheinlichsten Fall zu setzen...« (III, 102)

Im übrigen steht auch in der Spruchbegründung mehrfach das Wort »wahrscheinlich« (SPR 240, 284, 288).

Da sich eine *Ist-Feststellung* (so ist es gewesen) und eine *Wahrscheinlichkeits-Feststellung* (*wahrscheinlich* ist es so gewesen) *gegenseitig ausschließen*, besteht ein Widerspruch zwischen der Formel und der Begründung des Seeamtsspruches. Er hebt die beiden Feststellungen gegenseitig auf.

Ungenügende Untersuchung alternativer Kausalitätsmöglichkeiten

Wenngleich in den vorstehenden Punkten bereits angeklungen, erfordert dieser Vorwurf eine gesonderte Feststellung. Zweifel erweckt a priori, daß das Seeamt sich nahezu ausschließlich auf die Prüfung von Stabilitätsfragen beschränkt hat und dabei »zwangsläufig« zu dem Ergebnis gekommen ist, die *Pamir* sei einem Stabilitätsunfall zum Opfer gefallen. Damit verbindet sich der Vorwurf, daß das Seeamt andere Möglichkeiten ungenügend untersucht, insbesondere nicht die Frage sorgfältig geprüft hat, ob ein Fall »höherer Gewalt« vorgelegen habe. Allein schon folgende Erklärung des Vorsitzenden gibt diesem Vorwurf ausreichend Nahrung. Er hat nämlich, wie das Zitat belegt, dieses Thema von vornherein beiseite geschoben (VI, 19):

»... Den Begriff der ›höheren Gewalt‹ sollte man vielleicht in solchem Fall gar nicht in die Debatte werfen; denn er bedeutet soviel wie ein Naturereignis, das jedes menschliche Verschulden ausschließt. Da wir aber die Schuldfrage nicht erörtern, sollten wir auch die Frage der ›höheren Gewalt‹ nicht erörtern. Wir haben es hier nur mit Ursache und Wirkung zu tun ...«

Die Unlogik dieser Begründung ist schon gerügt worden. Es ist bedauerlich, daß sich das Seeamt damit selbst ins Abseits geführt hat. Des weiteren hat es in der Spruchbegründung ausgeführt, daß die Stabilitätsuntersuchung »erschöpfend« (SPR 274) dargetan habe, daß das Schiff an diesem Punkt gescheitert sei und nicht an anderen. Inplicite wird damit gesagt, daß es nicht notwendig gewesen sei, andere Unfallursachen zu untersuchen. Auch das war falsch.

Unterlassung einer Auseinandersetzung mit dem Stabilitätsgutachten

Die Hörigkeit gegenüber dem Stabilitätsgutachten der Sachverständigen Wendel/Platzoeder ist so weit gegangen, daß das Seeamt sich mit ihm überhaupt nicht auseinandergesetzt hat. Es hat in Verkennung seiner Aufgabe sogar folgendes geäußert (VI, 85):

»...es mag nachher der Wissenschaft freie Bahn gegeben werden, diese Ergebnisse anzuzweifeln und diese Dinge zu klären...«

Diese vorbehalts- und kritiklose Hinnahme des Stabilitätsgutachtens ist zwar aus den Gründen der Vorwegnahme einer Entscheidung erklärbar, aber sie muß stärkster Kritik begegnen. Geradezu peinlich ist die Hörigkeit gegenüber dem Stabilitätsgutachten, wenn man bedenkt, daß der Sachverständige Wendel den Eindruck erweckt hat, — und das Seeamt darüber informiert worden war —, aus eigenen wirtschaftlichen Interessen an »seinem« Ergebnis (Stabilitätsunfall) interessiert zu sein.

Besorgnis der Befangenheit eines Gutachters

Mit gutem Grund hatte das Seeamt nach Gutachtern ausgeschaut, die ihre Stellungnahme frei von Eigeninteressen und ohne Befangenheit abgeben konnten. Es hat in diesem Zusammenhang ausgeführt (SPR 275, 276):

»...Des weiteren mußte das Seeamt auch — schon um gegenüber den widerstreitenden Interessen eine streng unparteiische Haltung zu bewahren — sich hüten, seinen Spruch auf Gutachten von Sachverständigen aufzubauen, die von Interessenten bestellt waren und bei denen demgemäß zwangsläufig die Besorgnis einseitiger Betrachtungsweise bestand.
Das Seeamt hat deshalb nach sehr sorgfältiger Überlegung sich auf zwei *Stabilitätsfachleute* beschränkt, die die Gewähr für beste Fachkunde mit dem großen Vorzug der Unabhängigkeit und Unvoreingenommenheit verbanden; Dr. Ing. Wendel, Professor für Schiffbau...«

So weit, so gut. Aber es gibt einen Unterschied zwischen Theorie und Praxis. Und der spielte hier leider eine fatale Rolle.
Just am Tage nach dem Vortrag seines Stabilitätsgutachtens vor dem Seeamt trat Professor Wendel im deutschen Fernsehen auf und warb für ein neu von ihm entwickeltes Gerät, mit dessen Hilfe angeblich die Möglichkeit bestehe, Stabilitätsunfälle zu vermeiden. Es bedarf keiner Erläuterung, daß das Interesse an diesem Gerät für den Fall eine Steigerung erfuhr, daß es sich bei der *Pamir*-Katastrophe — so wie der

Sachverständige Wendel vor dem Seeamt vortrug — um einen Stabilitätsunfall gehandelt habe. Das mußte natürlich die Besorgnis der Befangenheit des Gutachters auslösen.
Das Seeamt wußte von diesem Vorgang. Denn der Verfasser hatte es mit Schreiben vom 17. Januar 1958 wie folgt darauf hingewiesen:

»... Wie auch dem Seeamt bekannt geworden sein wird, ist Herr Professor Wendel am Tage nach dem Vortrag seines Gutachtens in der Öffentlichkeit (Fernsehen, Presse) mit einem von ihm in jahrelanger Forschungstätigkeit entwickelten Stabilitätsmeßgerät hervorgetreten, das dem Vernehmen nach jetzt in die Produktion gehen und auf jedem Schiff Verwendung finden kann. Hierbei wurde mehr oder weniger deutlich darauf hingewiesen, daß der Erfinder in der — noch nicht abgeschlossenen — Seeamtsverhandlung *Pamir* als Sachverständiger für Stabilitätsfragen tätig war. Das Ergebnis seines hier erstatteten Gutachtens ist fraglos geeignet, ein unabhängig davon sicher schon bestehendes Interesse an der Erfindung eines derartigen Gerätes zu steigern.
Durch diese Umstände werden die Bedenken der Stiftung *Pamir* und *Passat* und der Reederei Zerssen und Co. dagegen, daß eine seeamtliche Feststellung der Ursachen des Kenterns der *Pamir* allein auf das Gutachten des Herrn Professor Wendel gestützt werde, bei aller Würdigung der Verdienste dieses Wissenschaftlers erheblich verstärkt. Es liegt nämlich nach allgemeiner Lebenserfahrung nahe, daß jemand, der jahrelang an einem bestimmten generellen Problem und daher in bestimmter Richtung gearbeitet hat, die Fragen eines konkreten Falles von einem von vornherein festgelegten Standort und Ausgangspunkt aus betrachtet. Es kommt hinzu, daß Herr Professor Wendel diese Veröffentlichung zu einem für das seeamtliche Untersuchungsverfahren besonders unpassenden Zeitpunkt gestattet hat. Auch ohne diese Verknüpfung mit der Seeamtsverhandlung *Pamir* würde ihm die Schiffahrt gewiß dankbar sein, wenn sich das Gerät bewährt.
Das Seeamt wird daher erneut gebeten, die Frage besonders sorgfältig zu prüfen, ob das von Herrn Professor Wendel erstattete Gutachten wirklich eine ausreichende, sichere und die alleinige Urteilsgrundlage für die Feststellung der Ursachen des Kenterns der *Pamir* bilden kann ...«

Das Seeamt steckte »den Kopf in den Sand« und ignorierte diesen Punkt. Normalerweise hätte dieser Vorfall zur Bestellung eines anderen Gutachters, mindestens aber dazu führen müssen, daß das Seeamt dem Stabilitätsgutachten Professor Wendels kritisch und mit größter Zurückhaltung hätte entgegentreten müssen. Nichts dergleichen. Es machte dessen These sogar zur Grundlage seines Spruches, der erst nach diesem Vorfall am 20. Januar 1958 erging.

Versagung des rechtlichen Gehörs für die Betroffenen

Was den Spruch und seine Feststellungen mit einem Makel behaftet, ihn stark entwertet und weiterhin zweifelhaft macht, insbesondere hinsichtlich der Schuldvorwürfe, ist die bedauerliche Tatsache, daß den von der Kritik Betroffenen das rechtliche Gehör verwehrt worden war.
Das betraf die Witwe von Kapitän Diebitsch, die sich gegen die Angriffe auf die seemännischen Führungsqualitäten ihres auf See gebliebenen Mannes wehren und seine Berufsehre und sein Andenken schützen wollte. Das betraf weiter die Eigner der *Pamir*, die Stiftung *Pamir* und *Passat* sowie den Korrespondentreeder des Schiffes, die Reederei Zerssen & Co.; sie waren verantwortlich (u.a.) für die Einstellung von Kapitän Diebitsch.
Sie durften weder Stellung nehmen noch Anträge stellen oder gar sich von einem Rechtsanwalt vertreten lassen. Sie durften nur auf gestellte Fragen antworten. Es war ihnen also nicht erlaubt worden, ihr Recht auf Gehör auszuüben, also aktiv am Verfahren mitzuwirken, z.B. durch Anträge und Ausführungen zur Sache, und damit — aus ihrer Sicht — Beiträge für das Ergebnis der Untersuchung zu liefern. Es war ihnen lediglich die passive Stellung als Zeugen zugewiesen worden.
Dieses Verhalten traf ganz besonders die wehrlose Witwe des Kapitäns, die hilflos zusehen mußte, wie die Ehre ihres toten Ehemannes beschädigt wurde.
So trug dieses Verbot dazu bei, daß die hier zur Sprache gebrachten Irrtümer und Fehler entstanden.
In den Gesprächen mit dem Vorsitzenden des Seeamtes vor Beginn der Verhandlung sowie durch schriftlichen Antrag hatte der Verfasser die Gewährung des rechtlichen Gehörs beantragt. Die Anträge wurden abgelehnt, die Beschwerde vom Bundesoberseeamt zurückgewiesen. Nur mit Mühe war es gelungen, das Seeamt zu bewegen, einige wenige Fragen zuzulassen. Daß sie dann zum Teil als »Abschweifung« abgelehnt wurden, rundet das Bild ab.
Die Begründung für die Versagung des rechtlichen Gehörs gab das Seeamt im Kern wie folgt (SPR 239):
»... Schuldfragen standen nicht zur Erörterung. Schuldfeststellungen wären nur gegen sog. Beteiligte zulässig gewesen. Als Beteiligte hätten nur der Kapitän und die sonstigen Patentinhaber der *Pamir* in Betracht kommen können. Sie sind sämtlich ums Leben gekommen. Andere natürliche oder juristische Personen oder Behörden sind im Sinne des Gesetzes niemals ›Beteiligte‹, auch wenn sie an den zu treffenden Feststellungen menschlich, wirtschaftlich oder sonst irgendwie interessiert sein können ...«
Aus dem diese Entscheidung bestätigenden Spruch des Bundesoberseeamtes:
»... Denn die Beschwerdeführer sind am vorliegenden Verfahren zwar interessiert, aber nicht beteiligt; sie haben daher auch keinen Anspruch auf Gehör.«
SIC!

Daß diese Begründung unhaltbar ist und die Betroffenen — schon im Hinblick auf die (ihnen von vielen angelasteten) Toten — mehr als nur »interessierte Leser« waren, ergibt sich bereits daraus, daß es eben nicht stimmt, Schuldfragen hätten nicht zur Erörterung gestanden und Schuldfeststellungen seien nicht getroffen worden. Selbst wenn nämlich das Wort »Schuld« bei Feststellung der angeblichen, für den Untergang ursächlichen Fehler, nicht expressis verbis verwendet und tunlichst vermieden worden ist, so ist doch der Inhalt dieses Wortes so deutlich gemacht worden, daß es eines »Aufklebers« nicht bedurfte. Auf die Ausführungen hier unter dem Titel »Schuldcharakter des Spruches« (Seite 14ff) wird verwiesen.
Es bleibt anzumerken, daß es dem Seeamt natürlich auch nicht verboten gewesen wäre, einem oder mehreren formell zwar »Nicht-Beteiligten«, aber potentiell vom Verfahren Betroffenen oder Hinterbliebenen von Patentinhabern durch einen Rechtsbeistand die Mitwirkung bei der Untersuchung zu gestatten. Das hätte sogar bisheriger Praxis der Seeämter und des Oberseeamtes entsprochen. In einigen vergleichbaren Fällen, in denen es keine »formell Beteiligten« oder nur Hinterbliebene eines »Beteiligten« gab, hatten nämlich schon das Reichsoberseeamt, ihm folgend das Bundesoberseeamt, entschieden, daß »aufgrund freien Ermessens die Seeämter und das Oberseeamt einen rechtskundigen Beistand der Hinterbliebenen zulassen können, sofern nach Sachlage dadurch gleichzeitig eine Förderung des öffentlichen Untersuchungszwecks zu erwarten ist«. (Beschluß des Reichsoberseeamtes vom 24. Juli 1939, Schiffahrtszeitschrift HANSA 1939, S. 973; Beschluß des Bundesoberseeamtes vom 30. April 1951, Schiffahrtszeitschrift HANSA 1951, S. 1011, 1012).
Bei der Bedeutung des Falles *Pamir* und seinen verfahrensrechtlichen Schwierigkeiten (z.B. keine Zeugen aus der Schiffsführung) lagen die Voraussetzungen für eine solche Zulassung ohne Zweifel vor. Die Verweigerung stellt einen Ermessungsfehler dar.
Die Verweigerung des rechtlichen Gehörs war aber auch aus anderen Gründen unzulässig. Auch das Grundgesetz hätte nämlich das Seeamt veranlassen müssen, die Tür zum rechtlichen Gehör zu öffnen. Die Seeämter und das Bundesoberseeamt hielten sich damals für Gerichte, haben ihre Entscheidungen auch stets auf diese von ihnen selbst beanspruchte Grundlage gestützt. Dann hätten sie aber Art. 103, Abs. 1, des Grundgesetzes berücksichtigen müssen. Denn dort ist bestimmt:

»Vor Gericht hat jedermann Anspruch auf rechtliches Gehör.«

Dieses Grundrecht ist so eindeutig, daß das Seeamt in seiner für sich beanspruchten Qualität als Gericht das rechtliche Gehör hätte gewähren müssen. Die Verweigerung stellt den Spruch somit auch unter diesem Gesichtspunkt auf schwache Füße. Es entspricht nämlich ständiger Rechtssprechung des Bundesverfassungsgerichts, daß einer gerichtlichen Entscheidung nur solche Tatsachen, Beweisergebnisse und Äußerungen zugrunde gelegt werden dürfen, zu denen die Beteiligten Stellung nehmen konnten. Der Richter ist verpflichtet, die Ausführungen der Beteiligten zur Kenntnis zu nehmen und in die Entscheidungserwägungen einzubeziehen. Der Anspruch auf rechtliches Gehör steht allen Beteiligten zu: Parteien, Intervenienten, Beigeladenen und sonstigen Beteiligten, die von dem Verfahren unmittelbar rechtlich betroffen werden. Dazu gehören die von der Kritik des Seeamtes Betroffenen allemal.

Viele Mängel und Fehler im Verfahren und im Spruch wären vermieden worden, wenn das Seeamt dieser Pflicht nachgekommen wäre. Leider hatte sich auch das Bundesoberseeamt dem falschen formellen Standpunkt des Seeamtes angeschlossen und eine Berufung gegen dessen Spruch und vorher schon die Beschwerde gegen die vom Seeamt beschlossene Nichtzulassung eines Rechtsanwaltes zurückgewiesen.

Nach dem *Pamir*-Verfahren, nicht zuletzt mit ausgelöst durch diese auch in anderen Verfahren zutage getretene Problematik, ist das Seeunfalluntersuchungsgesetz — nach langen Vorbereitungen — am 6. Dezember 1985 geändert und neu gefaßt worden.

Wichtig ist in diesem Zusammenhang besonders die Bestimmung des § 4. Sie stellt den Kreis der »Beteiligten«, denen das Recht aktiver Verfahrensteilnahme zusteht und die sich der Hilfe eines Beistandes bedienen können, wie folgt fest:

»Beteiligte am Verfahren sind

1. Der Kapitän, der Schiffsführer, die Schiffsoffiziere und Lotsen der an dem Seeunfall beteiligten Schiffe sowie
2. andere natürliche Personen und juristische Personen, Vereinigungen, soweit ihnen ein Recht zustehen kann, und Behörden, sofern nach Lage des Falles ihr Verhalten Gegenstand der Untersuchung sein kann.«

Damit ist der Mangel, den das seinerzeitige Seeunfalluntersuchungsgesetz enthielt, (insoweit) erkannt und beseitigt worden. Das gibt dem Seeamtsspruch *Pamir* eine besondere »Beleuchtung«.

Aufschlußreich ist in diesem Zusammenhang ein Gespräch, das der Verfasser am 10. Dezember 1958 mit dem — inzwischen verstorbenen — damaligen Präsidenten des Bundesoberseeamtes hatte und über das er dem Vorstand der Stiftung *Pamir* und *Passat* und der Geschäftsführung der Fa. Zerssen & Co. am 13.12.1958 berichtete. Dieses Schreiben befindet sich im Anhang. Zwar war damals partielle Vertraulichkeit verabredet worden, aber das ist nach mehr als 30 Jahren obsolet. Schließlich gehört es jetzt, da die Geschichte der *Pamir*-Tragödie neu geschrieben wird, zum »historischen Tatbestand«.

Die Unrichtigkeit des Spruches

Kernfragen

Sind es im vorstehenden Abschnitt überwiegend formelle Fragen und Verfahrensmängel gewesen, die zur Erörterung gestanden haben und die mehr oder weniger schon allein die Unhaltbarkeit, jedenfalls die Angreifbarkeit des Spruches begründen, so geht es hier um mehr. Jetzt steht sein materieller Inhalt zur Debatte, das sachliche Untersuchungsergebnis und der Spruch selbst; das heißt, welche Feststellungen lassen sich zu den einzelnen Mosaiksteinen des Gesamttatbestandes und der Gesamtbeurteilung treffen, und welche Folgerungen sind daraus zu ziehen. Dabei stehen im Zentrum die Fragen: der Hurrikan »Carrie«, die Schiffsstabilität, die Segelführung, die Ladung und eine Beschädigung des Schiffs sowie die Schiffsführung von Kapitän Diebitsch.

Schlußendlich geht es um die Frage, ob die *Pamir* — so wie es das Seeamt angenommen hat — einem vermeidbaren Stabilitätsunfall, also einem Schiffsfehler, zum Opfer gefallen oder — was das Seeamt nicht ernsthaft untersucht hat — »höherer Gewalt« unterlegen ist.

Sachverhalt

Auf die Wichtigkeit der Ermittlung des richtigen Tatbestandes ist bereits mehrfach hingewiesen. Er ist die Grundlage für die Entscheidung.

Es ist bereits gerügt, daß sich das Seeamt gewollt darauf beschränkte, nur den »wahrscheinlichsten« Sachverhalt festzustellen, wenngleich ihm nicht verübelt worden wäre, wenn es bekannt hätte, die Ermittlung des richtigen Tatbestandes sei ihm nicht möglich gewesen und wenn es — das ist das Entscheidende — an ein solches Bekenntnis auch den entsprechenden Entscheidungsspruch geknüpft hätte. So hat es aber, dazu mit Verfahrensverstößen, einen Sachverhalt festgestellt und seinem Spruch zugrundegelegt, der dem tatsächlichen in wesentlichen Teilen nicht entsprach, also falsch ist.

Die »Hörigkeit« gegenüber dem ohnehin dubiosen Stabilitätsgutachten von Professor Wendel ist evident und zeigt, daß das Seeamt weder willens noch in der Lage

war, gegebenenfalls — und der Fall war gegeben — von dem dort unterstellten Sachverhalt und damit auch von dem Ergebnis des Gutachtens abzuweichen.
Die Gutachter waren mit einer festgelegten Meinung in die Seeamtsverhandlung gekommen. Sie hatten sie dem Seeamt in einer vorangegangenen Besprechung vorgetragen. Dabei hatten sie einen Sachverhalt »angenommen«, insbesondere hinsichtlich der Wetterverhältnisse und der Segelführung, der in der Hauptverhandlung noch gar nicht erörtert und festgestellt worden war. So erklären sich auch zwei Passagen im Spruch, die man als hierfür bezeichnend ansehen kann.

Zitat 1:
»... Da die Beweiswürdigung dem Seeamt obliegt, mußte, bevor das Gutachten Wendel/Platzoeder dem Spruch zugrunde gelegt wurde, geprüft werden, ob der von den Sachverständigen angenommene Sachverhalt dem Ergebnis der Beweisaufnahme entspreche...« (SPR 277)
Zitat 2:
»... Damit ist klargestellt, daß Wendel/Platzoeder von einem Sachverhalt ausgegangen sind, der sich in der Beweisaufnahme in allen wesentlichen Punkten als zutreffend bestätigt hat...« (SPR 282)

Und genau das war falsch. Hierbei handelt es sich um den schwersten Irrtum des Seeamtes. Er war vermeidbar. Der Spruch wäre dann — so muß man annehmen — anders ausgefallen.
Außerdem hat man den bitteren Eindruck, daß in dem Hang des Seeamtes, dem Gutachten zu folgen, auch die Begründung dafür liegen könnte, daß der Vorsitzende abriegelte, was geeignet erscheinen konnte, von dieser Linie wegzuführen.

Hurrikan »Carrie«

Das Seeamt hat für die Unfallzeit folgende Wetterverhältnisse angenommen:

»... *Nach alledem neigt das Seeamt zu der Auffassung, daß 70 kn schon die obere Grenze der an der Unfallstelle aufgetretenen mittleren Windgeschwindigkeiten darstellen* dürften, wobei allerdings einzelne kurze Böenstöße darüber hinausgegangen sein mögen. *In dem entscheidenden Zeitraum* (von der Entstehung der Schräglage um 30 Grad bis zum Übergehen der Gersteladung) wird die Windgeschwindigkeit *schwerlich mehr als Stärke 11* betragen haben. Keinesfalls hat sie an 100 kn herangereicht, geschweige denn dieses Maß noch überstiegen...« (SPR 288)
»... Dazu (Anmerkung: ›höhere Gewalt‹) wäre aber nach dem Ergebnis der Stabilitätsgutachten *eine Windgeschwindigkeit von weit über 100 kn erforderlich gewesen. Einer solchen Orkanstärke ist* Pamir *bestimmt nicht ausgesetzt gewesen*...« (SPR 285)
»... Pamir *ist also auch nicht das Opfer der spezifischen Gefahren eines tropischen Orkans* — extremer und plötzlich umschlagender Winde — geworden. Die *Wind-*

stärke — auch die Maximalstärke! — *war nicht größer, als sie bei schweren atlantischen Stürmen des öfteren vorkommt*... Auch die Seegangsverhältnisse waren keine einmaligen...« (SPR 289)

Für die Seegangsverhältnisse sind die Stabilitätsgutachter, und mit ihnen das Seeamt, von einer Windsee von 10 m Höhe aus ONO und von einer Dünung von 6, 7 m Höhe aus SO ausgegangen (SPR 203ff, Bild 1).
Ein Durcheinanderlaufen verschiedener, jeweils früherer Hurrikan-Dünungen wurde ebensowenig in Rechnung gestellt wie die Gefahr und Kraft der Böen, die nach Meinung des Seeamtes (nur) »aufgetreten sein könnten« (SPR 286).
Die Beweisaufnahme, insbesondere der Vortrag des Wettersachverständigen Doktor Rodewald, hat ein anderes Bild erbracht. Das gilt vor allem für die Hurrikan-Böen und für die Seegangsverhältnisse. Speziell auf diese vom Seeamt vernachlässigten Fragen bezogen, ist folgendes festzustellen.
Der Wettersachverständige Doktor Rodewald hat klipp und klar erklärt, daß auch der Hurrikan »Carrie« voller Böen steckte. Hierzu und zur Frage ihrer Stärke hat er in der mündlichen Verhandlung folgende Ausführungen gemacht, die merkwürdigerweise in der Spruchbegründung nicht wiedergegeben sind:

»... es taucht vielleicht die Frage auf, welche Böen da aufgetreten sind. Darüber haben wir natürlich keine Angaben. Ich möchte aber z.B. den Hollandorkan erwähnen, der durch die Nordsee zog und von dem wir von zahlreichen Stationen die maximale Höhe hatten. Das war natürlich kein tropischer, sondern ein Nordseeorkan, wobei die Böenstärke fast genau um 50% über der mittleren Windgeschwindigkeit lag, d.h., wenn wir eine mittlere Windgeschwindigkeit von 20 m pro Sekunde hatten, so lag die maximale Höhe bei 30 m pro Sekunde. Das würde also bei 70 kn mittlerer Windgeschwindigkeit bedeuten, daß die maximalen Böen, wenn das auch hier so gewesen ist, bei 105 kn lagen...« (III, 132)
»... diese 70 kn sind die mittlere Windgeschwindigkeit...« (die also nach unten und nach oben überschritten wird, III, 133)
»... das sind natürlich mittlere Windgeschwindigkeiten, die für eine halbe Stunde oder eine Stunde gelten, nicht etwa für einzelne Böen, über deren Stärke in einem tropischen Orkan — jedenfalls in diesem Falle — nichts bekannt ist. Bei dem Hollandorkan war es Kaltluft, wo die Böen, ähnlich wie es bei *Passat* der Fall war, außerordentlich stark waren. Die Böigkeit bei tropischen Orkanen dürfte vielleicht etwas verschieden sein. Ich wollte diese 50% plus für die einzelnen Maximalböen von ganz kurzer Dauer, einige Sekunden, vielleicht zehn Sekunden — das ist nicht über eine lange Zeit genommen — nur als Anhaltspunkt nehmen. Ich kann nicht sagen, ob es in diesem Fall auch 50% gewesen sind...« (III, 133, 134)
»... ich erwähnte gestern bereits, daß 70 kn eine mittlere Geschwindigkeit in dem maximalen Streifen sind, der um das Hurrikanzentrum geht. Leider sind in diesen Hurrikanwarnungen nicht die Böenstärken angegeben, während das im Pazifik bei den Taifunen des öfteren geschieht. Ich habe einmal nachgesehen, was unsere Station Quickborn bei dem Taifun ›Agnes‹ — obwohl es im Pazifik war — aufgezeichnet

hat. Hier sind angegeben worden, an vier Tagen hintereinander maximale Windgeschwindigkeiten und maximale Böen. Das Verhältnis zwischen beiden betrug im Durchschnitt 100 kn zu 130 kn, d.h., die maximalen Höhen lagen um 30% höher über den mittleren Windgeschwindigkeiten...« (IV, 40)
»... zur Beurteilung der Windstärke hätte ich noch gern eine Frage beantwortet. Es wurde gestern ausgesagt, der Wind sei stetig gewesen. Dazu möchte ich sagen: je höher die mittlere Windstärke wird, desto schwieriger wird es an sich rein empfindungsmäßig, die Änderungen in dieser mittleren Stärke überhaupt mit Hilfe der Sinne wahrzunehmen. Es wird ja hauptsächlich der Winddruck empfunden. Und je höher der mittlere Winddruck ist, desto geringer wird unser subjektives Unterscheidungsvermögen von Druckdifferenzen. Also, daß ein Wind von Orkanstärke ohne Böigkeit ist, möchte ich für ausgeschlossen nicht nur halten, sondern erklären. Jeder Wind hat eine Struktur, und wenn wir eine mittlere Windstärke haben, so sind natürlich sowohl positive als auch negative Ausschläge vorhanden. Ich will nicht sagen, daß sie bei einem Nordseeorkan mit Kaltluft über 50% über mittleres Niveau hinausgehen, aber etwa 20% der mittleren Windstärke muß man doch ansehen...« (V, 121)

Diesen Sachverständigenäußerungen steht die Aussage der Überlebenden, der Wind sei stetig gewesen, nicht entgegen. Das Seeamt beruft sich zu Unrecht und irrigerweise darauf. Aus weiteren Bekundungen ergibt sich sogar die Bestätigung der Böigkeit.
Daß ein Teil der Geretteten die Böigkeit nicht empfunden hat, erklärt sich überzeugend aus der oben zitierten Ausführung Doktor Rodewalds sowie aus der folgenden Frage und der Antwort des Sachverständigen Piening:

Frage (V, 24):
»... Halten Sie es für möglich, daß die Jungen bei dem Stand ihrer Erfahrung und unter den Umständen der Situation die Böen in den schweren Winden des Hurrikans nicht herauserkannt haben?...«
Antwort:
»... Das halte ich absolut für möglich...«

Hingegen hat der Zeuge Dummer sogar ganz eindeutig von Böen berichtet (IV, 198). Darüberhinaus hat der Zeuge Haselbach ausgesagt (IV, 141), daß die Richtung des Sturmes unbeständig gewesen sei. Gerade dieses Wechseln der Richtung beweist die Böigkeit.
Hiernach steht entgegen der Annahme der Stabilitätsgutachter fest, daß auch der Hurrikan »Carrie« — wie bekanntlich jeder tropische Orkan — voller Böen steckte. Mit welcher Steigerung der Windstärke gerechnet werden muß, ist nicht genau festzustellen. Nach der Ansicht des Sachverständigen Doktor Rodewald handelt es sich um 20 bis 50 % der Durchschnittsgeschwindigkeit von 70 kn. Um sich danach eine Vorstellung über die Böengeschwindigkeit zu machen, ist es zunächst notwendig,

den Begriff der Durchschnittsgeschwindigkeit des Orkans zu klären. Er beinhaltet ein Doppeltes. Einmal gibt er die mittlere Geschwindigkeit für den Gesamtbereich des inneren Hurrikanfeldes an, die also z.B. in einem Teilbereich 90 kn und in einem anderen 50 kn betragen haben kann. Zum anderen bedeutet er, daß auch die Werte der einzelnen Teilbereiche nach oben und unten geschwankt haben, also der Beispielswert zwischen 40 kn und 60 kn. Mithin besagt eine Steigerung von 20 bis 50 %, daß bei einer mittleren Geschwindigkeit von 70 kn die Geschwindigkeit der Böen bis 120/130 kn, mindestens aber 100 kn betragen haben muß.

Hinzu kommt, daß die Durchschnittsgeschwindigkeit für den Bereich der *Pamir* nach den Ausführungen des Sachverständigen Doktor Rodewald (III, 90 bis 95), die insoweit auf Meldungen des italienischen Schiffes *Marco* und des deutschen Schiffes *Anita* beruhen, höher gewesen sein muß. Der Sachverständige hat nämlich bei seinen Untersuchungen festgestellt, daß der Hurrikan »Carrie« eine merkwürdige Asymmetrie aufwies und daß demnach die Windstärken in den einzelnen Vierteln des Hurrikans trotz gleichen Luftdruckes verschieden waren, daß insbesondere die Windstärke im hinteren (!) Viertel bei demselben Luftdruck um 2 1/2 Beaufort-Stärken höher war als im vorderen Viertel. Er hat weiter ermittelt, daß am 21. September gegen 13 MGZ die *Pamir* und das italienische Schiff *Marco* auf der gleichen Isobare standen; beide hatten den Luftdruck von 992 Millibar, nur befand sich die *Marco* im vorderen und die *Pamir* im hinteren Orkanviertel. Um 13 MGZ meldete das italienische Schiff eine Windstärke von elf bis zwölf. Das bedeutet, daß die *Pamir* in ihrem Viertel unter Berücksichtigung dieser Asymmetrie, also des Unterschiedes in beiden Vierteln, etwa zur gleichen Zeit eine Windstärke von 13,5 bis 14,5 gehabt haben muß, mithin eine durchschnittliche Windgeschwindigkeit von 80 bis 90 kn. In Böen muß danach der Hurrikan dort eine Stärke zwischen 90 und 135 kn und vielleicht noch mehr gehabt haben.

In diesem Zusammenhang ist auf den Bericht des Kapitäns der *Anita* zu verweisen, den der Sachverstänige Doktor Rodewald verlas (III, 87f). Die *Anita* erlebte »Carrie« etwa 20 Stunden vor der *Pamir* in einem Abstand von 60 bis 70 sm vom Zentrum.

»...von 11 Uhr bis 15.30 Uhr war einfach der Teufel los. Der Sturm heulte in einer Stärke über *Anita* hinweg, wie ich es in meiner ganzen Seefahrtszeit kaum einmal erlebt habe. Die Sicht war gleich Null, die See gewaltig, das Deck stand ununterbrochen unter Wasser...«

Hierbei ist noch nicht einmal berücksichtigt, daß die *Pamir* 22 sm südlicher gestanden hat, als vom Seeamt angenommen worden ist. Das ergibt sich aus dem am 25. September auf 35 Grad 35'N 40 Grad 16'W gefundenen Trümmerfeld (SPR 102), das nämlich während der kurzen Zeit seit dem Untergang praktisch nicht vertrieben ist. Das bedeutet, daß die *Pamir* auch um etwa 22 sm näher am Hurrikanzentrum war und bei einem tieferen Barometerstand noch einen stärkeren Orkansturm und damit

selbstverständlich noch härtere und schwerere Böen über sich hat ergehen lassen müssen. Es ist daher nicht ausgeschlossen, sogar »höchstwahrscheinlich«, daß Böen mit Geschwindigkeiten zwischen 130 bis 160 kn über sie hinwegstürmten.
Mit Sicherheit läßt sich aber feststellen, daß Windgeschwindigkeiten von weit über 100 kn, verbunden mit verheerenden und zerstörerischen Böen, geherrscht haben.
Ein Zitat aus dem Standardwerk von Schubarth, Praktische Orkankunde (Seite 35) rundet das Bild ab:

»... die schweren Winde des Orkans sind fast unzertrennlich mit den Böen verbunden. In ihnen liegt die zerstörende Kraft des Orkans. Das plötzliche Einsetzen der Windstöße kann in kürzester Zeit Verheerungen hervorrufen, die jeder Beschreibung spotten. Eine besondere Gefahr liegt darin, daß der Windstoß in den meisten Fällen aus anderer Richtung einsetzt, als sie der bisherige Wind hatte ...«

Die Orkane »Vivien« und »Wiebke» Anfang 1990 haben (an Land) bestätigt, welche ungeheuerlichen, nicht für möglich gehaltenen Schäden solche Naturgewalten anrichten können.
Aber nicht nur die Hurrikanböen hat das Seeamt unberücksichtigt gelassen, sondern auch die Seegangsverhältnisse.
Die Stabilitätsgutachter haben mit einer Windsee von 10 m Höhe aus ONO und mit einer Dünung von 6 bis 7 m aus SO gerechnet.
Es muß dahingestellt bleiben, ob die Höhenangaben stimmen. Die Überlebenden konnten hierüber kein zuverlässiges Bild vermitteln, und die Gutachter sowie die Mitglieder des Seeamtes sind schließlich nicht dabeigewesen. Bemerkt wird lediglich, daß im Falle der *Passat* bei zweifelsfrei weniger schwerem Wetter schon Wellenhöhen von 11 bis 12 m ermittelt worden sind (II, 162).
Der wesentliche Fehler liegt darin, daß nicht die typischen Verhältnisse des Hurrikanseeganges berücksichtigt worden sind, daß stattdessen lediglich von einer Situation ausgegangen wurde (vergleiche SPR 281/282, 288, 289), wie sie — zwar schwer und gefährlich genug, wenn auch in etwas geringerem Maße — bei einem normalen Sturm herrscht.
Der grundlegende Unterschied besteht nämlich darin, daß sich bei einem normalen Sturm nur eine Kreuzsee (aus Windsee und Dünung), bei einem Hurrikan aber — wegen der schnellen Drehung des gewaltigen Sturmes — ein Durcheinanderlaufen und Wirbeln verschiedener Dünungen bildet, zu denen zusätzlich die Windsee tritt.
Der Sachverständige Doktor Rodewald hat dies, nachdem der Vorsitzende in der Verhandlung die »Carrie«-Seegangsverhältnisse (vom 21. September) etwa denen eines normalen Orkans gleichgesetzt hatte, ganz klar herausgestellt. Leider gibt die Spruchbegründung diese überaus bedeutsame Feststellung nicht wieder.

Rodewald:
»... Sie fragten zuletzt, Herr Vorsitzender, nach dem Unterschied des Seeganges zwischen einem Hurrikan in unserem Falle und einem üblichen Nordatlantischen Sturm. Ich darf dazu vielleicht folgendes sagen:
In dem Bericht erwähnte ich schon, daß als wesentliche Komponente des Hurrikanseeganges in unserem Fall die Südostdünung und eine nordöstliche Windsee angenommen wurden. Über die Dämpfung und Vernichtung der übrigen Dünungen oder auch der Dünung durch Windeinwirkung gibt es noch keine zuverlässige Berechnungsgrundlage, so daß im vorliegenden Fall schwer zu sagen ist, welcher Anteil am Gesamtseegang z.B. auf die Süd- und Südwestdünung noch entfällt. Jedenfalls ist aber das Typische bei dem Hurrikan, und so auch bei unserem, das Vorhandensein von Windsee mit Dünungen verschiedener Richtungen, die bis zu 180 Grad Richtungsdifferenz haben können. Demgemäß ist es bei einem Sturmtief mit einer Kaltfront so, daß zu dem alten Seegang mit Südwestdünung dann eine frische Windsee aus NW kommt, so daß sich vorübergehend eine Kreuzsee zwischen der SW-Dünung und der NW-See ergibt, aber nicht das Durcheinanderlaufen verschiedener frischer Hurrikandünungen. Das ist doch ein — möchte ich sagen — wesentlicher Unterschied, als man hier ein erschwerendes Moment vorfindet...« (III, 135)

Schließt man die schweren und zerstörerischen Böen, das gefährliche und verheerende Durcheinander gewaltiger Windseen und frischer Hurrikandünungen sowie die Asymmetrie des Hurrikans »Carrie« in den zur Beurteilung stehenden Tatbestand ein, und das muß man, so wird deutlich, daß der vom Seeamt in seinem Spruch zugrundegelegte »wahrscheinliche« Tatbestand hinsichtlich der Hurrikanverhältnisse eher allem anderen ähnelt als dem tatsächlichen Sachverhalt.
Nota bene erinnert man sich hier an die (unzulässige) Anweisung des Seeamtsvorsitzenden an den Wettersachverständigen:

»... das habe ich vor ungefähr acht Tagen mit Herrn Doktor Rodewald besprochen und ihm gesagt, wir bäten, nicht irgendwelche denkbar extremen Ausnahmefälle oder Absonderlichkeiten, die natürlich in der Theorie möglich sind, seinem Gutachten zugrunde zu legen, denn dann kämen wir bei den Stabilitätsfragen ins Uferlose...« (III, 102)

Nun hat der Sachverständige Rodewald in der Verhandlung aber die hier zitierten Aussagen mit der Darstellung eines anderen, und zwar des wahren, Wetterbildes tatsächlich gemacht. Damit ist der Eindruck verstärkt, daß das Seeamt nicht in der Lage oder nicht willens war, diese in der Beweisaufnahme neu gewonnenen Erkenntnisse im Spruch zu verwerten. Denn um »bei den Stabilitätsfragen nicht ins Uferlose zu kommen«, hat man sie wohl einfach nicht zur Kenntnis genommen. Sie paßten nicht in den voreingenommenen Spruchrahmen.

Ladungsübergang

Hierbei handelt es sich um einen besonders fragwürdigen Teil des Seeamtsspruches. Das ist bereits auf Seite 34 angedeutet worden.
Gewiß läßt sich nicht ausschließen, daß ein Ladungsübergang das Kentern des Schiffes, jedenfalls mitentscheidend, herbeiführte. Es läßt sich aber andererseits auch nicht ausschließen, daß die Ladung erst *beim* und *durch* das Kentern übergangen ist. Niemand kann hierüber Zeugnis ablegen. Man ist daher nur auf Mutmaßungen, Schlüsse und Vergleiche angewiesen. Richtig und sicher ist nur soviel, daß bei jedem Schiff, das kentert, schließlich einmal ein bestimmter Grad von Schlagseite eintritt, bei dem zwangsläufig die Ladung übergeht, sofern Freiraum vorhanden ist. *Wie und vor allen Dingen wann der Vorgang eines Ladungsüberganges sich auf der* Pamir *abgespielt hat, ob er Folge oder Ursache des Kenterns war, weiß niemand und kann niemand sagen.* Zwar stehen die Geretteten auf dem Standpunkt, daß die Ladung vor dem Kentern *nicht* übergegangen sei (IV, 125). Jedoch besteht die Möglichkeit, daß sie es nicht bemerkt haben. Immerhin ist diese Bekundung aber beachtlich, zumal auch die Schiffsführung einen Ladungsübergang nicht festgestellt hat, was daraus geschlossen werden kann, daß sie sonst sicher früher SOS gefunkt und einen entsprechenden Hinweis gegeben haben würde.
Der Gutachter Professor Wendel hat diesen in tatsächlicher Hinsicht bestehenden Unsicherheiten in der Entwicklung seiner gutachterlichen Stellungnahme zunächst auch Rechnung getragen und klar ausgesprochen, daß man nur von *Mutmaßungen* und *Wahrscheinlichkeiten* reden könne — wie es übrigens zunächst auch das Seeamt tat. Leider hatte er diese Erkenntnis am Schluß seiner Ausführungen nicht mehr gegenwärtig — wie auch das Seeamt nicht — und hielt es für ein *Ist*-Faktum, daß die Ladung vor dem Kentern übergegangen und die primäre Ursache des Unfalls sei. Zuvor hatte er folgendes erklärt:

»... auf der letzten Skizze habe ich also anzudeuten versucht, daß die nennenswerten Mengen losen Getreides so über das Längsschott hinüber auf die andere Schiffsseite fallen können und *vermutlich* — wie die Erfahrungen mit der gleichen Gerste auf der *Passat* nahelegen — auch gefallen sind...« (VI, 143)
»... dann ›fließen‹ durch die Schlitze, soweit sie an einer Seite frei sind, recht beträchtliche Mengen hindurch. Noch schwerwiegender hat sich aber *vermutlich* die freie 1,20 m hohe Fläche über dem Holzschott, das nur bis zur Unterkante Lukenkranz reichte, ausgewirkt...« (VI, 42)
»... es kann also nach dem überaus aufschlußreichen Befund auf der *Passat* mit *sehr großer Wahrscheinlichkeit* geschlossen werden, daß auch auf der *Pamir* das Getreide übergegangen ist...« (VI, 44) (Kursive Hervorhebungen durch den Verfasser)

Wenn aber nur Wahrscheinlichkeitsschlüsse gezogen werden können und der *Bezugsfall* keine zwingende Schlüssigkeit besitzt, ist es doch falsch, anschließend festzustellen, daß es nicht nur wahrscheinlich, sondern *wirklich* so gewesen sei. Daher ist die Feststellung, »daß die Ladung übergegangen *ist* und daß dies die primäre Ursache des Kenterns *ist*«, unhaltbar.

Nichts hätte gerügt werden können, und jeder hätte für dieses Bekenntnis volles Verständnis gehabt, wenn das Seeamt ausgesprochen hätte, es habe nicht ermittelt werden können, ob und gegebenenfalls *wann* ein Ladungsübergang eingetreten sei, insbesondere, ob er vor dem Kentern (auf dieses hin) *ge*wirkt habe oder ob er erst durch das Kentern *be*wirkt worden sei. Es wäre ihm alsdann unbenommen geblieben zu erklären, daß seiner Ansicht nach die Wahrscheinlichkeit für diese oder jene Mutmaßungen spreche. *So, wie es das Seeamt im Anschluß an die Gutachter, aber mit seiner Ist-Feststellung getan hat, ist es nicht zulässig.*

Darüber hinaus hält sie einer Nachprüfung nicht stand. Wenn natürlich auch der *Passat*-Vorfall die Vermutung zunächst in die Gedankenrichtung der Gutachter und des Seeamtes lenken mochte, so zeigt eine Prüfung des *Passat*-Sachverhalts und gerade ein Vergleich mit ihm, daß ein frühzeitiger Ladungsübergang gar nicht naheliegt, sondern vielmehr, daß die Ladung der *Pamir* »höchstwahrscheinlich« erst beim und durch das Kentern übergegangen ist.

Auf die im Anhang befindlichen schriftlichen Stellungnahmen der Kapitäne der *Passat* (Grubbe) und der *Pamir* (Eggers) wird hingewiesen.

Der Gutachter Professor Wendel hat drei Voraussetzungen als unerläßlich — als conditiones sine quibus non — angegeben, unter denen eine grundsätzlich verrutschbare Ladung — wie Getreide im Bulk — übergehen und dann schließlich zum Kentern führen könne (VI, 44ff):

a) Bildung von Freiraum über der Ladung,
b) Möglichkeit des Überlaufens durch Schlitze zwischen den Planken des Mittellängsschotts oder über einen denkbar offenen Raum über dem Holzschott,
c) größere Schlagseite des Schiffes für längere Zeit.

Prüft man, ob diese drei Voraussetzungen bei der *Pamir* vorgelegen haben, so gelangt man zu folgendem Ergebnis:

Zu a) — Freiraum

Der Gutachter Kapitän Platzoeder hat durch sorgfältig angestellte Berechnungen einen Gesamtfreiraum von 500 cbm (VI, 30) ermittelt. Allerdings räumt er ein, daß er hierbei nur den »wahrscheinlichsten Fall« für den Untergangstag konstruiert habe (VI, 31). Schon dieser Vorbehalt macht eine Überprüfung wünschenswert. Sie ist aber auch aus folgenden Gründen geboten:

- Zur Berechnung von Freiraum sind die genauen Raummaße des Schiffes unerläßlich. »Wahrscheinlich« hat Kapitän Platzoeder gutgläubig insoweit mit falschen

Werten gerechnet; denn die in den Unterlagen genannten und von ihm verwendeten Maße stimmten mit den tatsächlichen nicht voll überein.

- Das Ausmaß des errechneten Freiraumes steht nicht im Einklang mit den Beobachtungen der Kapitäne Eggers und Grubbe auf den letzten Getreidereisen (I, 150, 152) sowie auch nicht mit Erfahrungsberichten, die vom Germanischen Lloyd gesammelt worden sind (I, 152).
- Obwohl die Zeugen bekundet haben, daß während der Reise Luken geöffnet worden sind, wobei üblicherweise ein Nachtrimmen erfolgt, nimmt das Seeamt an, daß ein Nachtrimmen nicht stattgefunden habe. Es begründet diese Annahme mit der Überlegung, daß andernfalls die Zeugen Erinnerung daran hätten haben müssen. Es übersieht aber dabei, daß ja nur ein Bruchteil der Besatzung gerettet worden ist. Das Nachtrimmen kann daher von anderen Besatzungsmitgliedern wahrgenommen oder durchgeführt worden sein. In Anbetracht der Tatsache, daß Luken geöffnet worden sind, erscheint die Möglichkeit mindestens ebenso »wahrscheinlich« wie die andere, die das Seeamt angenommen hat. Außerdem kann sich beim Öffnen der Luken doch auch ergeben haben, daß ein Nachtrimmen nicht erforderlich war.
- Das Sacken des Getreides, das die Voraussetzung für eine Freiraumbildung ist, insbesondere aber sein Ausmaß, ist von vielen Faktoren abhängig, z.B. von der Qualität und der sonstigen Beschaffenheit des Getreides (Feuchtigkeit, Schmutz), von der Beladungsweise (Pusten aus Rohren, Rieseln vom Förderband oder Rutschen), wobei auch die Höhe, aus der das Getreide in den Raum fällt, von Bedeutung ist; des weiteren sind auch Dauer der Beladung und mechanische Einwirkungen während der Reise (mehr oder weniger fortwährende und harte Erschütterungen) wichtige Faktoren. Hierzu kann auf folgende Ausführungen von Kapitän Grubbe verwiesen werden (II, 154), der zusammen mit Kapitän Eggers von allen bei der Verhandlung anwesenden Sachverständigen über die größten Erfahrungen in der Verschiffung losen Getreides verfügte:

  »... es ist ein Unterschied, ob man bei trockenem oder feuchtem Wetter lädt. Es ist so, daß die Ladung Gerste aus einem Trichter, aus einem Füllrohr von etwa 1 m Durchmesser aus 25 m Höhe herunterkommt; dabei reißt sie sehr viel Luft mit. Ist die Luft feucht, bleibt diese Feuchtigkeit natürlich im Getreide, und es klebt mehr; es hat dann eine größere Haftfähigkeit. Ebenso ist es, wenn gestaut wird. Eigentlich war die Gerste jedesmal anders. Wir hatten Gerste, die sah so aus, daß wir uns manchmal fragten, ist das Kleie oder Gerste? Dann hatten wir eine Sorte, wenn die ausgeschüttet wurde, dann war hinterher eine regelrechte braune Schicht darüber, die noch für sich rieselte. Eine andere Gerste war wiederum von ganz anderer Beschaffenheit, sie staubte noch weniger als Weizen...«

  Die Ausführungen von Kapitän Platzoeder lassen nicht erkennen, ob und wie diesen Umständen Rechnung getragen worden ist.

○ Auf jeden Fall ist aber die Tatsache nicht berücksichtigt worden, daß die Beladung bei der *Pamir* sich — infolge eines Streiks — über zwölf Tage erstreckt hat. Das ist von großer Bedeutung, stellt übrigens auch einen Unterschied zum *Passat*-Fall dar. Es ist nämlich zu bedenken, daß sich der entscheidende Abschnitt des Sackungsvorganges schnell vollzieht. Der Sachverständige Schütze sprach von 24 Stunden (I, 148). Deshalb ist es auch erklärlich, daß Getreide auf Motor- und Dampfschiffen erst auf der Reise und dann unter Bildung eines großes Freiraums relativ stark sackt; denn deren Laderäume werden heute im Zuge schneller Umschlagtechnik im Laufe von wenigen Stunden »vollgepustet«, wobei außerdem noch viel Luft mitgerissen wird. Läuft ein solches Schiff dann nach schneller Beladung wieder aus, sackt das Getreide erst während der Reise und kann nicht mehr aufgefüllt werden. Daher besteht für diese Schiffe auch die Notwendigkeit der Einrichtung von »Feedern«, einer Einrichtung zum Nachfüllen einer sackenden Getreideladung. Wenn aber die Beladung — wie bei der *Pamir* — zwölf Tage dauert, so sackt das Getreide schon weitgehend während dieser Zeit in sich zusammen. Demgemäß werden die Räume durch weiteres Auffüllen aus dem Silo »voller« gewesen sein; der Sackungsvorgang wird daher also bei Reiseantritt schon weitgehend abgeschlossen gewesen sein. Auch bei früheren Reisen ist durch mehrere Besichtigungen der geöffneten Luken festgestellt worden, daß das Getreide nur wenig gesackt war, obwohl die Ladezeiten kürzer waren.

Dieser Umstand stellt auch einen wichtigen Unterschied zu dem *Passat*-Vorfall dar; denn die *Passat* wurde in sieben Tagen beladen. Schon aus diesem Grunde kann ein Vergleich mit der Freiraumbildung auf der *Passat* nur mit Vorsicht und Zurückhaltung angestellt werden. Hinzu kommt, daß auch ungewiß ist, ob die Beschaffenheit des Getreides die gleiche war.

Zu b) — Möglichkeit des Überlaufens durch Schlitze zwischen den Planken des Getreideschotts und durch »Über-das-Schott gehen«

Die Annahme, daß solche Schlitze auf der *Pamir* vorhanden waren, ist eine reine Kombination und eine durch nichts fundierte nachträglich angestellte Vermutung. Bei der von Kapitän Eggers geschilderten Praxis (II, 8, 9), undichte Stellen mit Persenningen zu verhängen oder mit Werg dichtzustopfen ist die Annahme des Vorhandenseins solcher Schlitze um so mehr auszuschließen, als der I. Offizier Köhler, der das Abdichten unter Kapitän Eggers stets vornahm, auch auf der Unglücksreise der *Pamir* an Bord war. Würden aber derartige Schlitze tatsächlich vorhanden gewesen sein, so hätten sie nach den Untersuchungen des Gutachters ein Durchrieseln der Ladung ohnehin nur an deren Oberfläche, nicht aber in deren Tiefe, ermöglichen können.

Ob eine offene Stelle über dem Schott vorhanden war, ist ebenfalls nicht bewiesen. Wie Kapitän Eggers bestätigt hat, sind auf der *Pamir* die Schotten — entsprechend den Einrichtungen — stets bis Unterkante Lukendeckel durchgeführt gewesen. Es gibt keinen Anhaltspunkt dafür, daß es auf der Unglücksreise anders gewesen wäre. Richtig ist nur, daß auf der *Passat* die Schotten nicht durchgeführt waren, mithin dort eine offene Stelle vorhanden war. Aber daraus einfach zu schließen, daß es auf der *Pamir* genauso gewesen sein müsse, ist mehr als gewagt.

Zu c) — Größere Schlagseite des Schiffes für längere Zeit

Bei der Annahme dieser für einen Ladungsübergang sicherlich wichtigsten Voraussetzung sind die Gutachter tatsächlich einem Irrtum erlegen. Sie sind davon ausgegangen, daß die *Pamir längere Zeit* vor dem Kentern mit großer Backbordschlagseite gesegelt sei (VI, 44, 45 und SPR 155, 156), daß eine große Schlagseite schon *längere Zeit* vor dem Wegnehmen und Wegfliegen der Segel vorhanden gewesen sei (VI, 45) und vor allem, daß die *Pamir* sich nach dem Wegnehmen der Segel nicht aufgerichtet habe (IV, 46) — alles sei Beweis dafür, daß der Ladungsübergang bereits vor dem Wegfliegen der Segel vollzogen gewesen sein muß. *Die Tatsachen beweisen das Gegenteil.*
Zunächst ist festzustellen, daß sich ein derartiger Ladungsübergang nach den Ausführungen des Gutachters Professor Wendel nur *allmählich vollziehen* kann und auf der *Passat* tatsächlich auch etwa 24 Stunden — bei fortwährender, großer, den Böschungswinkel des Getreides überschreitender Schlagseite — in Anspruch genommen hat (II, 153ff, 163 bis 165 und Tagebuch der *Passat*, SPR 130, 131).
Es ist davon auszugehen, daß die *Pamir* am 21. September unmittelbar nach 15 Uhr MGZ gekentert ist. 15 Uhr MGZ entspricht 12 Uhr Bordzeit. Diese Drei-Stunden-Differenz ist auch bei den Zeitangaben der Überlebenden zu berücksichtigen. Die Uhrzeiten werden im folgenden in MGZ-Zeit wiedergegeben werden. Die *Pamir* hat nämlich um 15.01 MGZ das letzte Mal gefunkt und sich danach nicht mehr gemeldet, schon nicht mehr auf einen Anruf um 15.03 MGZ (III, 158ff).
Legt man — wie Gutachter und Seeamt es hinsichtlich der anderen Voraussetzungen tun — die auf der *Passat* gesammelten Erfahrungen zugrunde, so hätte auf der *Pamir* schon ab 20. September mittags eine beträchtliche Schlagseite herrschen müssen, um das allmähliche Übergehen der Ladung innerhalb von 24 Stunden zu bewirken. Gerade das — also eine erhebliche Schlagseite — ist aber nach den Funksprüchen und nach den Aussagen der Geretteten bis zu einem Zeitpunkt, der ganz kurz vor dem Untergang liegt, *mit Sicherheit auszuschließen.* Wenngleich die von den Überlebenden gemachten Zeitangaben verständlicherweise nicht absolut zuverlässig sind, soweit sie nicht an zeitlich feststehenden Umständen — wie z.B. dem Wachwechsel — orientiert sind, so geben diese Aussagen, besonders im Zusammenhang,

doch ein klares Bild über den Zeitpunkt des Eintritts und über die Fortentwicklung der Schlagseite.

Die *Pamir* ist noch am Abend des 20. September und in der Nacht zum 21. September mit vierkant und kurzfristig auf den zweiten Knoten angebraßten Rahen (und daher auch) ohne *Schlagseite* gesegelt.

Das steht nach Aussagen der Zeugen Haselbach (IV, 104, 107, 127), Wirth (IV, 142) und Anders (IV, 174) fest. Erst am 21. September ist während der Morgenwache, und zwar gegen 9.00 MGZ (6.00 Bordzeit) und später gegen 11.00 MGZ (8.00 Bordzeit) angebraßt worden (IV, 127, 144). Aber auch danach ist ausweislich der Aussage des Zeugen Anders, dessen Wachzeit von 11.00 MGZ bis 15.00 MGZ (8.00 bis 12.00 Bordzeit) lief, zunächst *noch keine Schlagseite* eingetreten (IV, 174). Auch nach der Bekundung des Zeugen Dummer bestand am Morgen lediglich »etwas Schräglage« (IV, 198). Erst gegen 11.45 MGZ (8.45 Bordzeit) hat sich das Schiff nach dem Bericht Dummers (IV, 198) *etwas* weiter als gewöhnlich übergelegt. Das war der Zeitpunkt, in dem — ebenfalls nach seiner Aussage — die erste Böe eintraf. Aber auch welche Lage das Schiff danach einnahm, läßt sich ziemlich genau ermitteln. Der Zeuge Kraaz hat nämlich bekundet, daß zwischen 12.00 und 12.30 MGZ (9.00 und 9.30 Bordzeit) das erste Wasser an Deck gekommen sei (IV, 192). Hieraus geht hervor, daß das Schiff um diese Zeit das erste Mal so weit eintauchte, daß Wasser an Deck kam. Das zeigt, daß die Schlagseite noch nicht betächtlich war.

Zwischen 12.00 und 13.00 MGZ (9.00 und 10.00 Bordzeit) lag auch die Zeit, in der sich der Hurrikan schnell und enorm verstärkte. Mit einem »Alle-Mann-Manöver« wurde versucht, die noch stehenden Segel zu bergen. Die anderen waren schon in der Nacht weggenommen worden. Soweit das nicht gelang, flogen sie weg oder wurden abgeschnitten. Ausweislich des um 13.36 MGZ (10.36 Bordzeit) gesandten Funkspruches der *Pamir* trieb das Schiff von diesem Zeitpunkt ab ohne Segel.

Aber auch während der Zeit, in der die Segel zum Teil weggenommen wurden und zum anderen Teil von selbst wegflogen, hatte das Schiff noch keine erhebliche Schlagseite. Dies hat der Zeuge Haselbach bekundet, der für diese Zeit nur von »etwas Schlagseite« spricht (IV, 114). Die Schlagseite konnte außerdem zu dieser Zeit noch gar nicht besonders groß gewesen sein, weil sonst die Segel nicht weggeflogen wären. Denn, wenn ein Schiff mit Segeln auf der Seite liegt, streicht der Wind darüber weg, ohne die Segel wegzureißen. Allerdings vergrößerte sich die Schlagseite alsdann. Von größter Bedeutung ist aber, daß sich das Schiff nach Entfernung der Segel im Gegensatz zu der für seine These entscheidenden Annahme des Gutachters wieder etwas aufgerichtet hat. Denn der Zeuge Haselbach hat ausgesagt (IV, 114):

»... Dadurch wurde der Druck von dem Schiff etwas genommen und das Schiff richtete sich wieder etwas auf...«

Erst während der Zeit, in der die Segel entfernt wurden oder von selbst weggingen, insbesondere aber danach — also nach 13.36 MGZ (10.36 Bordzeit) — erhielt das Schiff immer mehr Schlagseite und ging immer weiter über, so daß die ganze Leeseite unter Wasser geriet (IV, 193, 194). Eine intensive Befragung der Zeugen, vorgenommen z. B. durch eine von der Verteidigung ausgeschlossenen Person, hätte diesen Punkt noch weiter und deutlicher aufgeklärt. Dies geht insbesondere aus einem Brief von Kapitän Eggers hervor, den er am 7. März 1958 in Alexandria an Bord des D. *Keitum* an den Inspektor der Reederei Zerssen & Co. geschrieben hat, und in dem es heißt:

»... Gestern zum ersten Mal auf dieser Reise habe ich mich mit Matrose Wirth unterhalten betreffs *Pamir*. Er sagt: Wir konnten gar nicht alles sagen, was wir sagen wollten, z.B. wie hart der Sturm war, uns wurde ja das Wort abgeschnitten. Auf die Frage: Sage mir, wie weit hat das Schiff, als die Obermarssegel noch standen, sich nach Lee weggepackt? — Nicht so weit, wie damals bei Ihnen, von einem Verrutschen kann nicht die Rede sein, erst als wir ohne Segel lagen, wurde der Wind so stark, daß die Rahnocken eintauchten. Sie tauchten dann mehrmals ein, man konnte ja merken, das Deck kam steiler und steiler. Wirth sagt weiter: Es ist soviel dummes Zeug von Zigarettenrauchen und Schutz der Luvseite erzählt worden, natürlich war Schutz, wenn man sich hinkauerte, dann spürte man den Winddruck nicht. Er sagte weiter: Wir konnten einfach nicht schildern, der Vorsitzende nahm einem ja das Wort! ...«

Entscheidend ist, daß die große Schlagseite also erst eintrat, *nachdem* das Schiff eine gewisse Zeit *ohne Segel* getrieben war.
Die hier festgestellte Entwicklung der Schlagseite ist auch den Funksprüchen von 13.36 MGZ (10.36 Bordzeit) und 14.01 MGZ (11.10 Bordzeit) zu entnehmen; jedenfalls wird sie dadurch bestätigt.
Um 13.36 MGZ (10.36 Bordzeit) meldete der Kapitän nämlich, daß das Schiff zwar ohne Segel treibe, nichts aber funkte er von einer Schlagseite. Dies tat er erst mit dem Spruch um 14.01 MGZ (11.10 Bordzeit), mit dem er erstmalig eine Schlagseite, und zwar eine solche von 35 Grad mitteilte, eine Schlagseite also, die danach in diesem Ausmaß erst nach 13.36 MGZ (10.36 Bordzeit) eingetreten sein und für etwa 1 1/2 Stunden (bis zum Ende) bestanden haben muß. Ein solcher Zustand aber hatte seinerzeit auf der *Passat* über 24 Stunden bestanden. Funksprüche und Zeugenaussagen ergeben also, daß die beträchtliche Schlagseite erst eintrat:

etwa 1 1/2 Stunden vor dem Kentern,
als das Schiff ohne Segel war,
innerhalb eines sehr kurzen Zeitraumes von etwa 1/2 Stunde,
während einer Zeit, in der sich der Hurrikan, insbesondere in seinen Böen, schnell auf eine Geschwindigkeit steigerte, die weit über 100 kn lag,
während einer Zeit, als der typische und gefährliche Hurrikanseegang tobte.

Das mindeste, was hierzu gesagt werden kann, ist, daß dies der Sachverhalt ist, der »am wahrscheinlichsten« ist.
Das Ergebnis der Prüfung, ob und inwieweit die drei vom Gutachter genannten Voraussetzungen für einen Ladungsübergang vorlagen, ist danach das folgende:
Zu a)
Der für die *Pamir* angenommene Freiraum ist nicht ohne Zweifel.
Zu b)
Es ist nicht erwiesen, daß überhaupt räumliche Möglichkeiten für einen allmählichen Übergang von Getreide bestanden haben. Es gibt vielmehr starke Anhaltspunkte dafür, daß das Gegenteil der Fall war. Lediglich an Stellen, an denen zwischen Eisenteilen und Schotten Zwischenräume von 3 bis 4 cm vorhanden waren, konnten kleine Mengen an der Oberfläche übergehen. Das ist aber ohne Bedeutung.
Zu c)
Eine beträchtliche Schlagseite *für längere Zeit* hat überhaupt nicht bestanden. Hierin liegt der wesentliche und entscheidende Unterschied zum *Passat*-Vorgang. Denn innerhalb von nur 1 1/2 Stunden, die die *Pamir* mit großer Schlagseite lag, kann keine beträchtliche und bedeutsame Getreidemenge allein auf Grund der Schlagseite übergegangen sein.
Hieraus ist zu folgern, daß ein Ladungsübergang als primäre Kenterursache unwahrscheinlich ist. Wahrscheinlicher ist hingegen, daß die Ladung erst beim und durch das Kentern übergegangen ist. Mindestens aber kann und muß gesagt werden, daß die *Ist*-Feststellung der Gutachter und des Seeamtes, die zudem im Anschluß an bloße Vermutungen ausgesprochen wurden, unhaltbar ist. Es wird sich erweisen, daß die Kenterursache nicht in einem Ladungsübergang, sondern in einer Beschädigung des Schiffsrumpfes durch schweren Wassereinbruch lag.

Segelführung (Schiff ohne Segel)

Falsche Segelführung ist wohl der schlimmste und härteste Vorwurf, der einem Segelschiffskapitän gemacht werden kann, insbesondere, wenn man sie — wie es das Seeamt im *Pamir*-Fall tat (SPR 269) — als eine »der maßgebenden Ursachen« für die Katastrophe angibt. Sie wird deshalb eingehend in dem Kapitel »Orkanstrategie und Segelführung — verzweifelter Kampf gegen ›Carrie‹« behandelt werden. Bereits hier soll aber schon der Behauptung — und mehr als eine Behauptung ist es nicht — entgegengetreten werden, die Segelführung sei kausal für den Untergang der *Pamir* gewesen. Das Seeamt und die Stabilitätsgutachter haben als feststehend angenommen, die *Pamir* sei mit und wegen ihrer Besegelung schon bei Windstärke zehn in eine so große Schlagseite geraten und darin verblieben, daß die Ladung übergegangen sei. Diese Annahme, mit dem »Grünen-Tisch-Rechner« produziert, ist nicht haltbar.

Schon aus folgenden Gründen.
Zunächst greift bereits die Kausalreihe nicht. Ihr wesentlicher Bestandteil ist doch, so das Seeamt, der angenommene Ladungsübergang. Es hat aber vor dem Kentern (höchstwahrscheinlich) kein solcher stattgefunden. Das ist im vorstehenden Kapitel dargetan und wird in dem Abschnitt »Wassereinbruch durch Beschädigungen am Unterwasserschiff« beweiskräftig weiter belegt werden.
Auch die weitere Behauptung, die Anzahl der Segel und deren Am-Wind-Stellung habe schon bei Windstärke zehn (SPR 284) zu einer verhängnisvollen großen Schlagseite mit der Folgerung geführt, daß die Ladung übergegangen sei, stimmt nicht.
Bewegt man sich in der Gedankenwelt der Stabilitätsgutachter und des Seeamtes, hätte die *Pamir*, wie die *Passat*, längere Zeit mit großer, den Böschungswinkel des Getreides überschreitender Schlagseite segeln müssen, ehe ein Ladungsübergang hätte eintreten können (SPR 155, 156). Auf der *Passat* dauerte die »lange Zeit« 24 Stunden (SPR 130, 131, Tagebuch der *Passat*, II, 153ff, 163 bis 165). Setzt man diese 24 Stunden als Vergleichsmaßstab, so hätte die Schlagseite auf der *Pamir* bereits am 20. September gegen Mittag eingetreten sein müssen. Das war aber nicht der Fall.
Erst ungefähr 1 1/2 Stunden vor dem Kenteruntergang, also etwa 11.00 Bordzeit (14.00 MGZ) hatte das Schiff eine große Schlagseite. Sie war eingetreten, nachdem die Segel geborgen oder weggeflogen waren, das Schiff also ohne Segel trieb.
Das ergibt sich sowohl aus einer Funkmeldung Kapitän Diebitschs als auch aus Zeugenaussagen.
Mit einem Funkspruch um 10.36 Bordzeit (13.36 MGZ) meldete der Kapitän, daß das Schiff ohne Segel treibe. Von Schlagseite war nicht die Rede. Das geschah erstmalig mit dem Funkspruch von 11.01 Bordzeit (14.01 MGZ). Hier teilte er erstmalig mit, daß das Schiff eine Schlagseite, und zwar eine solche von 35 Grad habe.
Auch die Zeugen Haselbach (IV, 113, 114, 111, 104, 107, 127), Anders (IV 174) und Dummer (IV 198) haben ausgesagt, daß das Schiff bis zum frühen Morgen des 21. September mit vierkant gestellten Rahen ohne Schlagseite gesegelt sei, daß gegen 8.45 Bordzeit (11.45 MGZ) die erste Böe gekommen sei und das Schiff sich hierbei »etwas weiter als gewöhnlich« übergelegt habe; zwischen 10.00 und 11.00 Bordzeit (13.00 und 14.00 MGZ) seien die letzten Segel weggeflogen. Dabei habe das Schiff etwas Schlagseite (!), also keine große gehabt. Das ist im vorstehenden Kapitel eingehend dargelegt. Hieraus ergibt sich für die hier gestellte Frage folgendes:

a) Die Segelführung hat eine große Schlagseite nicht herbeigeführt. Eine solche ist erst eingetreten, als die *Pamir* ohne Segel trieb.
b) Die große Schlagseite hatte also eine andere Ursache.
c) Ein — ohnehin nicht nachweisbarer — Ladungsübergang hätte nicht auf einer zu hohen Segelführung und dadurch bedingten großen Schlagseite beruht.

d) Als die *Pamir*, legt man den *Passat*-Vorfall als Maßgabe zugrunde, schon länger eine große Schlagseite hätte haben müssen, segelte sie noch stundenlang mit vierkant gestellten Rahen, also ohne Schlagseite.

Damit dürften auch diese Punkte klargestellt sein. Eine Kausalität zwischen der (angeblich zu hohen) Segelführung und dem Untergang der *Pamir* besteht nicht.

Tieftank

Der Tieftank der *Pamir* hat in der seeamtlichen Untersuchung bei der Behandlung der Stabilitätsfrage eine Rolle gespielt. Das Seeamt hat angenommen, daß er nicht geflutet gewesen sei und daß dieser Tatbestand zum Untergang des Schiffes beigetragen habe. Wäre er nämlich geflutet gewesen, wäre nach Ansicht des Seeamtes — sogar mit den zehn bis zwölf Segeln — die gefährliche Schlagseite von 30 Grad, ausweislich der Kurven, »erst sehr spät« eingetreten (SPR 289, 291). Es fügte hinzu, daß die Schiffsleitung gewiß mit dem vorliegenden Beladungszustand nicht von Buenos Aires in See gegangen wäre, wenn sie sich über die Stabilitätsverhältnisse des Schiffes — »wie diese nachträglich bei der seeamtlichen Untersuchung enthüllt worden sind« (SPR 292) — im klaren gewesen wäre. Auch die Reederei, so fährt das Seeamt fort, hätte selbstverständlich anders disponiert und auf Beladung des Tieftanks (und die damit zu erzielenden Einnahmen) verzichtet, wenn man sich bewußt gewesen wäre, welcher Gewinn an Stabilität und damit an Sicherheit für Schiff und Besatzung durch eine Flutung des Tieftanks zu erzielen gewesen wäre (SPR 292).

Das Seeamt hat hieraus keinen direkten Vorwurf gegen Kapitän und Reederei hergeleitet, sogar angenommen, daß die Katastrophe nicht eingetreten wäre, wenn die gewonnenen Erkenntnisse der seeamtlichen Untersuchung der Schiffsleitung zur Verfügung gestanden hätten (SPR 292). Daraus hat es — generell und abstrakt — zu Recht auf die Wichtigkeit genauer und zuverlässiger Stabilitätsunterlagen und betrieblicher Stabilitätskontrollen hingewiesen.

Allerdings konnte es sich einen Seitenhieb auf Kapitän Diebitsch nicht verkneifen. Mit einem besonderen Hinweis auf die Notwendigkeit stetiger sorgfältiger betrieblicher Stabilitätskontrollen erklärte es: hierzu könne das sogenannte »Gefühl in den Knien des Kapitäns« niemals ausreichen. Es sei denn, der Kapitän habe sehr lange und sehr reiche Erfahrungen mit demselben Schiff gesammelt. Speziell hierauf wird zurückzukommen sein.

In der Verhandlung hat das Seeamt vordergründig gefragt (II 112), wie hoch sich die Frachteinnahme für das im Tieftank gefahrene Getreide gestellt habe. Allein schon diese recht unfreundliche Frage führte zu der — alsdann in der Öffentlichkeit auch weitverbreiteten — Vermutung, der Tieftank sei aus Gewinnsucht mit Getreide beladen worden, obwohl er aus Stabilitätsgründen mit Wasserballast hätte ausgefüllt werden müssen.

Es ist selbstverständlich, daß dies nicht der Fall war. Das ergibt sich schon aus der *Zweckbestimmung* des Tieftanks, außerdem aus der Tatsache, daß seine Beladung im konkreten Falle gestattet war, und schließlich aus der grundsätzlichen Einstellung der Reederei. Diese hatte in vielen Kapitänsordern Anweisung gegeben, daß Ausbildung und Sicherheit ohne Rücksicht auf Kosten und Einnahmen oberstes Gebot sei (II, 133). Nachdem das Seeamt durch seine Fragestellung Anlaß zu solchen Verdächtigungen gegeben hatte, hätte man es für seine Ehrenpflicht halten können, dies nach Klärung richtigzustellen. Bedauerlicherweise hat es dies nicht getan.
Zur Sache:
Der *Tieftank* ist von vornherein überhaupt *nur zu dem Zweck* eingebaut worden, um *dem leeren Schiff beim Verholen im Hafen eine größere Stabilität zu verleihen.* Das hat der Germanische Lloyd durch seinen Vertreter klargestellt. Der Zeuge Diplom-Ingenieur Seefisch hat nämlich bekundet (II, 111, 113):

»... er (der Tieftank) ist seinerzeit eingebaut worden, um für das Schiff günstigere Stabilitätsverhältnisse für das Verholen im Hafen zu schaffen, weil die Segelschiffe im Hafen ohne Ladung nicht liegen. Wenn das Schiff Ladung führte, mit der es von selbst genügend stabil war, brauchte der Tank nicht gefüllt zu werden ...«

Der Tieftank diente also schon seiner Bestimmung nach nicht einer Stabilitätsaufgabe *während der Reise* (mit Ladung).
Allerdings waren auch Beladungszustände denkbar, die es erforderlich gemacht haben würden, den Tank auch während der Reise mit Wasserballast zu fahren (II, 105). Das hing vom spezifischen Gewicht der Ladung ab. Es ist jedoch sowohl von dem Gutachter Professor Wendel (VI, 78, 79) als auch von Herrn Diplom-Ingenieur Seefisch (Vertreter des Germanischen Lloyd, II, 105, 110, 113, 114) festgestellt worden, daß dies nicht für die Unglücksreise der *Pamir* zutraf, die Einnahme von Wasserballast im Tank also nicht erforderlich war. Danach durfte der Tank — wofür er auch geeignet war — mit Gerste gefüllt werden. Schließlich hat selbst der Stabilitätsgutachter Wendel eingeräumt, daß Kapitän Diebitsch gemäß den Stabilitätsunterlagen der *Pamir* mit Gerste im Tieftank fahren durfte.
Außerdem hat Kapitän Diebitsch während der wochenlangen Reise vom Ladehafen bis zum Unglücksort die Erfahrung gemacht, daß das Schiff mit diesem Beladungszustand stabil war; anderenfalls hätte er sicher den Tieftank noch während der Reise geflutet.
Aber noch eines sollte angemerkt werden.
Die Stabilitätsgutachter sind bei ihren Untersuchungen davon ausgegangen, daß der Tank in der Notlage des Schiffes nicht geflutet worden sei, wie es auf der *Passat* geschehen war. Dort hatte übrigens das Fluten ungefähr eine 3/4 Stunde in Anspruch genommen, ehe der Erfolg eintrat (II, 165). Das entspricht auch hiesiger Ansicht.

Daß der Tieftank nicht geflutet gewesen ist, das erscheint auch deshalb plausibel, weil die große Schlagseite der *Pamir* im Gegensatz zum *Passat*-Fall plötzlich und innerhalb kurzer Zeit eintrat. Schließlich ist das Schiff — wie noch ausführlich dargelegt werden wird — wegen Beschädigungen seines Rumpfes und dadurch erfolgten großen Wassereinbruches innerhalb kurzer Zeit gekentert. Dennoch ist darauf hinzuweisen, daß über den Zustand der Tanks nichts bekannt geworden ist. Weder weiß man positiv, daß der Tank nicht geflutet worden war, noch weiß man das Gegenteil. Es ist aber wiederum typisch, daß das Seeamt auch hier einfach eine »Ist-Feststellung« getroffen hat.

Verschlußzustand und Wassereinbruch

Die Gutachter — und ihnen folgend das Seeamt — haben angenommen, daß Wasser »in die nicht überall verschlossenen und auf Backbordseite bereits eingetauchten Aufbauten« eingedrungen sei, so daß deren Auftriebskraft verlorengegangen sei (SPR 157, 165, 289, 291, 254, 255, 277, VI 57ff).

Tatsächlich haben auch die Zeugen bekundet, daß Wasser schon vor dem Kentern im Schiff festgestellt worden war. Daraus leitete das Seeamt den Vorwurf ab, das Schiffskommando habe nicht rechtzeitig für einen sicheren Verschlußzustand gesorgt. Der Frage nach dem Verschlußzustand und dem Wassereinbruch ist daher detailliert nachzugehen.

a) In den achteren Kammern stand nach der Aussage des Zeugen Wirth (IV, 149, 150, 154) schon vormittags Wasser »bis unter die zweite Schublade«, obwohl dort ausweislich der gleichen Bekundung die Bullaugen geschlossen und heil waren. So auch Dummer (IV, 203). Lediglich die Blenden waren noch nicht vorgeschraubt. Sie zu schließen war die Aufgabe u.a. auch und gerade des Zeugen Wirth, der seine Beobachtungen in diesem Zusammenhang gemacht hat. Aber selbst als die Blenden vorgeschraubt waren, drang — wie ebenfalls aus der Aussage des Zeugen Wirth (IV, 149) sowie aus der Bekundung des Zeugen Haselbach (IV, 129) hervorgeht — weiteres Wasser in diese Kammern. Schließlich standen die achtern im Schiff liegenden Kammern und der Waschraum bis zur Bullaugenhöhe voll Wasser. Dies hat insbesondere der Zeuge Haselbach gesehen, der nach seiner Bekundung (IV, 129) um etwa 12.15 Bordzeit (15.15 MGZ) das letzte Mal achtern im Schiff gewesen ist. Allerdings muß sich der Zeuge in der Uhrzeitangabe geirrt haben — was in Anbetracht der Umstände durchaus verständlich ist. Denn um 12.15 Bordzeit (15.15 MGZ) war das Schiff bereits gekentert.
b) In den Mittschiffsgängen wurde Wasser festgestellt, von dem man nicht wußte, woher es kam (IV, 180).

c) Im Offiziersgang befand sich ebenfalls Wasser, das sich dann in den Kammern der Offiziere und Stewards sammelte (IV, 190). Woher es kam und ob es noch weiterlief, konnte nicht festgestellt werden (IV, 190, 191), obwohl Einströmungsgeräusche hörbar waren.

d) Hingegen waren die Logis (IV, 165) und die Kadettenräume (IV, 149) ohne Wasser.

e) Ob in der Offiziersmesse Wasser stand, konnte nicht ermittelt werden (IV, 173).

Es konnte allerdings mit Hilfe der wenigen Überlebenden, die allein Zeugnis ablegen konnten, nicht geklärt werden, *wann* der Eintritt des Wassers begonnen hatte, *wo* überall er erfolgte und *wieviel Wasser* in das Schiff gedrungen war. Auch der Gutachter Professor Wendel mußte deshalb bekennen (V, 47, 59, SPR 157):

»... wann, wo und wieviel Wasser in die Aufbauten eingedrungen ist, ist aus den Zeugenaussagen nicht sicher zu rekonstruieren ...«

Schon nach diesem Bekenntnis ist aber seine These nicht haltbar, daß die Aufbauten des Schiffes bereits *vor* dem Kentern voll Wasser gewesen seien und ihren Auftrieb *vollständig* verloren gehabt hätten (VI, 57ff). Andererseits ist nicht zu bestreiten, daß dieses eingelaufene Wasser die Stabilität negativ beeinflußt hat.

Selbstverständlich muß dieser Wassereintritt seine Gründe und Ursachen gehabt haben.

Niemand hat bezweifelt (SPR 274), daß die Verschlüsse den Vorschriften entsprachen. So hat auch Diplom-Ingenieur Seefisch (Germanischer Lloyd) als Zeuge bekundet:

»... Die Aufbauten sind in der Stabilitätsrechnung als wasserdichte Teile bei der Beurteilung berücksichtigt worden. Die Verschlüsse entsprechen der Freibordvorschrift. Es sind zusätzlich in den Abfall-Leitungen Absperrschieber eingebaut worden, um bei dauernden Schräglagen das Eindringen von Wasser zu verhindern. Außerdem waren in den Frontschotten von Bug und Brücke Stahltüren vorgesehen. Die einzige hölzerne Tür im Brückenendschott hatte die Möglichkeit, die Süllhöhe durch Einsteckbretter zu vergrößern ...« (I, 32, 33)

»... Die Aufbauten müssen berücksichtigt werden, und es sind auch alle Maßnahmen getroffen worden, um diese Aufbauten wasserdicht herzurichten. Über die Vorschriften hinaus, die in der Freibordvorschrift vorgesehen sind, habe ich gestern in dem Klassifikationsbericht dargestellt, daß sämtliche Abflußrohre und Kanalisationseinrichtungen, durch die bei dauernder Schräglage Wasser eintritt, mit Absperrschiebern vorgesehen sind ...« (II, 142)

Es ergibt sich hieraus, daß die Verschlüsse den durch Vorschriften gestellten Anforderungen nicht nur entsprachen, sondern sie zum Teil sogar übertrafen.

Danach kommen als Ursache für den Wassereintritt ausschließlich die folgenden drei Möglichkeiten in Betracht:

- **Der Verschlußzustand ist nicht ordnungsgemäß hergestellt worden.**
- **Die dichtgemachten und vorschriftsmäßigen, zum Teil sogar übervorschriftsmäßigen Verschlüsse haben nicht standgehalten.**
- **Der Schiffskörper hat durch die unwetterbedingten schweren Beanspruchungen Risse erhalten und Wasser gemacht.**

Die Stabilitätsgutachter haben angenommen, daß die Aufbauten nicht überall verschlossen gewesen seien (IV, 57, 72, 73). Das Seeamt ist ihnen gefolgt (SPR 254, 255, 277). Diese Annahme ist mindestens zweifelhaft, jedenfalls in bezug auf die Ursache des entscheidenden Wassereintritts.

Die Anordnung, Schlechtwettervorbereitungen zu treffen, ist im Laufe des Morgens gegeben worden. Das hat der Zeuge Haselbach erklärt (IV 107ff). Eine solche allgemeine Anordnung genügt, wie die sachverständigen Kapitäne (IV 114) bekundeten. Trotzdem hat Bootsmann Kühl entsprechende einzelne Anweisungen erteilt (IV, 113). Auch hat Kapitän Diebitsch, nach Aussagen des Zeugen Dummer, den zweiten Zimmermann beauftragt, sämtliche Bullaugen in sämtlichen Kammern zu prüfen und die Blenden vorzumachen. In diesem Zusammenhang muß bedacht werden, daß nur wenige Besatzungsmitglieder gerettet worden sind, daher eine Vielzahl von Zeugen, die vielleicht noch Weiteres hätten bekunden können, nicht zur Verfügung stand.

Weil das Seeamt im Verschlußbereich nach den Stellen schwerwiegender Wassereinbrüche suchte, ist es erforderlich, ihn mit Akribie zu untersuchen. Es lassen sich nach dem Ergebnis der Beweisaufnahme folgende Feststellungen treffen:

Bullaugen

Nach Aussage des Zeugen Wirth (IV, 149, 150, 154) ist die Besatzung nach 10.00 Bordzeit (13.00 MGZ) durch das Schiff geschickt worden, um die Bullaugen-*Blenden* dichtzuschrauben. Hierbei hat der Zeuge in den Kammern, in denen er war, trotz der geschlossenen und unbeschädigten Bullaugen Wasser mit einem Stand »bis über die zweite Schublade« angetroffen. Der Zeuge Anders hat bekundet (IV, 178), daß er die Bootsmannkammern aufgeklart hat und daß die Bullaugen dort dicht waren. Der Zeuge Kraaz hat nach seiner Aussage (IV 122) in der Zimmermannskammer und in einigen backbord achtern gelegenen Kammern offene Bullaugen, durch die inzwischen Wasser eingetreten war, dichtgemacht und die Blenden davorgeschraubt. Nach dem Bericht des Zeugen Dummer (IV, 203/207) waren die Bullaugen geschlossen. Die vom Seeamt in der Spruchbegründung wiedergegebenene Aussage Dummers, in der er von offenen Bullaugen sprach, hat dieser Zeuge ausweislich des Verhandlungsprotokolls (IV, 203, 207) richtiggestellt und erläutert, ohne daß dies allerdings vom Seeamt berücksichtigt worden ist.

Pamir im Sturm (Segelführung ungefähr wie am Tage des Untergangs.)

Pamir unter vollen Segeln.

Begegnung von *Pamir* und *Passat* im Südatlantik.

»Goodbye, *Pamir*.«

Heinrich Hauser in seinem Buch »Die letzten Segelschiffe« an Bord der *Pamir*:
»Die Seen sind ganz wahnsinnig.
Hier kocht das Meer . . . es wühlt Berge auf; ungeheure Berge, ich denke manchmal, daß sie höher sind als die Großrah . . . «

Ein gewaltiger »Kaventsmann«.

Passat im Sturm und in schwerer See im November 1957 mit allmählich übergehender Ladung.

Diese Fotos sind vom damaligen Schiffsarzt der *Passat*, Dr. Hellmut Jebens, aufgenommen worden.

Teamarbeit im Rigg.

Oben links: Gefährliche Arbeit draußen an der Rahnock.

Auch auf dem Hochdeck werden Gordings und Geitaue durchgeholt.

Arbeit auf der Spreadlatte der Wanten, auf der Leeseite innen. Im Hintergrund das Unterliek der Fock.

Laufendes Gut wird klariert.

Oben: Auf dem Wetterdeck werden Gordings und Geitaue dichtgeholt und belegt.

▷ »Besanschot an«. Nach schwerer Arbeit einen »Köm« aus der Hand des »Alten«. *Pamir* 1930, rechts Kapitän Robert Clauß.

Standort Klüvernetz: Der Mittelklüver, eines der vier Vorstagsegel, wird geborgen.

Skylights

Der allgemeinen Feststellung, daß Schlechtwettervorbereitungen durchgeführt wurden, zu denen das Schließen der Skylights gehört, ist nichts hinzuzufügen. Die Zeugen waren außerdem in der Lage, speziell zu bestätigen, daß die Skylights geschlossen waren.

Ventilatoren

Die Ventilatoren sind nach der Aussage des Zeugen Haselbach (IV, 139) aus dem Wind gedreht und mit Segeltuchbezügen abgedeckt gewesen.

Schwanenhälse und Entlüfter

Die Schwanenhälse konnten nach der Bekundung des sachverständigen Zeugen Seefisch (V, 4, 5, 6) vorschriftsmäßig mit Persenningen oder Holzpfropfen verschlossen werden. Wie die Zeugen Haselbach und Wirth ausgesagt haben (V, 5, 6), ist dies geschehen.
Die Entlüfter konnten durch mit Gummi belegte Klappen wasser- und luftdicht abgeschlossen werden. Auf Befragen des Sachverständigen Piening konnte der Zeuge Wirth (IV, 157, 158) — ein anderer ist nicht befragt worden — zwar nicht aus eigenem Wissen angeben, ob dieser Abschluß erfolgt sei. Jedoch erklärte er, daß »wir sie, die Klappen, aber dicht gehabt haben werden; denn wir hatten ja Getreide«. Es gehört ohnehin zu den Schlechtwettervorbereitungen, die ja durchgeführt worden sind, die Entlüfter zu schließen.

Türen

Aus den Zeugenaussagen ergibt sich, daß alle Türen dichtgemacht waren. Auch die *zusätzlich* vorhanden gewesenen eisernen Klappschotten waren vorgelegt, allerdings mit einer Ausnahme: Backbord achtern ist das eiserne Oberschott nicht vorgeklappt gewesen; es soll — wegen Seeschäden? — nicht mehr gelungen sein, dies zu bewerkstelligen (IV, 121, 122, 129, 149). Da diese eisernen Schotten *übervorschriftsmäßig* waren, bedeutet es keinen Mangel am vorgeschriebenen Verschlußzustand, wenn eines davon nicht vorgelegt war.

Ausgüsse und Ausflüsse

Alle Ausgüsse und Speigatte sind mit Klappen versehen gewesen, die sich nach außen öffneten und als Rückschlagklappen nach innen gegen die See schlossen (IV, 152, 153). Nur die mittschiffs gelegenen Toiletten des Kapitäns, des I. Offiziers und des Arztes haben *zusätzlich und übervorschriftsmäßig* je einen Schieber gehabt, der — von innen betrachtet — vor der Rückschlagklappe lag und die Abflußleitung ganz abschließen konnte (IV, 152, 153, II 142).

Soweit diese Ausgüsse und Ausflüsse nicht mit zusätzlichen Schiebern versehen waren — also alle bis auf drei — konnte nichts dichtgemacht werden. Hielten sie auch bei den Toiletten des Kapitäns, des I. Offiziers und des Arztes stand, wie nach den Bauvorschriften erwartet, so konnten dort die —, wie schon bemerkt, übervorschriftsmäßig eingebauten — Schieber ohne Gefahr offenbleiben. Es ist in der Verhandlung *vermutet* worden (IV, 152), daß diese Schieber tatsächlich offen gewesen seien, weil anders nicht erklärt werden könne (!), daß aus dem gekenterten Schiff Luft mit großem Druck und demgemäß lautem Pfeifgeräusch herausgetreten sei. Dies könne nur über die durch den Luftdruck nach außen hin geöffneten Rückschlagklappen geschehen. Siehe dazu aber die Feststellungen auf Seite 78.
Schließlich gehörte die Kontrolle dieser Schieber, nach Aussagen des Zeugen Wirth (IV, 154), zur Rolle des Zimmermanns, der ohnehin auf Befehl des Kapitäns einen zusätzlichen Kontrollgang gemacht hat (IV, 203). Diese Überlegungen sind aber für die Frage, ob der vorschriftsmäßige Verschlußzustand hergestellt worden sei, auch ohne jegliche Bedeutung. Denn diese Schieber waren *übervorschriftsmäßig* und die Rückschlagklappen in den drei Toiletten waren die gleichen wie bei allen übrigen Ausflüssen; diese aber stellten allein schon den vorschriftsmäßigen Zustand her.

Luken und Niedergang

Der Zeuge Haselbach hat erklärt (IV, 176), er sei überzeugt, daß durch die Luken kein Wasser eingedrungen sei. Das Kabelgatsluk hat er dabei auf Befragen des Sachverständigen Piening besonders erwähnt. Es war nach seiner Aussage mit einem Bezug und mit Laschungen gesichert, außerdem zusätzlich noch mit einem Lederstück gezurrt (IV, 128). Dazu wird bemerkt, daß gerade hierdurch die besondere Sorgfalt gekennzeichnet ist, mit der die Verschlüsse dichtgemacht worden waren. Von den Niedergängen ist nicht einmal angenommen worden, daß sie geöffnet gewesen seien.

Mit diesen Bekundungen steht fest, daß der Verschlußzustand, wenn auch relativ spät, hergestellt war. Die Aufbauten waren also verschlossen, jedenfalls so, das gilt insbesondere für die Bullaugen, daß der starke Wassereintritt nicht durch sie erfolgen konnte. Die Annahme, daß der die Stabilität so stark beeinflussende Wassereinbruch durch offengebliebene Abflüsse ermöglicht worden sei, ist mithin nicht haltbar, mindestens liegt sie fern. Auch hierbei muß generell berücksichtigt werden, daß das Fehlen von weiteren klärenden Aussagen nicht zu Lasten des Schiffes gehen kann. Denn möglicherweise sind, wie bereits erwähnt, wichtige Zeugen ertrunken. Wenn der Schiffsrumpf keine Risse erhalten habe und der starke Wassereinbruch nicht dadurch erfolgt sein sollte, könnte nur die Folgerung gezogen werden, daß die Verschlüsse nicht standgehalten haben, obwohl sie den Vorschriften entsprachen und verschlossen waren. Es müßte alsdann die bittere Lehre gezogen werden, daß die Anforderungen an die Verschlüsse in baulicher Hinsicht höher gestellt werden müssen. Das übrigens haben die Stabilitätsgutachter zur Erwägung gestellt (SPR 166).

Wassereinbruch durch Beschädigungen am Unterwasserschiff

Dies ist das vielleicht wichtigste Kapitel der hier vorgenommenen Untersuchung. Denn es wird die eigentliche Ursache für den Untergang der *Pamir* aufzeigen und damit alle übrigen Vermutungen und Annahmen als unhaltbar erweisen.
Nach allgemeiner Erfahrung liegt in jedem gewaltigen Sturm oder gar Hurrikan die Möglichkeit vor, daß der Schiffsrumpf infolge der gewaltigen Beanspruchungen Schäden (Risse) erhält und daß der *Wassereinbruch* auf diese Weise erfolgt.
Das hatte auch Kapitän Piening gemeint (IV, 90):

»... Ich fasse die Frage so auf, daß es sich hierbei um eine Beschädigung des Schiffsrumpfes handelt, die durch den Sturm verursacht sein könnte. Das halte ich absolut für möglich, weil durch den schweren Sturm mit verhältnismäßig vielen Segeln eine Überbeanspruchung des Schiffskörpers stattfinden kann und dabei Risse auftreten können, durch die Wasser eingedrungen sein könnte...«

Die Gutachter sind auf diese Möglichkeit nicht eingegangen, vom Standpunkt eines Theoretikers vielleicht verständlich, wäre eine solche ja rechnerisch kaum zu erfassen gewesen. Aber jedenfalls hätte das Seeamt ihr nachgehen und die Gutachter auch insoweit um Stellungnahme ersuchen müssen, zumal es doch in der Spruchgründung selbst ausgeführt hat (SPR 273):

»... natürlich kann die Möglichkeit, daß bei der schweren Beanspruchung früher oder später irgendwelche Schäden am Unterwasserschiff in der Außenhaut aufgetreten sind, nicht mit Sicherheit ausgeschlossen werden...«

Es erstaunt, daß das Seeamt sie einfach beiseite geschoben hat, ihr jedenfalls trotz weiterer und nicht nur abstrakter Hinweise nicht nachgegangen ist und dafür sogar eine Begründung gegeben hat, die unlogisch und sachlich unrichtig ist. Es handelt sich um die Behauptung, daß die Schlagseite und das schließliche Kentern sich *»erschöpfend«*(!) durch die von den Gutachtern dargelegten physikalischen Vorgänge erklärten, so daß man — das folgt aus dem Wort »erschöpfend« — andere Möglichkeiten gar nicht untersuchen müsse. Schließlich hat es die Ansicht vertreten, der Funkspruch »Schiff macht Wasser« beziehe sich offenbar (!) auf das in die Aufbauten eingedrungene Wasser.
Wie schwer das Seeamt gerade in diesem Punkt irrte und obwohl entgegen seiner Annahme sogar stärkste »Anhaltspunkte« gerade für die Möglichkeit eines Wassereinbruchs durch Beschädigungen am Schiffskörper bei der Beweisaufnahme hervorgetreten sind, ist schon auf Seite 32 dargelegt, wird aber im folgenden detailliert aufgeführt. Auf bloße Flüchtigkeit kann dieser Irrtum bei dem sonstigen Bemühen des Seeamtes um Gründlichkeit nicht zurückgeführt werden. Er erklärt sich »wahr-

scheinlich« aus der — kritikunterworfenen — Methode der Tatbestandsermittlung sowie der voreingenommenen Einstellung (vgl. Seite 22) und vielleicht aus den möglichen Hintergründen des Spruches (Seite 117).

Nach der Überzeugung des Verfassers hat die *Pamir* im Hurrikan Schäden am Schiffsrumpf erlitten, so daß ein schwerer Wassereinbruch erfolgte, der zum Untergang des Schiffes führte. Dafür liegen folgende Beweise und Hinweise vor:

a) Der Zeuge Haselbach hat bekundet (IV, 175), man habe bereits an Bord davon gesprochen, daß mittschiffs ein Wassereinbruch stattgefunden habe.

b) Diese Aussage erhält eine Stütze durch die Bekundung des Zeugen Fredrichs. Dieser berichtet nämlich (IV, 190, 191), daß das Wasser mittschiffs im Offiziersgang immer stärker zugenommen habe, so daß das Schöpfen und Wegtragen als nutzlos habe aufgegeben werden müssen. Aber durch das Kapitänsschott und unter der Tür — woher das Wasser beim Eindringen in die Aufbauten nur hätte kommen können — sei nur wenig Wasser eingetreten. Das Wasser sei nicht zu verfolgen gewesen — irgendwo seien Geräusche gewesen.

Das deutet stark auf Risse in der Außenhaut. Der Zeuge Fredrichs hat außerdem auf Frage des Sachverständigen Piening geantwortet, er wisse nicht, ob das Wasser weitergelaufen sei, jedoch halte er dies für möglich (IV, 190).

c) In diesem Zusammenhang hat die Aussage des Zeugen Dummer höchstes Gewicht. Er hat erklärt (IV, 201):

»... in den Proviantraum bin ich nicht mehr runtergegangen; das war mir irgendwie nicht geheuer...«

Es hätte hier nun nahegelegen, den Zeugen Dummer weiter und eingehender zu befragen, z.B. warum es ihm nicht geheuer erschienen sei, ob etwa Wasser im Proviantraum gestanden habe usw. Hierbei wäre zu bedenken gewesen, daß der Proviantraum unter dem Hauptdeck und damit weit von den Aufbauten entfernt lag. Leider hat das Seeamt eine eingehende Aufklärung unterlassen. Die damaligen Berufungsführer haben daher den Zeugen, da dies während der Verhandlung nicht zugelassen war, nachträglich befragt.

Er gab hierbei folgende Ergänzung seiner Zeugenaussagen:

»Er wollte in den Proviantraum, um noch Spirituosen zu holen. Er ging aber nur bis zum Treppenabsatz (vor der Heizung) und leuchtete von dort mit einer Stablampe in den dunklen Proviantraum. Er sah, daß das Wasser bereits bis zum Sockel der Kühlmaschine stand, die untere Hälfte der zum Gemüseraum führenden Tür befand sich schon im Wasser und war nicht mehr zu sehen. Es zischte und brodelte unheimlich. Da wurde ihm angst — ›es war mir irgendwie nicht geheuer‹ — so daß er an Deck lief.

Im Gang der Offiziersmesse stand das Wasser zu dieser Zeit aber noch nicht bis an den Niedergang zum Proviantraum. Der Proviantraum konnte daher nicht von oben durch den Niedergang, der sich ohnehin auf der Luvseite befand, vollgelaufen sein.«

Hier ist nach dem Erscheinen des erwähnten Buches von Jochen Brennecke und Karl-Otto Dummer »Viermastbark *Pamir* — ihr Schicksal im Zentrum des Hurrikans ›Carrie‹« durch einen zusätzlichem Bericht Dummers eine weitere Aufklärung eingetreten.
Wurde also vom Seeamt versäumt, den Zeugen Dummer ausführlicher zu befragen, so hat dieser seine Aussage in dem genannten Buch (Seite 23, 24) wie folgt ergänzt, und man vergleiche seine eben zitierten Aussagen nach der Verhandlung mit dem, was er in seinem Buch an der angegebenen Stelle erklärt hat:

»... aber irgendwie und von irgendwem meinte ich, die Order erhalten zu haben, Zigaretten und etwas Trinkbares zu holen...«
»... die einzige Lichtquelle ist die offenstehende Tür des Niederganges zum Kartenhaus. Das Geräuschinferno, das draußen herrscht, ist hier unten etwas gedämpfter, obwohl es immer noch eine Stärke hat, die weit über das normale Maß hinausgeht. Die Geräusche hier drinnen im Schiff stehen ganz im Gegensatz zu den äußeren Tönen. Das Schiff ächzt und stöhnt mit jeder Bewegung in anderen Lauten. Fast könnte man meinen, daß es sich wie ein verzweifeltes Seufzen anhört. Mit der Taschenlampe leuchte ich den Niedergang zum Proviantraum aus...«
»... unten angelangt — ich habe mit dem Fuß die Kühlmaschine ertastet und suchte darauf für meinen Körper Halt — zerre ich die Taschenlampe hervor, knipse das Licht an und sehe mich um. Noch bevor der zitternde Strahl den Raum unter mir schwach erhellt, elektrisiert mich ein Geräusch. Ich halte den Atem an und höre bewußter hin. Was ich erst nicht glauben will — oder nicht glauben möchte — ist wahr. Was ich höre, ist das Brodeln und Glucksen von Wasser. Die dabei verursachten Töne klingen so dumpf, als dringen sie aus einem tiefen Schacht zu mir herauf. Ich erstarre, und ich weiß heute nicht mehr, wie lange ich in meiner Stellung verharrte, bevor ich wieder einen klaren Gedanken fassen und ruhig überlegen konnte. Wie kommt hier Wasser her?
Von oben kann es nicht eingedrungen sein, liegen doch diese Räumlichkeiten an der Steuerbordseite. Langsam tastet sich der Strahl der Taschenlampe über die zuckende und hin- und herschwappende schwarze Wasseroberfläche. Die Tür des Kühlraumes, in den ich hinein will, ist bis über den Türgriff — also fast bis zur Hälfte — von Wasser bedeckt. Selbst der Sockel, auf dem die Kühlmaschinen verankert sind, wird von Wasser umspült. Aus dem Kühlraum noch etwas herausholen zu wollen, ist somit gescheitert. Unter den gegebenen Umständen ist es auch kaum noch möglich, an den Trockenproviantraum heranzukommen. Der Tiefkühlraum, dessen Tür schräg über mir hängt, kann für diese Zwecke auch nichts bringen. Sein Inhalt besteht zu 90% aus tiefgefrorenem Rind- und Schweinefleisch und ebenso behandeltem Geflügel. Es bleibt mir also nichts weiter übrig, als den Rückzug anzutreten...«

»... Ich will einfach nicht weiterdenken und ich arbeite mich mit viel Mühe bis zu Kapitän Diebitsch vor. Meine Meldung, daß der gesamte Raum vor und zu den Provianträumen unter Wasser stehe, ruft ein leises Zucken in seinen Mundwinkeln hervor. Zum ersten Mal — so erscheint es mir wenigstens — sieht er mich an und nicht durch mich hindurch. Seine Mundwinkel verziehen sich nach unten, so, als wolle er lachen. Dann aber sagt er etwas, das ich nicht verstehe. Mit einem Achselzucken und einer Handbewegung werde ich entlassen. Ich arbeite mich an meinen Platz zurück. Ist es der Zimmermann oder irgendeiner der um mich herum kauernden Kameraden? Wer es auch ist, ich höre ganz deutlich: S-O-S!... !«

Das ist ein starker Beweis.

d) Der Zeuge Dummer hat den damaligen Berufungsführern aber noch weitere wichtige Aussagen gemacht. Leider hat das Seeamt ebenfalls versäumt, sie einzuholen.

In der Seeamtsverhandlung ist die Rede davon gewesen (IV, 151, 152), daß Luft-Wasserfontänen das gekenterte Schiff laut hörbar verlassen hätten. Auch hier hätte eine weitergehende Aufklärung naheliegen müssen.

Der Zeuge Dummer hat außerhalb der Verhandlung dem Verfasser noch angegeben:

Er hat eine Fontäne beobachtet, die sehr deutlich zu sehen war, mehr Luft als Wasser, kann auch Staub dabei gewesen sein.

»... Die Höhe kann ich nicht sagen, aber sie muß ungeheuer hoch gewesen sein, denn ich konnte sie auch sehen, wenn ich im Wellental schwamm und auch die *Pamir* im Wellental war und ich den Schiffsrumpf nicht sehen konnte. Die Fontäne war sehr laut hörbar, denn sie übertönte das Brausen und Dröhnen des Sturmes wie eine Lokomotive, wenn sie Dampf abzischt — das pfiff aber etwas mehr, heller, durchdringender Ton...«

Auf die Frage, ob er angeben könne, an welcher Stelle des Schiffskörpers die Fontäne herausgetreten sei, antwortete er:

»... Achterkante Hochdeck bei Luke 3 wahrscheinlich, und zwar nicht in der Seitenwand, sondern im Schiffsboden, wo die Rundung anfängt an der Steuerbordseite...«

Wichtig ist hierbei, daß sich an der Stelle des Austritts der Fontäne — Steuerbordseite, Kimmung Höhe Luke 3 — keine baulichen Öffnungen (Abflüsse) im Schiffskörper befanden, insbesondere keine Toilettenabflüsse, aus denen die Fontäne nach Annahme des Seeamtes gekommen sein soll. *Es muß sich daher dort eine Schadenstelle befunden haben.*

e) Die Funksprüche der *Pamir* geben ebenfalls Beweis.

Die *Pamir* hat zwei Funksprüche — 14.01 MGZ (11.01 Bordzeit), 14.54 MGZ (11.54

Bordzeit) abgegeben (SPR 96, 97), in denen sie sich als »broken« gemeldet hat. Im seemännischen, insbesondere im seenotdienstlichen Sprachgebrauch bedeutet broken: gebrochen, beschädigt, das heißt ganz unzweideutig, *daß die* Pamir *Schäden am Schiffskörper hatte.* Seltsamerweise ist das Seeamt der Bedeutung dieser Funksprüche nicht nachgegangen. Bei ihrer Wiedergabe in der Spruchbegründung hat es bei der deutschen Übersetzung das Wort »broken« sogar weggelassen (SPR 97).
Was der um 14.57 MGZ (11.57 Bordzeit) abgesetzte Funkspruch »ship is making water« — »Schiff macht Wasser« (SPR 97) bedeutet, braucht wohl nicht erläutert zu werden, insbesondere nicht im Zusammenhang mit dem Wort »broken«. Geradezu unverständlich ist die Annahme des Seeamtes, damit sei »offenbar« (!) das in die Aufbauten gedrungene Wasser gemeint.
Interessant ist, was Brennecke/Dummer in ihrem Buch (Seite 139) in diesem Zusammenhang schreiben:

»11.54 (14.54 MGZ) geht der Hilferuf an alle raus: ›sos — sos — sos de dkef — rush rush to us — german fourmastbarque broken — *pamir* danger of sinking — master‹ 11.57 (14.57 MGZ) funkt die *Pamir* erneut an alle: ›now speed ship is making water — danger of sinking‹ Noch in der gleichen Minute bestätigt die *President Taylor* den Empfang auch dieses Funkspruches...
Was nun den Hinweis ›making water‹ im 11.57 Uhr-FT angeht, so dürfte er seine Ursache in der Beobachtung des Kochsmaaten Dummer haben, der kurze Zeit — höchstens aber eine halbe Stunde — vor dem Kentern nochmals ›nach unten‹ in den Proviantraum gegangen ist, um noch Zigaretten und ein paar harte Getränke zu holen. Hier an Steuerbordseite — also in Luv — entdeckte er ja (wie bereits im vorderen Teil ausführlich geschildert) Wasser und, daß die Tür des Kühlraumes, in den er ja hinein will, bis in Höhe des Türgriffs unter Wasser steht. Dummer hat sich dann schnell zurückgezogen und hat nach einem Umweg über seine Kammer dem Kapitän darüber Meldung gemacht, was er sah. Hier ist zweifelsfrei der Schlüssel für den Inhalt des 11.57 Uhr-FT-s zu suchen...«

f) Nach den übereinstimmenden Aussagen der Zeugen ist das gekenterte und kieloben treibende Schiff nach etwa 20 Minuten gesunken. Würde der Schiffskörper intakt gewesen sein, so hätte es nach dem Urteil vieler Sachverständiger aber noch lange Zeit auf einer Luftblase schwimmen müssen. Aus dem schnellen Sinken ist daher ebenfalls der Schluß zu ziehen, daß der Schiffskörper Schaden erlitten hatte. Die Stabilitätsgutachter und mit ihnen das Seeamt haben diesen Tatbestand — und das muß man leider sagen — fehlerhaft nicht erkannt. Er stößt die gesamte Kentertheorie der Gutachter und des Seeamtes um.
Eine Anmerkung zur Erinnerung:
Das Seeamt hatte ausgeführt:

»... *es sind auch keine Anhaltspunkte dafür gegeben, daß Schäden des Schiffskörpers bei dem Untergang mitgewirkt hätten*...« (SPR 272)
»... es sind auch bei der Beweisaufnahme über den Hergang der Katastrophe vom 21. September *keine Anhaltspunkte* hervorgetreten, die die Annahme rechtfertigen könnten, *daß Schäden am Schiffskörper (Außenhaut) aufgetreten wären, die den Untergang hätten beschleunigen oder gar maßgeblich verursachen können*...« (SPR 273)

Welcher Irrtum!

Kapitän Diebitsch und seine Schiffsführung

Zur Person

Das Seeamt hat zu seiner Person folgende Feststellung getroffen (SPR 313):

»... Kapitän Diebitsch war sicherlich ein erfahrener, in Krieg und Frieden bewährter Seemann. Seine menschlichen Qualitäten, die übrigens gar nicht zur Erörterung gestanden haben, sind unbestritten. Er ist sich sicherlich der Größe der übernommenen Verantwortung bewußt gewesen. Daß er allabendlich die Reuels hat bergen lassen, läßt erkennen, daß er nicht um des sportlichen Ehrgeizes willen eine schnelle Reise zu machen, die Vorsicht außerachtgelassen hat. Seine Schiffsjungen- und Matrosenzeit auf Großseglern, darunter sogar auf der *Pamir*, hat ihm ohne Zweifel eine vollauf genügende Kenntnis von der Takelage und allen an Bord vorkommenden Arbeiten vermittelt. Fraglich dagegen muß es erscheinen, ob er die genügende Erfahrung gehabt hat, um ein so großes Segelschiff in allen Lagen sicher und überlegen zu führen...«
Unter dieser Prämisse hat es ihn mit allem belastet, was nach seeamtlicher Meinung falsch gemacht worden sei. Das gilt vornehmlich für den Vorwurf falscher Segelführung. Es hat ihm Unrecht getan.
Kapitän Diebitsch hat seine Aufgabe nautisch hervorragend und verantwortungsvoll erfüllt. Das ergibt sich nicht nur aus seiner — mit Rücksicht auf die Jungmannen geübten — vorsichtigen Segelführung nachts, sondern auch daraus, daß er im ersten Teil der Reise den Stammkapitän Eggers an Bord nahm und mit ihm Erfahrungen spezieller und genereller Art austauschte, darüberhinaus auch eine gute Schiffsführung produzierte. Er hatte auf der Hinreise vor Südamerika mit dem Schiff auch einen schweren Pampero überstanden und sich dabei bewährt. Es ist auch bekannt, daß er sich auf die Reise sorgfältig vorbereitet hatte, insbesondere in meteorologischer Beziehung.
Es befremdet daher, daß das Seeamt ihn unter Zuhilfenahme einer Aussage von Kapitän Piening, dem erfahrenen Rahseglerkapitän und Inspektor der Reederei Laeisz, abqualifizieren wollte.

Das Seeamt hat im Spruch (SPR 313) ausgeführt:

»... So erscheint es durchaus einleuchtend, daß Kapitän Piening, ehemaliger Laeisz-Segler-Kapitän und langjähriger Inspektor dieser Reederei, den Kapitän Diebitsch, wie er vor dem Seeamt erklärt hat, ›nicht gern‹ genommen, sondern lieber Ausschau nach einem anderen Kapitän gehalten hätte, der über Erfahrungen in der Führung vergleichbarer Segelschiffe verfügte...«

Tatsächlich hat Kapitän Piening — gemäß dem vorliegenden Wortprotokoll — auf die Frage des Vorsitzenden, ob er Bedenken gegen eine Einstellung von Kapitän Diebitsch gehabt haben würde, aber folgendes geantwortet (I, 107), und damit zitiere ich den geführten Wortwechsel:

»... Das ist schwer zu beantworten. Das ist einer der Gründe, weshalb wir auch nicht dabeigewesen sind. Unsere Kapitäne wollten nicht mehr, und da bin ich überfragt, ob ich einen solchen Mann genommen hätte. Ich kann wohl sagen: Nicht gern, und zwar aus dem Grund nicht gern, weil wir natürlich immer unsere Leute in unserem Stil ausgebildet haben und sowieso nicht gern Fremde hereingenommen haben, es sei denn, von unten herauf. Es ist praktisch bei uns nie vorgekommen, daß wir mal einen Kapitän eingestellt haben; die haben alle als junge Offiziere angefangen.«
Der Vorsitzende:
»... Also Sie würden einen vorgezogen haben, der vorher als Offizier bei Ihnen gewesen ist?«
Kapitän Piening:
»... Der bei uns groß geworden ist.«
Vorsitzender:
»... Nicht nur in der Reederei, sondern auch auf Ihren Schiffen?«
Kapitän Piening:
»... Auf unseren Schiffen!«

Am darauf folgenden Verhandlungstag hat Kapitän Piening folgendes ergänzt (II, 2):

»... ich ersehe aus der Presse, daß man meine Worte, die ich gestern gebraucht habe, nur teilweise wiedergegeben und die anscheinend falsch verstanden hat. Ich möchte folgendes dazu sagen. Nachdem Kapitän Diebitsch von der *Xarifa* abgemustert hatte, erschien er eines Tages bei mir auf der Inspektion, um zu fragen, ob er bei der Reederei Laeisz eine Stellung bekommen könne. Da mußte ich ihm leider sagen: ›Hören Sie, ich kann Sie nicht einstellen, denn dann würde ich alle I. Offiziere — und mindestens als I. Offizier wollte er anfangen — vor den Kopf stoßen. Die II. Offiziere warten ja auch auf Beförderung und ich kann ihnen nicht immer jemanden davorschieben, nur weil er älter und befahrener ist: ich muß die Leute aus meinem Haus befördern‹. Deshalb habe ich mir überlegt, ihn einzustellen. Das wollte ich noch gesagt haben.«

Selbst wenn Kapitän Piening Bedenken aus Sachgründen gehabt haben sollte, so wird man eines, und das ist entscheidend, anerkennen müssen. Alle erfahrenen Rahseglerkapitäne, die als Sachverständige geladen waren, haben — mit einer Aus-

nahme — erklärt, also einschließlich Kapitän Piening, daß sie sich im Hurrikan genauso verhalten haben würden, wie es Kapitän Diebitsch getan hat. Das zählt. Es wird eingehend dargelegt werden. Interessanterweise hatte, wie sie alle einräumten, auch keiner der Sachverständigen jemals einen Hurrikan erlebt.
Es rundet das Bild ab, daß Kapitän Lomnitz, hochgeachteter — ob seiner fachlichen und menschlichen Qualitäten — (damaliger) nautischer Inspektor des Norddeutschen Lloyd, den Einsatz von Kapitän Diebitsch auf der *Pamir* befürwortet hatte. Er kannte ihn gut und wußte ihn zu beurteilen. Für den Norddeutschen Lloyd, der Mitglied der Stiftung *Pamir* und *Passat* war, hatte er ein gewichtiges und strenges Wort bei der Besetzung der *Pamir* mitzureden.
In diesem Zusammenhang muß einer unfairen Bemerkung des Seeamtes entgegengetreten werden. Es hat geglaubt, äußern zu sollen, daß Kapitän Eggers, der Stammkapitän der *Pamir*, sein unfallfreies »Fahren« darauf zurückführen könne, daß er sich eben

»... nicht von so starkem Wind mit einer so großen Segelfläche hat überfallen lassen...« (SPR 284)

Also wieder eine »Backpfeife« für Kapitän Diebitsch. Und das von einem Seeamt, von dem kein einziger Beisitzer jemals einen »Rahsegler« geführt hatte.
Daß der Hurrikan »Carrie« in teuflischer Weise seine Bahn mehrfach völlig atypisch änderte und die *Pamir* geradezu verfolgte, gehört in diesem Zusammenhang wohl ebenfalls zu den Sachumständen, die das Seeamt nicht wahrnahm. Aber dazu später.

Schiffsstabilität

Obwohl sich nun herausgestellt hat, daß die *Pamir*-Katastrophe nicht auf einem »vermeidbaren Stabilitätsunfall« beruht, ist hier noch einmal auf Stabilitätsfragen einzugehen. Denn es ist noch etwas zu den Stabilitätsunterlagen zu sagen und zu den Fähigkeiten Kapitän Diebitschs auf diesem Gebiet. Erneut hat ihn das Seeamt nicht fair behandelt.
Das Seeamt (SPR 292):

»... Es ist also *anzunehmen, daß die Katastrophe nicht eingetreten wäre, wenn die im Rahmen der seeamtlichen Untersuchung gewonnenen Erkenntnisse der Schiffsleitung zur Verfügung gestanden hätten*...«

Und weiter (SPR 305):

»... Zusammenfassend ist zu Seite 295ff zu sagen, daß die *an Bord vorhandenen Stabilitätsunterlagen zwar unvollkommen* waren, insbesondere auch den Verhältnissen auf Segelschiffen, speziell dieser Art, nicht genügend Rechnung trugen, *aber doch immerhin wichtige Schlußfolgerungen ermöglichten*...«
»... *Die Unterlagen reichten aber bei weitem nicht aus, um die durch die Wendel/Platzoederschen Untersuchungen ermittelten Stabilitätsverhältnisse klarzustellen*...«

Es hat in diesem Zusammenhang bei Kapitän Diebitsch auch einen »Mangel« an ausreichender Stabilitätserfahrung »festgestellt« und — tendenziös — ausgeführt, es sei nicht geklärt, ob er sich mit diesen Fragen genügend beschäftigt habe (SPR 301).
Das hat er aber gewiß getan.
Das Seeamt hat zutreffend die Bedeutung von Rollperiodenmessungen für die Schiffsstabilität festgestellt (SPR 293, 294). Diese Messungen erfolgen durch einen Krängungsversuch. Bei ihm wird das lotrechtliegende Schiff (in der Regel) an der Pier nach beiden Seiten durch die von einer auf die andere Seite laufende Besatzung bis zu dem Punkt gekrängt, in dem es zurückpendelt. Es handelt sich also um eine Verschiebung des Gewichtsschwerpunktes des Schiffes nach beiden Seiten. Dabei wird die Zeit gemessen, die für die Krängung des Schiffes von der einen auf die andere Seite gebraucht wird.
Kapitän Eggers, den Kapitän Diebitsch abgelöst hatte, war gewohnt, mit Rollperiodenmessungen zu arbeiten (SPR 294). Er hat bei Erz 16 Sekunden, bei Weizen 14 bis 16 Sekunden und bei Gerste 17 Sekunden für richtig angesehen und gemeint, mit diesen 17 Sekunden bei Gerste noch »ein tadelloses Seeschiff« zu haben (SPR 294).
Als Zeuge hat Kapitän Eggers erklärt (II, 116), daß er Kapitän Diebitsch die richtigen Rollperiodenzeiten genannt hat.

Nach Aussagen der Zeugen Haselbach und Wirth (II, 81, 88, 89) steht fest, daß Kapitän Diebitsch in Buenos Aires vor dem Auslaufen der *Pamir* Rollperiodenmessungen durchgeführt hat. Bei der Vorsicht, mit der er das Schiff geführt hat, kann und muß angenommen werden, daß er das ihm von Kapitän Eggers mitgeteilte Zeitmaß eingehalten hat.

Diesen wichtigen Bestandteil des Sachverhaltes hat das Seeamt bedauerlicher- und merkwürdigerweise in seinem Spruch nur beiläufig zur Kenntnis genommen, aber bei seiner Meinungsbildung über Kapitän Diebitsch nicht berücksichtigt. Stattdessen hat es die Aussage eines Sachverständigen herangezogen, der ein anderes Zeitmaß angegeben haben soll, nämlich *16 Sekunden als Grenzwert* (SPR 294):

»... während Diplom-Ingenieur Seefisch (Germanischer Lloyd) nachdrücklich die Auffassung vertrat, daß 16 Sekunden die Höchstgrenze dargestellt hätten, bei deren Überschreitung er Flutung des Tieftanks verlangt haben würde...«

Das ging wiederum zu Lasten von Kapitän Diebitsch. Zu Unrecht, denn das Seeamt hat die Aussage des Sachverständigen nicht richtig wiedergeben. Tatsächlich hat er nämlich folgendes erklärt (II, 114):

Vorsitzender:
»... Also kam diesem Krängungsversuch bei Buenos Aires eine entscheidende Bedeutung zu?«
Diplom-Ingenieur Seefisch:
»An sich kam ihm eine sehr entscheidende Bedeutung zu, wurde dabei nämlich festgestellt, daß man etwa 20 Sekunden Schlingerperioden hatte, durfte man eigentlich nicht auslaufen. Dann mußte man sich überlegen, daß man Wasserballast haben müßte. Kamen aber 16 oder 17 Sekunden dabei heraus, man kann das nicht auf eine halbe Sekunde genau festlegen, dann war das Schiff an sich nach den Unterlagen stabil genug.«

SIC!

Auch eine weitere wichtige Sachverständigenaussage hat das Seeamt im Spruch nicht berücksichtigt. Es ging um die Stabilitätsunterlagen, die das Schiff bei sich hatte. Auch in diesem Zusammenhang erhielt Kapitän Diebitsch eine Entlastung, dieses Mal sogar von dem Stabilitätssachverständigen Wendel; der hat nämlich im Hinblick auf die Rollperiode erklärt (IV, 79):

»... er (Kapitän Diebitsch) würde also aus den Unterlagen entnehmen können: Damit kann ich fahren...«

Es ist mehr als bedauerlich, daß das Seeamt den Stabilitätssachverstand von Kapitän Diebitsch ständig in Zweifel zog, aber zu seinen Gunsten stehende Fakten nicht berücksichtigt hat.

Heimatkurs-Gestaltung

Es fragt sich, ob die *Pamir* bei entsprechender Gestaltung des Heimatkurses eine Berührung mit »Carrie« überhaupt hätte vermeiden können und sollen, zumal das Auftreten von Hurrikanen im Nordost-Passatgebiet in den Monaten August, September und Oktober nicht selten ist.
Zu dieser Frage wie zur Orkanstrategie und Segelführung hatten Eigner und Korrespondentreeder der *Pamir* ein Gutachten von Kapitän Schmidt, damals Dozent an der Seefahrtschule Hamburg im Bereich Meteorologie und Nautik, eingeholt. Es hat dem Seeamt vorgelegen.
Kapitän Schmidt hat zur Gestaltung des Heimatkurses folgendes ausgeführt:

»Die Reise der *Pamir* bis zum 16. September:
Die *Pamir* befand sich auf der Reise vom La Plata nach dem Kanal.
Für diese Reise werden durch Jahrhunderte alte Erfahrungen gewonnene Routen für Segelschiffe empfohlen. Die jeweilige Wetterlage kann ein Abweichen von diesen Routen notwendig machen oder auch erzwingen.
Auch die *Pamir* hat zweifellos versucht, die empfohlene Route für Segler vom Äquator zum Kanal einzuhalten.
Am 9. September stand die *Pamir* nach eigenen Meldungen noch 200 sm östlich der Route.
Am 13. September wurde dann die Route auf etwa 21 Grad N gekreuzt. Von da ab stand die *Pamir* etwa 100 sm westlich.
In die westliche Position war die *Pamir* offenbar dadurch gekommen, daß der NO-Passat, der in dieser Jahreszeit auf diesem Teil der Route in der Regel aus NO weht und bis ca. 30 Grad hinaufreicht, Mitte September schwach war und eine nördliche Komponente hatte. Dieses Abweichen des NO-Passates von dem für September geltenden Mittelwert hinsichtlich Richtung und Stärke findet seine Erklärung wohl in der Tatsache, daß das Azorenhoch, weit im Süden liegend, ziemlich flach war, so daß man kaum von seinem Vorhandensein sprechen konnte. Über den Seglerweg von der Linie nach Europa sagt im übrigen das Segelhandbuch (Seite 512) u.a.:
›In den Monaten Juni, Juli und August und gelegentlich auch zu anderen Jahreszeiten liegt ein Gebiet hohen Druckes an der Passatgrenze fast ohne Ortsveränderung in der Nähe der Azoren. Um diese Zeit ist es von Vorteil, 30 Grad N-Breite in 40 Grad W-Länge oder auch noch westlicher zu schneiden und das Maximum im weiten Bogen zu umfahren.‹
Ganz offenbar hat sich die *Pamir* an diese Anweisung des Segelhandbuches gehalten, indem sie 30 Grad N und 40 Grad W vom 18. September zum 19. September eben westlich passierte.
Auch die vorherigen Reisen der *Pamir* waren unter Kapitän Eggers auf der gleichen Route erfolgt, was sicherlich auch den Entschluß von Kapitän Diebitsch beeinflußt hat.
Neben diesen Überlegungen mögen für den Entschluß, nicht zwischen den Azoren durchzugehen oder südöstlich davon zu passieren, wie es sich bei der Tiefdrucklage

im mittleren Nordatlantik anbot, noch andere Gründe mitbestimmend gewesen sein. So sind z.B. auf einer Route, die nordwestlich an den Azoren vorbeiführt, die Strömungen günstiger, was u.U. bei dem schwachen Motor der *Pamir* nicht ohne Bedeutung war.
Südöstlich der Azoren war möglicherweise mit nördlichen bis nordöstlichen Winden zu rechnen (vergleiche Monatskarte des Deutschen Hydrographischen Instituts für 1956). Auch Schott rät in seiner ›Geographie des Atlantischen Ozeans‹ (Seite 318): ›Gewiß soll man im allgemeinen in der Azorengegend nicht zu früh nach Osten abbiegen, sondern erst Breite gutmachen, um an die Nordseite des normalen Hochdruckgebietes zu gelangen.‹
Es ist kaum anzunehmen, daß man auf der *Pamir* über die derzeitige Lage des Azorenhochs orientiert war, da weder die Wetterberichte noch die Analysen von Portishead das Gebiet überdecken, welches das Azorenhoch bei einer südlichen Verlagerung einnimmt. Man konnte daher annehmen, daß das Azorenhoch der Jahreszeit entsprechend vorhanden war. Auch kann es der Fall gewesen sein, daß man, wie das durchaus üblich ist, erst mit der Annäherung an die polare Grenze des Passats begann, Wetterkarten zu zeichnen. Vielleicht erkannte man daher erst relativ spät das große Tiefdruckgebiet zwischen Neufundland und dem Kanal. Offenbar glaubte man, die Azoren westlich passierend, auf weite Sicht sicherer und unabhängig von der jeweiligen Wetterlage in die Westströmung des atlantischen Tiefs zu kommen. So ergab es sich, daß die *Pamir* auf ihrer Reise zum Kanal am 17. September etwa 25,9 N Grad und 39,7 Grad W stand.

Der Hurrikan ›Carrie‹ und die *Pamir* vom 3. September bis 16. September
Der Hurrikan ›Carrie‹ hatte sich am 3. September südöstlich der Cap-Verdischen Inseln gebildet, verfolgte bis zum 10. September eine etwa WzN verlaufende Bahn, bog dann am 11. September nach Norden ab, um am 14. September abermals auf NWzN Kurs zu gehen. Während dieser Zeit vom 3. September bis 16. September vergrößerte ›Carrie‹ ständig seinen Abstand von der *Pamir*. Es bestand in dieser Zeit also weder eine akute Gefahr, noch war eine solche vorauszusehen ...«

Hieraus ergibt sich, daß der Heimatkurs richtig gewählt war. Ein Vorwurf kann der *Pamir*-Schiffsführung wegen der Gestaltung des Heimatkurses nicht gemacht werden. Auch das Seeamt ist dieser Auffassung gewesen (SPR 243).

Orkanstrategie und Segelführung — verzweifelter Kampf gegen »Carrie«

Mit der Frage nach der Causa proxima des Untergangs der *Pamir* handelt es sich bei dem meteorologisch-nautischen Verhalten um den Kern der Tragödie. Ist der Kurs des Heimweges der *Pamir* nicht zu beanstanden, so bleibt die Frage, ob ein späteres Ausweichen vor dem Hurrikan »Carrie« möglich gewesen wäre und ob sich Kapitän Diebitsch hinsichtlich der Orkanstrategie und der Segelführung, insbesondere im Hurrikan »Carrie«, richtig verhalten hat. Dabei ist zu berücksichtigen (was das Seeamt nicht ausreichend getan hat), daß der Hurrikan »Carrie« eine ganz ungewöhnliche Schwenkung auf die *Pamir* zu nahm und sie geradezu verfolgt hat.

Kapitän Schmidt hat hierzu eingehend Stellung genommen. Aus dem folgenden Zitat seines Gutachtens wird die ungeheure Dramatik und die große Tragödie des Falles *Pamir* in erschütternder Weise sichtbar.

»Am 16. September schwenkte die Orkanbahn dann von NWzN über N auf etwa ONO bis NO.

Damit vollzog ›Carrie‹ eine Schwenkung, die an sich erwartungsgemäß eintreten mußte.

Der bisherige Verlauf der Bahn des Hurrikans ›Carrie‹ war jedoch sehr ungewöhnlich. Es bestand kaum noch eine Ähnlichkeit mit der im allgemeinen üblichen Parabelform.

Seit dem 7. September wurde ›Carrie‹ durch Schiffs- und auch durch Flugzeugmeldungen unter ständiger Beobachtung gehalten.

Insbesondere von Washington (NSS) wurden seit diesem Tage Orkanwarnungen ausgestrahlt.

Die Gesamtlage am 17. September:

›Carrie‹ stand am 17. September etwa 1.350 sm westnordwestlich der *Pamir*. Aus der Bordwetterkarte nach der Analyse von Portishead (GKU) ergab sich, daß auf der Bahn des Hurrikans ein Hoch als Sperriegel lag, der die von NSS gemeldete nördliche Zugrichtung erklärte.

Auch die Bordwetterkarte nach der Analyse von NSS bestätigte dieses Hoch, das nach dieser Karte zwei Kerne von 1.024 mb besaß.

Ein Azorenhoch war kaum vorhanden. Der NO-Passat war infolgedessen sehr schwach und hatte eine nördliche Komponente. Die *Pamir* segelte an diesem Tag noch im Passat und wurde durch die nördliche Richtung des Passats noch weiter nach Westen abgedrängt.

Die in der Bordwetterkarte vorhandene, nach Süden vordringende Kaltfront wird von der *Pamir* am späten Nachmittag bzw. Abend des 17. September passiert worden sein. Mit dem Passieren der Kaltfront hörte der Passat auf. Die *Pamir* stand zu dieser Zeit auf etwa 27 Grad N und kam im Rücken der Kaltfront in ein klares Hochdruckgebiet, das der Kaltfront folgte und bereits in der Bordwetterkarte vom 17. September erkennbar war.

Die Großwetterlage am 18. September:

Das Azorenhoch, das in der ersten Septemberhälfte noch in einer der Jahreszeit entsprechenden Form vorhanden war, wurde Mitte September durch ein zwischen Neufundland und dem Kanal ziemlich festliegendes Tiefdruckgebiet abgebaut und weit nach Süden zurückgedrängt.

Die Folge davon war, daß in dem Raum, in dem die *Pamir* am 18. September stand, der Druck etwa 3 mb unter dem Normaldruck lag. Diese Abweichung fällt für 30 Grad Nord noch in den Rahmen der zulässigen Schwankungen.

Zwischen dem südwärts zurückgedrängten Azorenhoch und dem nördlichen Tiefdrucksystem verlagerte sich ein kleiner Hochdruckkörper von NW kommend am 19. September langsam etwas ostwärts. Im Bereich dieses kleinen Hochdruckkörpers hinter einer Kaltfront stand die *Pamir* am 18. September.

Das Wetter bei der *Pamir* am 18. September:

Nach dem Abflauen des Passats und dem Durchgang der Kaltfront am 17. September abends setzten sich schwache Winde aus WNW bis W 2/3, vielleicht auch schon noch südlicher durch. Diese Winde hielten bei einem ungefähren Druck von 1.020 mb während des Tages an.

Die *Pamir* hatte schönes Wetter, keine oder geringe Bewölkung und langsam, aber nur sehr wenig steigenden Luftdruck.

Der Hurrikan am 18. September:

›Carrie‹ stand am 18. September um 04h MGZ auf 36,8 Grad N und 62,0 Grad W

›... moving northeast about eight knots...‹ (NSS)

Die Entfernung zur *Pamir* betrug zu diesem Zeitpunkt ca. 1.220 sm. Für 10h MGZ meldete NSS eine neue Position und über die Zugrichtung:

›... will move east northeast thirteen knots...‹

Zur Zeit der Mittagsposition (12h MGZ) stand die *Pamir* etwa 1.024 sm ostsüdöstlich von ›Carrie‹. Für 16h MGZ gab NSS mit einer neuen Positionsmeldung als Zugrichtung:

›... will move towards the east around eleven knots... for the next twelve to twentyfour hours...‹

Um 21.50 MGZ wurde von MS *Griesheim* die Meldung der kanadischen Station Lake Worth (WOE) aufgenommen:

›hurricane carrie has been moving east twelve knots this afternoon and is now 480 miles SSE of sable X it is expected to receive NNE this evening and give gale force winds to the grand banks area thursday afternoon.‹

In der Meldung für 22h MGZ blieb NSS bei der Angabe:

›... moving towards the east at a forward speed of about fourteen knots... during the next twelve to twentyfour hours...‹

Die *Pamir* stand um 22h MGZ etwa 900 sm ostsüdöstlich von ›Carrie‹. Der Hurrikan hatte demnach am 17. September den Scheitelpunkt seiner allerdings nur wenig parabelähnlichen Bahn überschritten und erwartungsgemäß einen NO bis ONO-Kurs genommen. Er folgte damit nur einer Bahnrichtung, die in diesem Raum noch regelmäßig war.

Die in der Zeit zwischen 22h am 17. September und 10h MGZ am 18. September erfolgte Fortbewegung in etwa östlicher Richtung konnte nur als eine vorübergehende Bahnunregelmäßigkeit gewertet werden. Der englische Kapitän Thomson schreibt in einem Bericht:
›in my twenty years trading to Mexico and West Indies I have never seen a hurricane take such a track.‹
Und ein anderer englischer Kapitän, der eine 40jährige Erfahrung in der Golf- und Westindienfahrt hat, schreibt:
›That hurricane Carrie made the most astounding passage across the Atlantic.‹
Und an anderer Stelle:
›This gives me the impression that the track was a narrow one.‹
In den Jahren 1887 bis 1953 hat auf 36 Grad N und 60 Grad W kein einziger Orkan eine östliche Bahnrichtung eingeschlagen. Etwas nördlicher, auf 38 Grad N haben in der ersten Septemberhälfte nur ein auffüllender Orkan 1918 und ein weiterer 1930 den Meridian von 60 Grad W auf Ostkurs passiert. Keiner von diesen beiden aber hat die Azoren berührt.
In der zweiten Septemberhälfte ist es jedoch in den 66 Jahren kein einziges Mal vorgekommen, daß ein Hurrikan in dieser oder einer anderen Breite den 60-Grad-Meridian auf Ostkurs passiert hat. Auch das Handbuch des Atlantischen Ozeans schließt e contrario ein Umbiegen in eine östliche Bahnrichtung für diese Länge aus, in dem es auf Seite 56 sagt:

›... gelegentlich entsteht und kurvt auch einer ostwärts des 50. Meridians nach Norden und kommt dann vielleicht in die Nachbarschaft der Azoren ...‹

Es erscheint durchaus verständlich, daß ein Kapitän aus dieser Formulierung entnehmen kann, daß ein Orkan, dessen Bahnscheitel westlich vom 50. Meridian liegt oder wie bei ›Carrie‹ gar auf ca. 65 Grad W, nicht mehr in die Nachbarschaft der Azoren gelangen, also keinen Ost- oder OSO-Kurs einschlagen kann. Das beweist auch tatsächlich die bisherige Erfahrung, denn in diesen 66 Jahren ist in der zweiten Septemberhälfte nur einmal ein Orkan in die Nähe der Azoren gekommen, und dieser kurvte 1926 östlich des 50. Meridians und folgte also der im Handbuch geäußerten Ansicht. Es war also durchaus berechtigt, eine östliche Bahnrichtung als vorübergehende Unregelmäßigkeit anzusehen und eine Bahnänderung in ONO-Richtung zu erwarten. Ebenso konnte in diesem Raum mit einer baldigen, erheblichen Zunahme der Zuggeschwindigkeit gerechnet werden.
Die Angabe der Bahnrichtung um 10h MGZ mit ONO mußte daher glaubwürdig erscheinen.

Die drei nunmehr folgenden Meldungen ergaben erstmalig für 16h MGZ und 22h MGZ am 18. September und für 04h MGZ am 19. September eine östliche Zugrichtung an.
Wie bereits dargelegt, bog damit der Orkan in eine bisher nicht beobachtete und daher auch kaum für möglich zu haltende Zugrichtung ein.
Um so glaubwürdiger erschien in Übereinstimmung mit der bisherigen Kenntnis über Orkanbahnen die Meldung der kanadischen Station, die am 18. September um 21.50 MGZ von MS *Griesheim* aufgenommen wurde und die möglicherweise auch

von *Pamir* aufgenommen worden sein kann. Die Meldung kündigte eine *Rückkehr zur Zugrichtung NNO (!) an* und gab für den 18. September nachmittags, d.h. also *für* einen Zeitpunkt *24 Stunden später eine Sturmwarnung für die großen Bänke südlich Neufundland.*

Die Bordwetterkarte nach der Analyse von NSS von 06h MGZ am 18. September, die auf *Pamir* etwa gegen 12h Bordzeit (15h MGZ) vorgelegen haben kann, zeigte zwischen der *Pamir* und dem Hurrikan ein Hoch, das schützend zwischen Hurrikan und Schiff lag. Dieses Hoch machte ebenfalls eine Beibehaltung des Ostkurses des Hurrikans unwahrscheinlich. Es war demnach nach der bisherigen Kenntnis über Orkanbahnen mit hoher Wahrscheinlichkeit damit zu rechnen, daß der Hurrikan in der Nacht vom 18. zum 19. September die zu erwartende Schwenkung nach NO bzw. ONO aufnehmen würde. Das hätte aber bedeutet, daß ›Carrie‹ nicht mehr in gefährliche Nähe der *Pamir* gekommen wäre.

Nachdem sich die *Pamir* am 18. September bei langsam, allerdings wenig steigendem Barometer in einer Hochdruckwetterlage befand und die Entfernung vom Hurrikan am 18. September um 04h MGZ noch 800 sm betrug, bestand unter den dargelegten Umständen zunächst keine Notwendigkeit, ein Ausweichen einzuleiten. Auch war es zweckmäßig, eine etwas sicherere Voraussage über die weitere Bahngestaltung abzuwarten.

Das Abwarten der *Pamir* erscheint daher berechtigt.

Die Großwetterlage am 19. September:

Gegenüber dem 18. September hatte sich das umfangreiche Tiefdruckgebiet zwischen der Biskaya und Neufundland nur wenig verändert. Die Rolle des den Hurrikan steuernden Hochs hatte das Neufundlandhoch übernommen, das in der Bordwetterkarte nach der Analyse von NSS vorhanden ist, nicht jedoch in der Karte von GKU.

Das kleine, mit seinem Kern etwa südwestlich der *Pamir* liegende Hoch verringerte am Morgen des 19. September ostwärts wandernd seine Entfernung zur *Pamir* noch etwas und wurde von ihr wohl am Vormittag südlich passiert. Dieses Hoch ist in der Bordwetterkarte nach der GKU-Analyse nicht vorhanden.

Das Wetter bei *Pamir* am 19. September:

Die *Pamir* stand am 19. September noch unter dem wetterbestimmenden Einfluß des kleinen Hochs.

Am frühen Morgen war der Wind noch etwa WNW 1/2 bei gleichbleibendem Barometerstand. Bewölkung war wenig oder keine. Möglicherweise war bei der *Pamir* eine nördliche Dünung, die aus dem nördlichen Tiefdruckgebiet herauslief. Die *Pamir* wird bei dem schwachen Wind mit ihrem Motor auf nördlichem Kurs gelegen haben.

Mit dem nach Osten abziehenden Hoch drehte der Wind im weiteren Tagesverlauf, immer schwachwindig, über West, SW auf Süd vielleicht schon bis SzO oder sogar noch weiter östlicher.

Mit dem abziehenden Hoch begann am 19. September nachmittags das Barometer erstmalig langsam zu fallen.

Der Hurrikan am 19. September bis 10h MGZ:
Auch für 10h MGZ am 19. September gab NSS:
›... moving towards the east at about 16 knots...‹
Wie bereits eingehend begründet, war schon diese bisherige Beibehaltung des Ostkurses völlig ungewöhnlich. Die 10h-Meldung enthält nun als mögliche Kursänderung für ›Carrie‹:
›... it is expected to move east southeast at 17 or 18 knots...‹
Zur Zeit dieser Meldung, die nunmehr eine noch weit unglaubwürdigere Bahnrichtung als möglich erkennen ließ, betrug die Entfernung von *Pamir* zum Hurrikan immer noch 690 sm. Die nun folgenden Stunden bis zur nächsten 16h-Meldung stellten die Schiffsleitung der *Pamir* vor die folgenschwerste Entscheidung.

Überlegungen und Entschluß der *Pamir* am 19. September:
Es erscheint notwendig, sich noch einmal zusammenfassend alle die Lage kennzeichnenden Tatsachen zu vergegenwärtigen, unter der wohl recht weitreichenden Voraussetzung, daß an Bord der *Pamir* alle Meldungen von NSS und GKU bekannt waren.

1. Die von NSS gemeldete Zugrichtung war Ost.
2. Als mögliche Zugrichtung war OSO angegeben.
3. Sowohl die Ost- wie erst recht die OSO-Zugrichtung waren ungewöhnlich, widersprechen aller Erfahrung und waren in 66 Jahren bisher nicht beobachtet worden.
4. Die bisher von NSS angegebenen Zugrichtungen waren in mehreren Fällen, und zwar gerade bei entscheidenden Schwenkungen falsch angegeben, so z.B.: die Zugrichtung am 14. September 10h MGZ und am 17. September um 10h und um 16h MGZ. Auch die dazwischen liegenden Angaben über die Zugrichtung waren meist falsch und ungenau.
5. Weder in der ›Praktischen Orkankunde‹ von Schubart noch im ›Handbuch des Atlantischen Ozeans‹ finden sich Angaben über einen Bahnverlauf, wie ihn ›Carrie‹ zu nehmen schien.
6. In der letzten Bordwetterkarte vom 18. September (nach NSS) lag, wie bereits erwähnt, ein Hoch mit dem Kerndruck von 1.024 mb OSO von ›Carrie‹, und es war nach der Lage in dieser Karte zu erwarten, daß der Hurrikan um den NW-Rand dieses Hochs nach ONO bzw. NO abbiegen würde.
7. Es war nach den an Bord bestenfalls zur Verfügung stehenden Unterlagen nicht anzunehmen, daß das Azorenhoch so weit nach Süden lag. Weder das Segelhandbuch noch das Dampferhandbuch geben dafür irgendeinen Anhalt. Die Bordwetterkarten enthielten keine Angaben über das Azorenhoch. Ein Vordringen gegen dieses Hoch, das als vorhanden angenommen werden durfte, mußte unwahrscheinlich erscheinen.
8. Aber selbst bei Beibehatlung des Ostkurses des Hurrikans würde die Entfernung zum Ausweichen noch ausreichend gewesen sein. Bis zur nächsten Meldung vergingen nur sechs Stunden. Zu diesem Zeitpunkt hätte die Entfernung bei Ost-Kurs der *Pamir* noch 480 sm, bei OSO-Kurs noch 435 sm betragen.
9. Die Meldung über die Lage von 10h MGZ ging auf *Pamir* etwa um 12.35 MGZ (09.35 Bordzeit) ein. Gegen Mittag, d.h. in etwa 2 1/2 Stunden, war eine Bord-

wetterkarte zu erwarten, die Klarheit über die Großwetterlage gab, deren Kenntnis in dieser Lage, vor allem auch im Hinblick auf ein zweckmäßiges Ausweichen, von besonderem Wert war.

10. Unmittelbare Anzeichen des Orkans waren beim Standort der *Pamir* wohl mit Sicherheit nicht vorhanden.
11. Bei leichten SzO — SzW-Winden war das Barometer nach geringfügigem Anstieg gleichbleibend.

Nach diesen Überlegungen erscheint es von dem damaligen Standpunkt der *Pamir* aus gesehen, selbst wenn sie *in Kenntnis aller* vorgenannten *Tatsachen*, also aller hier aufgeführten Wettermeldungen handelte — wovon hier ausgegangen wurde — *gerechtfertigt, daß* die *Pamir* die nächste Meldung von NSS *noch abwartete.* Diese Meldung mußte nach der Kenntnis über Orkanbahnen, die aus einer fast 70jährigen Erfahrung entstanden war, die bereits längst fällige Linksschwenkung der Orkanbahn bringen, die ohne Zweifel zu erwarten war.

Unterrichtung der *Pamir* über die Wetterlage durch Küstenfunkstellen

Im vorstehenden Abschnitt wurde der Entschluß der *Pamir* unter Heranziehung umfangreichen Materials, insbesondere der Hurrikanwarnungen von Washington und der Bordwetterkarten nach den Analysen von Washington und Portishead begründet. Selbst bei Kenntnis dieser Unterlagen erschien der Entschluß der *Pamir*, die nächste Meldung von NSS abzuwarten, gerechtfertigt.

Man sollte jedoch die Lage der *Pamir* auch einmal unter nicht so weitreichenden Voraussetzungen betrachten, da sich nicht ausschließen läßt, daß sie weniger oder auch andere Meldungen erhalten hat. Die *Pamir* kam von Süden und stand seit Tagen in dem Gebiet des NO-Passats mit einem beständigen Wetter.

Die von der Schiffahrt am häufigsten aufgenommenen Wettermeldungen sind die von Portishead und Washington.

Portishead reicht im Ostatlantik mit der Southern Section bis 35 Grad N nach Süden. Washington versorgt das Gebiet westlich 35 Grad W von 0 Grad bis 80 Grad N. Auch Horta wäre möglicherweise in Frage gekommen. Horta gibt aber nur Berichte für ein eng begrenztes Gebiet um die Azoren, nördlich von 30 Grad N und zwischen 20 Grad und 40 Grad W. Horta gibt also nur Lokalberichte, die für das Erkennen der Großwetterlage von geringem Wert sind und die daher üblicherweise nur selten aufgenommen werden.

In Frage wären vielleicht auch wohl noch französische Stationen gekommen. Diese werden jedoch schon wegen der in der Regel vorhandenen sprachlichen Schwierigkeiten nicht gern aufgenommen. So ist es nicht üblich, nach den französischen Analysen Karten zu zeichnen.

Das Passatgebiet, in dem die Pamir *bis zum 17. September stand, und auch das an die Nordgrenze des Passats sich anschließende Gebiet des dort in der Regel liegenden Azorenhochs wird also weder durch Washington noch durch Portishead mit Wettermeldungen versorgt, da es ein Schönwettergebiet ohne unregelmäßige Wettererscheinungen ist. Auch die Bordwetterkarten nach den Analysen überdecken dieses Gebiet nicht.*

Es gab also keine der in der Schiffahrt üblicherweise abgehörten Wetterfunkstellen, die für das Gebiet zuständig war, in dem die *Pamir* bis zum 19. September mittags

stand. Es bestand aber auch kein unmittelbares, gegenwärtiges Interesse seitens der *Pamir*, während ihrer Fahrt im Passatgebiet Wetternachrichten aufzunehmen. Auch gab das Wetter bei der *Pamir* gar keinen Anlaß zu besonderer Aufmerksamkeit, da die *Pamir* bis zum 19. September gutes Wetter hatte.
Erst am 19. September 12h MGZ lief die *Pamir* in das Gebiet ein, für das Horta zuständig ist.
Wenn auch zu diesem Zeitpunkt keine Anzeichen des Hurrikans bei der *Pamir* zu bemerken waren, so hätte doch vielleicht die aus dem Tiefdruckgebiet im Norden herauslaufende nördliche Dünung und auch die Tatsache, daß die *Pamir* nunmehr in ein Gebiet unbeständiger Wetterlagen einlief, Anlaß geben können, etwa ab 19. September Wettermeldungen aufzunehmen.
Die nächstgelegene Station, gleichzeitig diejenige, die ab 30 Grad N zuständig war, wäre Horta gewesen.
Horta hat aber in dem fraglichen Zeitraum *nur einmal* in seiner Meldung für 06h MGZ am 19. September eine *Orkanmeldung* gegeben. *In den übrigen Meldungen dieses Zeitraumes fehlt ›Carrie‹. Auch Portishead* begann seine Berichte am *18. September* um 21.45h, am *19. September* um 21.45h und *20. September* um 09.55 mit: *›no storming warnings…‹* und gab für das zugewiesene Gebiet keine Hurrikanwarnung. Die am 19. September möglicherweise bei der *Pamir* beobachtete Dünung fand jedoch ihre Erklärung in dem in den Portishead-Berichten gemeldeten nördlichen Tiefdrucksystem.
Wenn man einerseits mit der Wahrscheinlichkeit rechnet, daß die *Pamir* eine genaue Kenntnis der Wetterlage besaß, wie das in den Abschnitten III bis XI geschehen ist, und dies weiterhin Absicht dieser Untersuchung bleibt, so muß man andererseits auch aus den vorgenannten Gründen und im Hinblick auf den Inhalt der zitierten Wetterberichte mit der Möglichkeit rechnen, daß die *Pamir* im Vertrauen auf diese Meldungen keinen Anlaß zur Beunruhigung sah. *Man kann daher die Möglichkeit nicht ausschließen, daß die* Pamir *am 19. September über den Hurrikan, seinen Standort und seine Bahnrichtung überhaupt nicht oder nur sehr unvollkommen orientiert oder sogar irregeleitet war* und deshalb ihren nördlichen Kurs ohne Kenntnis der drohenden Gefahr beibehielt.
Das würde zusätzlich erklären, warum die *Pamir* die sich in gewissem Sinne anbietende Gelegenheit, am Südostrand des stationären Tiefdruckgebietes die Azoren südöstlich zu passieren, nicht annahm, sondern bei dem unter normalen Umständen richtigeren und auch den Anweisungen entsprechenden Entschluß blieb, die Azoren nordwestlich zu passieren.
Es ist demnach möglich, daß die *Pamir* erst am 19. September im Besitz von Wettermeldungen war, die sich auf ›Carrie‹ bezogen.

Die Lage der *Pamir* ab 16h MGZ am 19. September:
Die 16h MGZ-Meldung am 18. September ergab mit
›…will move towards the east southeast about thirteen knots during next twelve to twentyfour hours…‹
die unerwartete Tatsache, daß der Hurrikan offenbar eine OSO bis SO verlaufende Bahn verfolgte, was besonders überraschend gewesen wäre, wenn es die erste

Orkanmeldung gewesen wäre. Unter der Voraussetzung, daß die *Pamir* diese Meldung erhalten hat, stand sie damit vor drei schwierigen Entscheidungen:

1. Nach S, SW oder SO abzulaufen,
2. den nördlichen Kurs fortzusetzen,
3. beizudrehen.

ad 1.

a) Das Ablaufen nach Süden hätte bei zunächst noch leichtem Gegenwind mit nur geringer Fahrt erfolgen können.
b) Es lag im Bereich des Möglichen, daß *Pamir* beim Ablaufen nach südlicher Richtung und bei Annäherung des Orkans dann später in den SW-Sturm des Orkanfeldes in Gegenwind und in das gefährliche vordere Viertel des Orkans geriet.
c) Die *Pamir* stand 16h MGZ nur noch 15 sm rechts von der gemeldeten Orkanbahn. In diese Lage war sie durch die Schwenkung des Orkans geraten. Dies galt für den Fall, daß der Orkan auf OSO-Kurs blieb.
d) Verfolgte ›Carrie‹ seine zwischen 10h und 16h eingeschlagene SO-Richtung, so stand die *Pamir* aber bereits ca. 230 sm links von der Orkanbahn, also sogar in einer recht günstigen Stellung.
e) Ein Ablaufen nach Süden hätte also bedeutet, daß die *Pamir* in das gefährliche vordere Viertel zurückgelaufen wäre bzw. die Bahn aus dem vorderen fahrbaren Viertel in das gefährliche vordere Viertel gekreuzt hätte.
f) Das Ablaufen nach SW hätte gegenüber dem Ablaufen nach Süden noch den zusätzlichen Nachteil gebracht, daß sich die *Pamir* auf dem durch den Wind erzwungenen südwestlichen, später sogar, bei dem auf der rechten Bahnseite schralenden Wind, westlichen Kurs dem Zentrum genähert und dabei außerdem auf dem falschen Bug gelegen hätte.
g) Ein Ablaufen nach Osten hätte bedeutet, daß die *Pamir* den aussichtslosen Versuch unternommen hätte, vor dem Orkan wegzulaufen. Einen südlicheren Kurs aber als etwa Ost hätte der auffrischende südsüdöstliche Wind nicht mehr erlaubt.

ad 2.

a) Es war anzunehmen, daß die *Pamir* durch die Bahnschwenkung des Hurrikans bereits in das fahrbare vordere Viertel geraten war.
b) Aber auch unter der Voraussetzung, daß die *Pamir* doch noch etwa 15 sm rechts von der Bahn stand, war ein Kreuzen der Bahn bei einem Abstand von 605 sm und einem Winkel von nur ein bis zwei Grad zwischen der Verbindungslinie vom Zentrum zum Schiff und der Orkanbahn das einzig richtige Manöver. Kapitän Schubart (S. 128) sagt darüber:

   ›Aus diesem Beispiel ist erkennbar, daß man nur erwarten kann, vor dem Zentrum vorüberzukommen, wenn der Winkel, den die Verbindungslinie vom Schiff zum Zentrum mit der Bahn macht, klein ist, oder wenn man die Gefahr rechtzeitig erkennt.‹

   Beides traf für *Pamir* in vollem Umfang zu, und es galt daher für *Pamir* folgendes (Seite 128):

   ›Befindet man sich rechts auf der Bahn oder schon im fahrbaren Viertel, ist es natürlich leichter, vom Zentrum wegzusegeln.

c) Bei Beibehaltung der OSO-Bahnrichtung mußte der Hurrikan in etwa 43 Stunden ca. 240 sm hinter der *Pamir* vorbeilaufen, wenn man für *Pamir* nur mit sechs kn rechnet. Noch erheblich größer wurde der Passierabstand, wenn ›Carrie‹ die zwischen 10h und 16h MGZ verfolgte SO-Richtung beibehielt.
d) Die OSO-Richtung war für die nächsten 24 Stunden bereits durch NSS angekündigt.
e) Es war damit zu rechnen, daß mit Annäherung des Hurrikans der Wind aus südlicher Richtung auffrischen und ein Ablaufen nach Norden beschleunigen würde.

ad 3.
Hätte *Pamir* nach Empfang der Meldung für 16h MGZ beigedreht, so hätte sie vor dem Orkan auf dessen Bahn gelegen und wäre bei Beibehaltung der für 16h gemeldeten Bahnrichtung direkt in das Zentrum geraten. Da auch weitere Bahnschwankungen durchaus möglich waren, wäre auch völlig ungewiß gewesen, auf welche Seite der Bahn die *Pamir* geraten wäre, d.h. aber, es war ebenso ungewiß, auf welchem Bug sie hätte beidrehen müssen.
Erst in etwa 21 Stunden hätte das Außenfeld des Hurrikans die *Pamir* erreicht. Diese kostbare Zeit konnte weit besser genutzt werden, als jetzt schon beizudrehen.

Unter diesen Umständen war der Entschluß, weiter nach N abzulaufen, der einzig richtige.

Die Bordwetterkarten nach den Analysen von NSS und GKU für den 19. September, die an Bord gegen 12h Bordzeit (15h MGZ) vorgelegen haben könnten, gaben keinerlei für das Ausweichen wichtige neue Tatsachen.
Die Karte (NSS) vom 18. September zeigte das die *Pamir* schützende Hoch mit einem Kerndruck von 1.024 mb auf 35 Grad N 51 Grad W. In der Karte vom 19. September (NSS) hatte es sich etwas südöstlich verlagert nach 27 Grad N und 43 Grad W. Das Neufundlandhoch war in südöstlicher Richtung vorgedrungen. ›Carrie‹ schien in den Raum vorzustoßen, der von dem südöstlich abziehenden Hoch freigegeben wurde. Für 22h MGZ meldete NSS:
›...will move towards the southeast about twelve knots during the next twelve hours...‹
Im wesentlichen bestätigt wurde diese Meldung noch einmal für 04h MGZ am 20. September durch NSS mit:
›...will move towards the east southeast at a forward speed of twelve knots during the next twelve hours.‹
Nach diesen Meldungen erwies sich der Entschluß der *Pamir* als richtig und es ergab sich nunmehr für die *Pamir* folgende Lage:

1. Der Abstand vom Hurrikan betrug um 04h am 20. September ca. 450 sm.
2. Bei Beibehaltung der Zugrichtung mußte ›Carrie‹ in ca. 36 Stunden in etwa 270 sm Abstand hinter der *Pamir* vorbeilaufen, wenn man für *Pamir* immer noch mit nur 6 kn rechnet.
3. Die *Pamir* stand jetzt schon ca. 70 sm links von der Bahn im fahrbaren Viertel und mußte mit günstigem achterlichem Wind den Abstand von der Bahn ständig vergrößern.

Die Lage der *Pamir* erschien also durchaus nicht schlecht. Der Entschluß, nach Norden zu laufen, erhielt seine nachträgliche Rechtfertigung. Das Schicksal der *Pamir* schien sich zum Guten zu wenden.

Die Großwetterlage am 20. September:
Gegenüber dem 19. September ist das Tief zwischen der Biskaya und Neufundland stationär geblieben. Es hat sich erheblich vertieft. Das ›Carrie‹ steuernde Neufundlandhoch hat sich nur wenig verflacht und etwas weiter nach OSO verlagert. In der Bordwetterkarte nach der Analyse von GKU ist es ebenso wie der Hurrikan selbst nicht erhalten. In der Bordwetterkarte nach der Analyse von NSS sind sowohl das Neufundlandhoch wie auch ›Carrie‹ enthalten. Beide Karten aber geben keinerlei Angaben über das Azorenhoch, das sich anscheinend gegenüber dem Vortage etwas verstärkt, aber nur sehr wenig nach Norden verschoben hat.
Gerade diese Angaben wären für die *Pamir* von großer Bedeutung gewesen, um den weiteren Weg des Hurrikans besser beurteilen zu können.
Das kleine Hoch, das am 19. September vormittags die *Pamir* südlich passiert hatte, ist weiter nach Osten abgewandert und hat mit seinem Kern 25 Grad W nach Osten überschritten.

Das Wetter bei der *Pamir* am 20. September:
Die *Pamir* war hinter dem abziehenden Hoch in den Raum zwischen dem Hoch und dem Ostrand des Hurrikans gekommen.
Der Wind war in der ersten Tageshälfte etwa SzO bis SSO 4 und frischte in der zweiten Tageshälfte bei im wesentlichen gleichbleibender bzw. nur wenig rechtsdrehender Richtung auf 5 und 6 bis 7 B auf.
Das Barometer wird vom 19. September mittags bis zum 20. September nachmittags etwa um 10 mb gefallen sein und auf etwa 1.010 mb gestanden haben.

Der Hurrikan bis 16h am 20. September:
Um 09h Bordzeit (12h MGZ) meldete Washington für 10h MGZ:
›... moving towards east southeast at twelve knots X the storm is expected to continue moving about the same speed and turn more to the east during the next twelve hours... this is still a dangerous storm...‹
Damit ergab sich für die *Pamir* nunmehr folgende Lage:
1. Der Abstand vom Zentrum betrug um 10h 385 sm.
2. Nach etwa zehn Stunden, also gegen 20h MGZ mußte die *Pamir* in das Außenfeld des Orkans einlaufen und von da ab mit stürmischen Winden aus SzO rechnen.
3. Bei Beibehaltung der angekündigten Bahnrichtung mußte ›Carrie‹ nach etwa 30 Stunden, also am 21. September gegen 16h MGZ in ca. 300 sm Abstand hinter der *Pamir* passieren, wenn man für die *Pamir* nunmehr bei dem auffrischenden Wind mit nur 7 kn rechnet.
4. Beim Umschwenken auf eine östliche Bahnrichtung und Beibehaltung dieser Bahnrichtung mußte ›Carrie‹ in etwa 32 Stunden, also am 21. September etwa gegen 18h MGZ in ca. 190 sm Abstand hinter *Pamir* passieren.

Von diesem Zeitpunkt ab (10h MGZ am 20. September) gab es für die *Pamir* nur noch eine Möglichkeit des Entkommens. Die *Pamir* mußte versuchen, mit dem ab Spätnachmittag bzw. Abend stürmisch auffrischenden achterlichen Wind und größtmöglicher Fahrt nach Norden weiterzulenzen, solange dies der Wind noch zuließ, wobei soweit irgendmöglich Segel geführt werden mußten. Eine Umkehr war ausgeschlossen. Sie hätte bedeutet, daß nunmehr die *Pamir* gegen stürmische Winde über die Bahn hinweg vom fahrbaren vorderen Quadranten in den gefährlichen vorderen Quadranten hineingelaufen wäre. Mit einer entscheidenden nordöstlichen Bahnänderung in dem nunmehr nur noch geringen Zeitraum bis zum Passieren war nach der letzten Meldung von NSS, *die eine Vorhersage für die nächsten zwölf Stunden bereits enthielt, nicht mehr zu rechnen.*

Für 16h MGZ meldete NSS:

›... will move east about thirteen knots next twelve to twentyfour hours... this is still a dangerous storm...‹

Mit dieser Meldung ergab sich für die *Pamir* eine erneute Zuspitzung der Lage, weil ›Carrie‹ mit einer von der Vorhersage abweichenden Richtungsschwenkung auf die *Pamir* zudrehte. Die Entfernung zum Zentrum betrug um 16h MGZ 310 sm. Bei Beibehaltung des Ostkurses, wie um 16h von NSS vorhergesagt, mußte ›Carrie‹ etwa am 21. September gegen 18h MGZ in etwa 205 sm Abstand hinter der *Pamir* passieren (Durchschnittsfahrt der *Pamir* 8 kn).

Immer noch bestand für die *Pamir* die Möglichkeit, dem inneren Hurrikanfeld mit den schwersten Windstärken zu entkommen. Immer entscheidender aber wurde für die *Pamir*, mit größtmöglicher Segelführung und entsprechender Fahrt nach Norden zu lenzen.

Ein Ablaufen nach NO mußte unsachgemäß erscheinen, da nunmehr auf diesem Bahnteil mit einer zunehmenden Zuggeschwindigkeit des Hurrikans zu rechnen war und der Passierabstand durch einen NO-Kurs verringert worden wäre.

Prüfung anderer Möglichkeiten für die *Pamir*

Es könnte sich die Frage ergeben, ob die *Pamir* nicht jetzt noch hätte anders handeln können.

Da ein Beidrehen auf der Orkanbahn nicht in Frage kam und ein Ablaufen nach Osten ebenfalls bei dem SzO bis SSO-Wind nur bedeutet hätte, daß die *Pamir* vor dem Orkan herlaufen und von diesem ohne Zweifel eingeholt werden würde, bleibt nur zu prüfen, ob möglicherweise ein Ablaufen mit Backbord-Halsen beim Wind Aussicht auf Rettung geboten hätte.

Unter der Annahme, daß die *Pamir* diesen Versuch möglichst rechtzeitig, also etwa bereits um 12h MGZ unternommen hätte, ergibt sich folgendes:

Bei einem Ablaufen nach SW hätte die *Pamir* unter der Annahme, daß ›Carrie‹ sich östlich bewegt, zwar zunächst auf Steuerbord-Bug SW anliegen können. Die schnelle Annäherung des Zentrums hätte aber bald durch das Schralen des Windes eine Kursänderung nach Westen erzwungen. Diese Kursänderung hätte in der gleichen Richtung dann ständig zugenommen. Die *Pamir* hätte sich dann schließlich dem Zentrum immer mehr genähert, bis sie zuletzt auch noch auf dem falschen Bug liegend zum Beidrehen gezwungen worden wäre und das Zentrum in etwa 60 sm

Abstand passiert hätte. Bei dem Versuch, auf den richtigen Bug zu gelangen, hätte das Halsen die *Pamir* dem Zentrum nur noch näher gebracht.
Bei dieser Überlegung wurde nicht berücksichtigt, daß die *Pamir* während der ganzen Zeit auch auf die Bahn zugetrieben wäre und daher noch ungünstiger gestanden haben würde. Auch diese Nachprüfung ergibt also, daß der Entschluß der *Pamir* richtig war.

Die Wettermeldungen von Norddeich (DAN)

Wie schwierig die richtige Beurteilung der Lage für die *Pamir* war, wird erst richtig deutlich durch die Meldungen und Vorhersagen des Deutschen Seewetterdienstes, die über DAN ausgestrahlt wurden. Am 20. September gab DAN für 1615 MGZ:
›... tropischer wirbelsturm 990 03448 langsam abschwächend morgen 03443...‹
Die für 15.16h MGZ am 20. September gegebene Position lag rw 309 Grad um ca. 70 sm falsch.
Die für den 21. September gegebene Position lag sogar rw 70 Grad um ca. 145 sm falsch.
Hätte diese Position am 21. September gestimmt, hätte die *Pamir* am 21. September etwa 200 sm Abstand von ›Carrie‹ gehabt.
Diese fehlerhaften Meldungen wurden ausgegeben, obwohl der Seewetterdienst doch fraglos über ganz andere Unterlagen und Möglichkeiten verfügte als die *Pamir*.
Wenn die *Pamir* diese Meldung aufgenommen haben sollte, hätte sie vollständig beruhigt sein können.

Die Lage der *Pamir* ab 16h MGZ am 20. September:

Mit 16h MGZ begann eine weitere Phase der immer bedrohlicher werdenden Entwicklung.
Wie ein schicksalhaftes Verhängnis erscheint es, daß ›Carrie‹ nun abermals eine Schwenkung nach NO vollzog und die *Pamir* buchstäblich zu verfolgen schien.
Kapitän Schubart sagt (Seite 131) über die Lage, in die die *Pamir* durch diese Schwenkung geriet, unter
›Änderung der Orkanbahn während des Ausweichmanövers eines Schiffes‹:
›Dieser Fall ist einer der unangenehmsten für ein Schiff, wenn die Bahnänderung nach der ungünstigen Seite hin stattfindet. Oftmals haben solche unerwarteten Bahnänderungen die besten Überlegungen der Schiffsleitungen über den Haufen geworfen, und es ist das eingetreten, was vermieden werden sollte, nämlich mit dem Zentrum zusammenzutreffen.‹
Die 16h Warnung wurde um 18h ausgestrahlt. Um diese Zeit hatte die *Pamir* bereits den äußeren Rand des Hurrikanfeldes erreicht.
Die *Pamir* konnte nunmehr nach eigener Beobachtung die Fortbewegung des Hurrikans verfolgen.
Die *Pamir* muß nun etwa auf rw 7 Grad, den Wind etwa ein bis zwei Strich von Steuerbord achtern ein, gelaufen sein.
Ein noch nördlicherer Kurs war bei der vorhandenen und unerläßlich notwendigen, relativ hohen Segelführung nicht möglich.

Den Wind von Backbord achtern einzunehmen, hätte für den Kurs eine bei der zu erwartenden Linksdrehung des Windes zunehmende Westkomponente ergeben, die eine Annäherung an den Hurrikan bedeutet hätte.
Ein östlicherer Kurs hätte eine Verringerung des Abstandes von der Orkanbahn zur Folge gehabt und damit eine Verringerung des Abstandes vom Hurrikanzentrum zum Passieren. Auch hätte ein derartiger Kurs die Gefahr eingeschlossen, von dem Hurrikan bei zu erwartender Zunahme der Geschwindigkeit eingeholt zu werden.
Es war also nach Lage der Dinge nach wie vor richtig, mit größtmöglicher Segelführung, den Wind von Steuerbord achtern einnehmend, nach Norden abzulaufen.
Über die Lage, in die die *Pamir* geraten war, sagt Kapitän Schubart in der ›Praktischen Orkankunde‹ (Seite 126):
›Hat man festgestellt, daß man sich im fahrbaren Viertel des Orkans befindet, so lenze man mit dem Wind von Steuerbord achtern auf Nordbreite. Dabei wird das Schiff einen Kurs anliegen, der es von der Bahn rechtwinklig abführt.‹
Das tat die *Pamir*!

Weiter nach Kapitän Schubart (Seite 127):
›Hat das Schiff das fahrbare Viertel durch Segeln nicht ausgenutzt, wie es soeben ausgeführt ist, wird es allmählich beim Fortschreiten des Orkans in das hintere Viertel des Halbkreises gelangen. Dieses Viertel gleicht dem gefährlichen insofern, als die Winde auf die Bahn zu wehen...‹
›Fällt das Barometer dauernd, bläst der Wind immer aus gleicher Richtung, ist damit zu rechnen, daß das Schiff vor einem heranrückenden Orkan in dessen Bahnrichtung steht. In diesem Fall muß ... ebenso verfahren werden, ... d.h. das Schiff muß auf Nordbreite mit dem Wind von Steuerbord achtern einlenzen und den Kurs nach Möglichkeit beibehalten.‹
Die *Pamir* handelte also in voller Übereinstimmung mit den klassischen Regeln für das Manövrieren in einem Orkan.

Der Wind, der ab 17h MGZ etwa SzO wehte, nahm schnell an Stärke zu. In den späten Abendstunden drehte er noch wenig rechts, um dann ab Mitternacht mit der Linksdrehung zu beginnen.
Etwa um 01h MGZ am 21. September kreuzte die *Pamir* den späteren Weg des Orkans.
Das Barometer, das gegen 18h MGZ noch etwa 1 005 mb zeigte, fiel stetig und zeigte um Mitternacht etwa 995 mb.
Die Peilung des Hurrikanzentrums blieb vom Eintritt in das äußere Hurrikanfeld bis in die ersten Morgenstunden des 21. September im wesentlichen unverändert. Sie brachte damit der Schiffsleitung die Gewißheit, daß der Hurrikan sich auf ›Kollisionskurs‹ bewegte, *also nach NO umgebogen sein mußte und das Schiff geradezu verfolgte.*
An sich hätte die gleichbleibende Windrichtung und das Fallen des Barometers auch den Schluß zugelassen, daß sich das Schiff rechts vor dem Orkan auf dessen Bahn befand, doch fiel dazu das Barometer zu langsam für die nunmehr geringe Entfernung vom Orkanzentrum. Diese Lage würde im übrigen auch, wie bereits ausgeführt, kein anderes Handeln der *Pamir* erforderlich gemacht haben.

Alle übrigen Wettererscheinungen nahmen mit der Annäherung an das Zentrum von 283 sm um 18h MGZ am 20. September auf 155 sm um 02h MGZ am 21. September den für die Lage typischen, bekannten Verlauf. Vor allem kam eine schwere, grobe aus SW laufende Dünung und eine hohe gewaltige Windsee auf.
Um 00.35 MGZ gab eine neue Positionsmeldung von ›Carrie‹ für 22h am 20. September die Gewißheit, daß der Hurrikan einen nordöstlichen Kurs eingeschlagen hatte. Für die weitere Bahnrichtung gab NSS:
›... moving towards the east at a forward speed of about 20 knots x the storm is expected to continue moving towards the east or slightly north of east during the next twelve to twentyfour hours... this is still a dangerous storm...‹

Die Gesamtlage am 21. September:
Mit Recht hätte die *Pamir* annehmen können, am frühen Morgen des 21. Septembers das Schlimmste hinter sich gebracht und eine einigermaßen günstige Position nördlich der Bahn erreicht zu haben, wenn ›Carrie‹ die um 16h am 20. September gemeldete Zugrichtung beibehalten bzw. wenn die von DAN vorhergesagte Verlagerung stattgefunden hätte. Nach der Meldung für 22h mußte die *Pamir* aber erkennen, daß der Hurrikan das Schiff geradezu verfolgte.
Ein Beidreihen wäre in dieser Lage völlig unsinnig gewesen. Die *Pamir* stand nur noch 200 sm vor dem Zentrum direkt auf der Orkanbahn. Wenn das Schiff nicht in das Zentrum hineingeriet, war es ungewiß, auf welchem Bug die *Pamir* beidrehen mußte. Kapitän Schubart urteilt (Seite 127):
›Der einzige Fall, in dem ein Schiff in der Lage ›b‹ (diese entspricht etwa der Lage der *Pamir* in diesem Zeitpunkt, Verfasser) beidrehen muß, liegt dann vor, wenn kein Seeraum zur Verfügung steht.‹
Auch ein Ablaufen nach Süden war gegen die stürmischen Gegenwinde unmöglich, abgesehen davon wäre die *Pamir* damit in das gefährliche Viertel zurückgelaufen.
In dieser äußerst bedrohlichen Lage, in der sich die *Pamir* am frühen Morgen des 21. September befand, gab es daher zwei grundsätzliche Überlegungen, die das weitere Verhalten bestimmen mußten:

1. So lange wie irgend möglich zu versuchen, noch nach Norden abzulaufen, um den Abstand von der Orkanbahn in der noch zur Verfügung stehenden Zeit so weit wie möglich zu vergrößern und weiter in das fahrbare Viertel hineinzukommen.
2. Nach Möglichkeit jede Westkomponente im Kurs, die eine Annäherung an das Zentrum mit sich brachte, zu vermeiden.

Beides war nur zu erreichen, wenn auch weiterhin alle Segel, die überhaupt noch gehalten werden konnten, also etwa die Fock, die Marssegel, ein oder zwei Vorsegel und einige Stagsegel, auch wirklich geführt wurden. Der Wind, der ab 04h zunehmend links drehte, mußte dabei, um die Westkomponente im Kurs zu vermeiden, mehr von Steuerbord eingenommen werden. Etwa gegen 04h mußte man infolgedessen dem links drehenden Wind folgend beginnen, an Backbord anzubrassen. Die Entfernung vom Orkanzentrum betrug um 04h noch etwa 125 sm. Die um Mitternacht noch aus etwa SW laufende schwere Dünung und die Windsee drehten, gegenüber dem Wind stets im Rückstand, langsam mit nach links.

Während die Dünung zwischen 04 und 05h MGZ noch etwa aus SSW lief und die Windsee etwa aus S, wehte es mit weiterhin zunehmender Stärke aus SSO bis SOzS.
Alle Windangaben sind nach dem Isobarenverlauf rekonstruiert unter Annahme eines bestimmten Einströmwinkels, der sich mit Annäherung an das Zentrum ändert. Möglicherweise ist dieser Einströmwinkel zu klein, wobei allerdings auch die immer häufiger werdenden Böen außer Ansatz bleiben. Auch der Isobarenverlauf ist in seinen Einzelheiten nicht absolut sicher. Die Windrichtung kann daher in Wirklichkeit möglicherweise etwas anders gewesen sein, vielleicht etwa ein Strich mehr nach links. Das ändert jedoch an dem grundsätzlichen Ablauf des Geschehens gar nichts. Das gleiche gilt auch für die während der letzten 24 Stunden angenommene Fahrt des Schiffes.
Gegen 08h MGZ muß hart angebrasst gewesen sein. Der Wind kam aus etwa SOzO. Die *Pamir* lag auf etwa 30 Grad und muß schon zu dieser Zeit nur noch schlecht gesteuert haben. Die Entfernung zum Orkanzentrum betrug nur noch ca. 80 sm.

Die letzten Stunden der *Pamir* ab 08h MGZ am 21. September:
Es begann nun für die *Pamir* die letzte Phase ihres Kampfes. Nachdem das Schiff seit etwa 06h MGZ in das Gebiet der Winde mit Hurrikanstärke eingelaufen war, konnten ab 08h MGZ kaum noch Segel geführt werden, bzw. mußte damit gerechnet werden, daß die letzten Segel bald wegfliegen würden.
Etwa ab 10h MGZ war die Lage der *Pamir* geradezu verzweifelt. Der Abstand betrug nunmehr nur noch 75 sm. Es muß eine gewaltige schwere SO-See gelaufen sein und eine hohe, schwere Süd-Dünung.
Das Schiff muß nunmehr versucht haben, in dieser hoffnungslosen Lage noch beizudrehen, bzw. richtiger, im Beigedreht-Liegen zu verharren.
Die Orkanregel für Segelschiffe hätte ein Beidrehen auf Backbord-Halsen erfordert. Nach der vorstehend eingehend dargestellten Entwicklung war die *Pamir* durch die Umstände auf den Backbord-Bug gezwungen worden, ein Beidrehen mit Backbord-Halsen hätte ein Halsen des Schiffes erfordert, das bei der hohen südlichen Dünung und schweren, gewaltigen SO-See in dem mit Hurrikanwindstärken wehenden Sturm unmöglich war, weil das Schiff nicht mehr steuerte und auch wohl nicht abgefallen wäre. Außerdem hätte das Halsen das Schiff noch näher an das Zentrum herangebracht. Diese durch die Umstände erzwungene Lage wurde nun der *Pamir* zum tödlichen Verhängnis.
Mit dem ab 10h MGZ und besonders ab 12h MGZ rasch schralenden Wind drehte das Schiff in der querein laufenden ›alten‹ See nur noch schwerfällig mit.
Ab 12h muß dann die *Pamir* auf etwa 342 Grad gelegen haben und bis zum Untergang treibend noch auf rw 325 Grad gedreht haben.
In dieser Lage war der Wind dann NO bis NOzO (bzw. auch NOzN bis NO) und wehte nach den Wetterberichten mit ca. 65 bis 70 Knoten, also mit Windstärke zwölf.
Der Hurrikan hatte zu dieser Zeit jedoch kein homogenes Windfeld mehr. Unter dem Einfluß des steuernden Neufundlandhochs ergab sich für den NW-Quadranten der steilste Gradient im ganzen Druckfeld des Hurrikans. Das bei normaler Struktur des Windfeldes relativ günstige linke hintere Viertel war dadurch besonders gefährlich.
Bei der Betrachtung dieser Entwicklung gewinnt man die Einsicht, daß der Hurrikan

keine seiner teuflischen Möglichkeiten ungenutzt ließ. Er verfolgte das Schiff nicht nur durch seine mehrfache ungewöhnliche Bahnänderung, sondern er verlegte auch gegen alle Erfahrungen die höchsten Windstärken und damit die schwerste See in das hintere linke Viertel seines Sturmfeldes, in das die *Pamir* nun hineingeriet.

Wie der Querschnitt durch das Druckfeld in 332 Grad zeigt, befand sich die *Pamir* zu dieser Zeit an der Stelle des am stärksten ›geböschten‹ Luftdruckgefälles und hatte daher ohne Zweifel die höchsten Windstärken des ganzen Windfeldes, von denen wohl anzunehmen ist, daß sie an dieser Stelle die für das Zentrum gemeldeten Windstärken von 70 Knoten auf engem Raum weit übertrafen. Es ist mit Sicherheit anzunehmen, daß hier der Wind mit Stärke 13 bis 14 wehte und in Böen sogar noch darüber hinaus ging (siehe Bericht der *Anita*). Dies war der Fall, obwohl das Barometer seit etwa 10 h MGZ nicht mehr fiel, bzw, sogar langsam anstieg und nach dem tiefsten Stand von etwa 987 mb kurz vor dem Untergang wohl schon wieder 992 bis 993 mb erreicht hatte.

Auch für die Barometerstände gilt das gleiche wie für den Wind. Sie sind einer Rekonstruktion des Druckfeldes entnommen, können also in Wirklichkeit um kleine Werte anders gewesen sein, wodurch sich aber an der Lage grundsätzlich gar nichts ändert.

Es könnte sich hier die Frage ergeben, ob man in dieser Lage alles getan hat, was möglich war und seemännischer Erfahrung entsprach.

Es kam jetzt darauf an, das Schiff so hoch wie möglich an den Wind zu legen, um so die ›alte‹ See, die grundsätzlich dem schnell drehenden Wind immer im Drehrückstand war, möglichst vorderlich einzubekommen. Das konnte man zu erreichen versuchen dadurch, daß man den Winddruck auf das Vorderschiff verringerte und gleichzeitig den Druck auf das Achterschiff erhöhte. Da mit Sicherheit bei der Hurrikanwindstärke keine Segel, auch nicht einmal der Sturmbesan, hielten, blieb als einziges Mittel, ein Segel über dem Want abzurollen.

Ein Treibanker ebenso wie das Ausstecken der Ankerkette wären, abgesehen von den wohl unüberwindbaren technischen Schwierigkeiten der Durchführung bei der Schiffsgröße und den herrschenden Windverhältnissen, sinnlos gewesen.

Das Ausbringen von Öl zur Wellenberuhigung war das einzige Mittel, das angewandt werden konnte und das auch wohl sicher angewandt worden ist. Irgendein wesentlicher Erfolg, der von Bedeutung für die hoffnungslose Lage des Schiffes hätte sein können, war von der Wirkung des Öles nicht zu erwarten. Ob ein Gebrauch der Schraube mit dem Ziel, das Schiff höher an den Wind zu bringen bzw. die See vorlicher einzunehmen, erfolgreich gewesen wäre, ist schwer zu sagen. Wahrscheinlich war aber die Maschinenstärke im Verhältnis zur Schiffsgröße zu gering und, was wohl noch wichtiger war, die See zu schwer. Abgesehen davon erscheint nicht sicher, ob die Maschine nicht überhaupt gelaufen hat oder unter Wasser stand.

Eine gewaltige Orkansee lief aus etwa OzN bis ONO. Über die See berichtet der Kapitän der *Anita*, der ebenfalls in den Orkan geriet:

›Der Sturm heulte in einer Stärke über *Anita* hinweg, wie ich es in meiner ganzen Seefahrtzeit (das sind ca. 35 Jahre) kaum einmal erlebt habe. Die Sicht war gleich

Null, die See gewaltig. Das Deck stand ununterbrochen unter Wasser.‹ (Das muß mehr als Windstärke zwölf gewesen sein, zumal das Schiff nach Angabe des Kapitäns relativ gut lag.)
Und ein englischer Kapitän, J.P. Thomson:
›I crossed its path twice and the storm centre was within 30 miles... the seas and swells were some of the biggest I have seen since 1927. Most of my officers had never seen anything like it before — and incidentally didn't want to see it again. I think the *Pamir* got overwhelmed by the storm and I do not think the master with sailing ship could possibly have avoiced the storm centre. If the hurricane have taken its normal course, the ship would not have been anywhere near it.‹
Mr. Thomson verfügt über eine 40jährige Erfahrung in der Fahrt nach dem Golf und West-Indien. Und weiter nach dem Brief:
›... that the ship was overwhelmed by the hurricane which struck (schlug) with such force and fury (Wut) that sail could not be shorted in time.‹
Und es heißt weiter in dem Brief eines anderen englischen Kapitäns in der Übersetzung:
›Ich kenne natürlich die andere Tatsache, die man als Erfahrung aus dem *Passat*seenotfall hier heranziehen könnte. Aber bis ein weiterer Beweis beigebracht wird, würde ich ein Übergehen der Ladung als durchaus zweitrangigen Grund (as very secondary cause) ansehen. Nachdem sich das Schiff auf die Seite gelegt hatte, könnte dies der letzte Schlag (the final stroke) oder wie Sie in französisch sagen würden, der ›Coup de Grace‹ gewesen sein, aber nicht die wichtigste mitwirkende Ursache (not a first major contribution factor).‹
Soweit das Urteil eines Mannes, der reich an Erfahrung auf See als Schiffsführer dem Hurrikan selbst gegenübergestanden hat.
In der letzten Stunde vor dem Untergang kam zu der aus ONO laufenden gewaltigen Windsee eine schwere hohe Dünung etwa ein Strich von achtern ein. Es addierten sich also z.Z. des Untergangs folgende Erscheinungen:

1. Eine hohe gewaltige Orkansee lief etwas achterlicher als querein von Steuerbord.
2. Schwerer Winddruck einer Orkanwindstärke 13 bis 14 lag auf der Takelage von etwas vorderlicher als querein von Steuerbord.
3. Eine hohe mächtige Dünung lief etwa ein Strich von Backbord achtern ein.
4. Die hohe Dünung konnte mit einem tiefen Tal gerade an Backbordseite achtern eintreffen, wenn die schwere Orkansee mit einem Wellenberg von Steuerbord anlief.
5. Es besteht durchaus die Möglichkeit, daß infolge von Resonanzerscheinungen das Schiff schwere Schlingerbewegungen ausführte.
6. Die im ganzen mit achterlicher Komponente laufende See und Dünung muß von achtern über Deck laufend — die Dünung vor allem bei der Krängungslage auch von Lee überkommend — das Vorschiff stark überflutet und runtergedrückt haben.

So befand sich das Schiff in einer hoffnungslosen, verzweifelten Lage, in die es durch eine verhängnisvolle schicksalhafte, trotz aller Erfahrung nicht vorauszusehende Entwicklung geraten war und in der es übermächtigen Gewalten preisgegeben wurde, gegen die menschliches Werk und menschliches Können versagen mußten.

Voraussetzungen für die Entschlüsse der *Pamir*

Die vorstehende Untersuchung, die den Versuch darstellt, die meteorologisch-nautischen Umstände klärend aufzuzeigen, die zum Untergang der *Pamir* geführt haben, wurden in der Ruhe eines häuslichen Arbeitsraumes, frei von der Last der Verantwortung eines Schiffsführers vorgenommen.

Es stand dabei umfangreiches Material zur Verfügung, so z.B. die Wettertelegramme von NSS und GKU, soweit sie den fraglichen Zeitraum betreffen, Wettertelegramme anderer Stationen, die Karten des öffentlichen Wetterdienstes, Auskünfte des Seewetteramtes, umfangreiche Literatur und der Meinungsaustausch mit besonders erfahrenen Seeleuten, wie z.B. Kapitän Lehmberg, der sieben Jahre die Lloydsegelschiffe als Kapitän führte und durch die bekannten Seenotfälle mit *Kommodore Johnson* und *Oldenburg* besondere Erfahrung besitzt. Kapitän Lehmberg hat nach Kenntnisnahme der vorliegenden Untersuchung diese in allen Teilen als wahrscheinlich zutreffend beurteilt. Es muß darauf hingewiesen werden, daß die *Pamir* ihre Entschlüsse unter ungleich ungünstigeren Bedingungen fassen mußte. Ihr stand dabei nur ein Bruchteil des Materials zur Verfügung, das dem Verfasser für diese Untersuchung zur Verfügung stand.

Insbesondere scheint es angebracht, noch zu prüfen, ob die funktelegraphische Unterrichtung der *Pamir* zuverlässig war und welche eigenen Wetterbeobachtungen ihr zur Verfügung standen.

Die Zuverlässigkeit der funktelegraphischen Unterrichtung

Welches Material der *Pamir* wirklich zur Verfügung gestanden hat, ist nicht zu klären. Mit Sicherheit aber kann gesagt werden, daß es bei weitem geringeren Umfang hatte und auch unzuverlässiger war als das, was bei dieser Untersuchung verwandt wurde. Inwieweit Empfangsstörungen vorhanden waren, die wohl nicht als völlig unwahrscheinlich vermutet werden können, zumal in der Zeit, da ›Carrie‹ zwischen der *Pamir* und Washington lag, wird sich ebenfalls nicht klären lassen.

Bemerkenswert ist in diesem Zusammenhang, daß in einem Bericht von MS *Sparrenberg* gesagt wird:

›An Bord befanden sich die Wettermeldungen von Washington Radio (NSS) vom 6. September bis 22. September. Teilweise wurden die Aufnahmen durch Jonosphärenstörungen gestört.‹

Auch MS *Griesheim* hätte am 21. September den SOS-Ruf der *Pamir* hören müssen, hat ihn jedoch nicht gehört. Auch zwischen *Griesheim* und *Pamir* lag der Hurrikan.

Daß die Möglichkeit von Empfangsstörungen durch den Orkan nicht ausgeschlossen werden kann, zeigt die Erklärung eines Funkoffiziers, der reiche Borderfahrung als Funkoffizier im Nordatlantik-Dienst besitzt und später als Funklehrer an der Seefahrtschule Hamburg tätig war.

Derartige Empfangsstörungen können vor allem fühlbar gewesen sein, solange der Hurrikan zwischen der *Pamir* und Washington lag. Welche Folgen aber der Ausfall auch nur einzelner Meldungen oder eine verstümmelte Aufnahme z.B. der Meldungen vom 18. September 22h, 19. September 04h, 10h, und 16h oder 20. September 16h auf die Entschlüsse der *Pamir* gehabt haben kann, ist leicht ersichtlich und bedarf daher keiner weiteren Ausführung.

Bei der Auswertung der Unterlagen, die der *Pamir* nun tatsächlich zur Verfügung standen, muß man wohl auch berücksichtigen, daß keinesfalls von einer Schiffsleitung die gleichen umfassenden und eingehenden Sachkenntnisse erwartet werden können, wie sie etwa ein Berufs-Meteorologe haben wird. Nur selten ergibt sich außerdem für einen Kapitän Gelegenheit, eigene Erfahrungen über das Manövrieren in einem Orkan zu sammeln. Er muß sich also im wesentlichen nach Handbüchern, Segelanweisungen u.a. richten.

Die Wetterbeobachtungen der *Pamir*

Neben den Unterlagen, die der *Pamir* durch den Wetterdienst zur Verfügung gestanden haben, ist noch zu untersuchen, ob die *Pamir* nicht aus eigener Beobachtung die Annäherung der Gefahr hätte erkennen können, die ›Carrie‹ herbeiführte. Erscheinungen, die eine *rechtzeitige* Warnung hätten bewirken können, mußten bis spätestens 16h MGZ am 19. September von der *Pamir* beobachtet worden sein, wenn ihre Beobachtungen und Feststellungen überhaupt hätte Nutzen bringen können. Nach diesem Zeitpunkt waren warnende Erscheinungen nicht mehr von Bedeutung, da die Entschlüsse von der *Pamir* nun bereits von Umständen diktiert wurden, die die Handlungsfreiheit weitgehend einschränkten. Es müssen demnach die Erscheinungen untersucht werden, die *vor* diesem Zeitpunkt möglich waren.

a) Erscheinungen in der Luft

Grundsätzlich müssen die bekannten Erscheinungen in der Luft wohl als durchaus fragwürdig und keinesfalls immer als zuverlässig angesehen werden. Das gilt insbesondere dann, wenn sich das Zusammentreffen mit dem Orkan in relativ nördlicher Breite abspielt, wie es bei der *Pamir* der Fall war. In diesen Breiten beginnt der Hurrikan seine typischen Eigenschaften zu verlieren, und damit verschwinden auch mehr und mehr die ihm vorauseilenden typischen Erscheinungen. Für 22h MGZ am 19. September meldete WOE u.a.:

›... reconnaissance aircraft reports this afternoon indicate that there is no longer a definite eye and carrie may be losing the tropical characteristics ...‹

Zu der für das rechtzeitige Erkennen der Gefahrlage wichtigen Zeit am 19. September zwischen 10h und 16h MGZ stand ›Carrie‹ noch 690 bis 605 sm entfernt. Da die Warnungen in der Luft zum größten Teil Randerscheinungen eines Hurrikans sind, kann keinesfalls vermutet werden, daß die *Pamir* rechtzeitig warnende Erscheinungen in der Luft beobachten konnte.

b) Erscheinungen am Barometer

Wie bereits im Laufe der Untersuchung nachgewiesen, begann das Barometer erstmalig am 19. September nachmittags mit dem Abziehen des kleinen Hochs, das die *Pamir* südlich passierte, geringfügig zu fallen. Also auch diese Warnung kam nicht rechtzeitig und vor allem auch wohl am Anfang nicht mit der nötigen Deutlichkeit. Der etwas zu tiefe Barometerstand am 18. September mußte nicht als Warnung angesehen werden. Das Handbuch sagt darüber (Seite 58):

›Auch das Barometer ist kein untrüglicher Voranzeiger für eine Orkanbildung. Es wird zwar vorher einige wenige (zwei bis vier) Millibar tiefer stehen als in der weiteren

Umgebung oder als der jahreszeitlichen Norm entspricht, doch die von Ost nach West wandernden ›Wellenstörungen‹ im Ostpassat verursachen etwa alle drei bis vier Tage ähnliche Depressionen des Luftdrucks und bleiben doch in der Mehrzahl der Fälle harmlos.‹

c) Erscheinungen auf dem Wasser

Als warnende Vorläufer auf dem Wasser muß vor allem die mit der Sturmbahn gleichlaufende Dünung angesehen werden, von der Kapitän Schubart (Seite 70) sagt:
›... wir dürfen der Dünung keine andere Rolle zuweisen als die eines freundschaftlichen Warners ...‹
Insoweit ergibt eine Betrachtung der Lage am 19. September folgendes: Die bis zum 19. September 04h MGZ mit der Orkanbahn gleichlaufende Dünung muß, wie die Karte zeigt, im wesentlichen nördlich an der *Pamir* vorbeigegangen sein. Die Dünung, die ab 19. September 10h MGZ entstand, muß südlich an der *Pamir* vorbeigegangen sein. Abgesehen davon würden die Dünungen, wenn man mit einer mittleren Fortschrittsgeschwindigkeit von 25 kn rechnet, die *Pamir* zu spät erreicht haben.
Besonders kompliziert wird die Lage in dem fraglichen Gebiet u.a. dadurch, daß nach den Wettermeldungen und Bordwetterkarten im Raum zwischen der Biskaya und Neufundland ein ständig sich vertiefendes großes Tiefdruckgebiet lag. Es liegt nun durchaus im Bereich des Möglichen, daß aus diesem Sturmgebiet, begünstigt durch die lange Einwirkungsdauer und die große Anlaufstrecke NNW- bis N-Dünungen herausgelaufen sind, die möglicherweise auch das Gebiet, in dem die *Pamir* stand, erreicht haben.
Es ist demnach kaum anzunehmen, daß die *Pamir* durch eine Dünung rechtzeitig gewarnt werden konnte.
Es ergibt sich somit zusammenfassend, daß kein Anlaß für die Vermutung besteht, daß die *Pamir* durch eigene Beobachtungen in der Luft, am Barometer und auf dem Wasser gewarnt werden konnte.«

Soweit die Ausführungen aus dem Sachverständigen-Gutachten des Kapitäns Schmidt.
Auch die sachverständigen Rahseglerkapitäne, die das Seeamt befragt hat, waren grundsätzlich gleicher Ansicht.
Gerade mit Rücksicht auf die Vorbehalte, die das Seeamt hinsichtlich der Segelerfahrungen Kapitän Diebitschs und seines Verhaltens am 19. September gemacht hat (SPR 260–263), — ein an diesem Tag durchgeführtes Beidrehen oder Ausweichen in südliche oder östliche Richtung wären nach Ansicht des Seeamtes richtig gewesen — ist es geboten, einige wesentliche Ausführungen der nautischen Sachverständigen zur Orkanstrategie und Segelführung zu zitieren. Hieraus wird sich ergeben, daß die Aussagen der Rahseglerkapitäne mit dem wiedergegebenen Gutachten übereinstimmen und keine Stütze für die seeamtlichen negativen Ausführungen abgeben. Damit wird auch der Mangel eigener Rahsegler-Erfahrungen der Beisitzer des Seeamtes deutlich.

Kapitän Wendt, der den Hauptvortrag hielt und dabei davon ausging, daß die *Pamir* alle Wettermeldungen empfangen hat, führte ausweislich des Verhandlungsprotokolls (IV, 61ff) aus:

»...*Pamir* hatte am 17. September..., soweit wir es heute verfolgen können, gar keine andere Chance, einen wesentlich anderen Kurs zu steuern...« (IV, 61)

»...Es war also praktisch für die Schiffsführung der *Pamir* zu diesem Zeitpunkt weder eine akute Gefahr noch ein sonstiger Anlaß gegeben, den Kurs anders zu setzen als sie ihn gesteuert hat...« (IV, 61)

»... Dasselbe möchte ich gelten lassen für den 18. September, immer unterstellt, daß *Pamir* durch NSS oder sonstwie von dem weiteren Fortschreiten des ›Carrie‹ unterrichtet gewesen ist...«

»... Der Wind wird schon im Laufe des 19. auffrischen aus absolut südlichen Richtungen. Er tat also nach meinem Dafürhalten das Richtige, und ich hätte unter diesen Umständen ganz genau dasselbe getan aus der Überlegung heraus, daß der Orkan immerhin noch schätzungsweise 600 Meilen von mir weg ist...« (IV, 62, 63)

»... Also für den Ablauf des 19. mußte nach meinem Dafürhalten Kapitän Diebitsch versuchen, unter Setzen aller Segel, die zur Verfügung standen und solange sie gefahren werden konnten, Norden zu gewinnen, um einmal die eine Orkanregel zu erfüllen, aus dem sog. gefährlichen Quadranten, dem rechten vorderen auf der nördlichen Halbkugel, herauszukommen und gleichzeitig die Bahn des Orkans 100%ig rechtwinklig zu schneiden und so in den nach den Lehrbüchern ungefährlichen Sektor zu gelangen...« (IV, 63)

»... Die Situation wird aufgrund der Karte am 20. September insofern wesentlich anders, als ›Carrie‹ nun gegen Osten schwenkt. Aber am 20. ist die *Pamir* dadurch genau auf der Orkanbahn, hat die wunderbaren Winde, die Kapitän Diebitsch die Chance gaben, mit vielleicht 10 bis 12 kn nordwärts zu ziehen. Er hat weiter die große Gelegenheit — jedenfalls scheinbar — sich von der Orkanbahn durch einen absoluten Nordkurs zu entfernen...« (IV, 63, 64)

»... Er (Kapitän Diebitsch) wird am 19. September diesen sich langsam immer mehr durchsetzenden südlichen Wind eben dazu benutzt haben — wie ich es unter den gegebenen Umständen auch getan haben würde — unter der scheinbaren, damals ja noch wirklichen OSO-Bahn des Orkans, wegzusegeln und damit gleichzeitig in den zweckmäßigen und gefahrloseren Backbordsektor zu kommen...« (IV, 66, 67)

»... Er hat also eine 100%ige Bestätigung — wenigstens noch für den 20. — dafür, daß sein Handeln richtig war und richtig ist und wahrscheinlich richtig bleiben wird, und aus diesem Gesichtspunkt heraus wird er weitergefahren sein, und auch ich würde weitergefahren sein...« (IV, 67)

»... Daß nämlich nach meinem Dafürhalten Kapitän Diebitsch unter diesen Umständen gar nichts anderes tun konnte, als seinen Kurs fortzusetzen, und mit jeder weiteren Winddrehung in östlicher Richtung dieses Vorhaben als richtig empfinden mußte...« (IV, 68, 69)

»... Der 21. September brachte dann ... immer wieder die Bestätigung für Kapitän Diebitsch, daß sein Verhalten richtig war und daß er auf seinem Vorhaben bestehen mußte. Ich würde unter diesen Umständen nicht anders gehandelt haben...« (IV, 69)
»... Daraus kann ich nur weiter folgern, daß die Handlungsweise, die nun schon seit zwei Tagen von der Schiffsführung der *Pamir* vorgenommen wurde, konsequent durchgeführt worden ist. Sie werden mit Vierkantrahen und den Winden von Steuerbordseite weiter gen Norden gezogen sein, um eben auf jeden Fall den schnellsten Kurs zu steuern, der es ermöglichte, die Orkanbahn zu verlassen. Im Laufe des Vormittags des 21. Septembers noch an ein Aufgeben dieses Vorhabens zu denken, würde mir, soweit ich das von hier aus beurteilen kann, nicht in den Sinn gekommen sein, denn nur die Fortführung dieses Manövers schien erfolgversprechend zu sein...« (IV. 69, 70)

Kapitän Piening, der sich besonders zu dem Fall äußerte, daß die *Pamir* die Wettermeldungen nicht erhalten hat, führte aus (IV, 72):

»Wenn ich unterstelle, daß er (Kapitän Diebitsch) die Wettermeldungen erhalten hat, schließe ich mich der vertretenen Auffassung (des Kapitän Wendt) 100%ig an. Wenn ich aber — was ich im Innern tue — annehme, es bestehe doch noch irgendeine Möglichkeit, daß er Meldungen nicht oder erst sehr spät bekommen hat, komme ich zu dem Ergebnis, daß auch dann der Kapitän, wenn schon aus anderen Beweggründen, genauso gehandelt hätte.
Ich wiederhole also, dann wäre er auch weitergefahren, sonst kann ich mich aber 100%ig dem anschließen, was Kapitän Wendt gesagt hat...«

Auch *Kapitän Ballehr* hat sich diesen Ausführungen angeschlossen (IV, 73). Lediglich *Kapitän Lehmberg* gab an, daß er am 20. September — nicht am 19. September, wie es das Seeamt unrichtig wiedergibt (SPR Seite 260) — auf Südost oder Südkurs beigedreht und abgewartet haben würde, ohne allerdings angeben zu können, auf welchem Bug er beigedreht haben würde (IV, 74, 75).
Kapitän Lehmberg hätte aber mit diesem Verhalten das größere Risiko gelaufen, da das Zentrum des Hurrikans genau über ihn hinweggelaufen wäre, wenn dieser nur die Bahn beibehalten hätte, die er innehatte und *die ihm weiter vorhergesagt worden war.*
Auf eine diesbezügliche Frage (IV, 76) wußte Kapitän Lehmberg daher auch keine andere Antwort als die:

»... Das kann ich nicht beurteilen, das muß dem Kapitän überlassen bleiben...«.

Eine solche Navigation hätte daher den Regeln *nicht* entsprochen, insbesondere nicht für den 20. September. Lediglich auf das teuflische, erst nachträglich über-

schaubare Spiel des Hurrikans »Carrie« und seine Schwankungen ist es zurückzuführen, daß die an sich richtige und von den alterfahrenen Rahschiffskapitänen Wendt, Piening und Ballehr hundertprozentig *gutgeheißene* Navigation Kapitän Diebitschs ins Unglück führte und daß die an sich falsche Navigation Kapitän Lehmbergs möglicherweise ins Glück geführt haben würde. Außerdem hat Kapitän Lehmberg aber selbst noch auf eine Unsicherheit hingewiesen (IV, 74), nämlich auf den irreführenden Widerspruch zwischen den amerikanischen und englischen Wettermeldungen. Da der Seeamtsvorsitzende den Sachverständigen bat, seiner Stellungnahme die amerikanischen Wettermeldungen zugrundezulegen und nicht die englischen (IV, 74), ist diese a priori unsicher.
Aus dem hier zitierten Gutachten Schmidt und den Aussagen der sachverständigen Rahseglerkapitäne ergibt sich somit ein deutliches Bild.
Das bezieht sich auch auf die Frage der Segelführung und Segelstellung. Da das Seeamt sich aber auf den Standpunkt gestellt hat, »die Führung von zehn bis zwölf Segeln und deren Am-Wind-Stellung anstelle kleinster Besegelung« sei falsch und für den Unfall mitursächlich und vermeidbar gewesen, soll auf dieses Thema im folgenden noch besonders eingegangen werden.
Auch diese Meinung des Seeamtes hält einer kritischen Prüfung nicht stand. Es zeigt sich sogar, daß es das Problem wohl überhaupt nicht richtig erkannt hat. Auch hat es die — im Spruch leider nicht wiedergegebenen — Ausführungen der nautischen Sachverständigen (Rahseglerkapitäne) mißverstanden und sich deshalb übrigens auch mit deren Auffassung in Übereinstimmung gewähnt (SPR Seite 266), obwohl eine solche tatsächlich gar nicht vorhanden war. Diese Verkennung der Problemlage und dieses Mißverständnis hängt möglicherweise eben damit zusammen, daß das Seeamt mit Rahseglerkapitänen *nicht* besetzt war.
Die entscheidende Frage für den »Schluß des Dramas« (Formulierung Kapitän Wendts, IV, 70) war nämlich nicht, wie das Seeamt annimmt, ob die *Pamir* viel oder wenig Segel hätte führen sollen, sondern vielmehr, ob sie hätte *lenzen* oder *Nordkurs beibehalten* sollen. Dies war das Problem, vor dem Kapitän Diebitsch stand. *Und erst und allein danach bestimmte sich die Segelführung.* Die Anzahl der geführten Segel war mithin abhängig von der Antwort auf die Problemfrage: Lenzen oder Nordkurs?
Lenzen bedeutet, stets *vor* dem links drehenden Sturm herzulaufen, d.h. diesen stets von achtern (auch ein bis zwei Strich von achtern) zu nehmen und mit dessen Drehung ständig zunächst nach Westen und danach sogar nach Süden abzufallen und damit — in einem Kreisbogen — auf die Orkanbahn zuzulaufen. Hierbei hätten die Rahen zwangsläufig *vierkant* gestellt bleiben und die Segel »vor dem Wind« geführt werden müssen.
Das *Beibehalten des Nordkurses* bedeutete, im rechten Winkel von der Orkanbahn wegzulaufen und den linksdrehenden, immer weiter vorlich einfallenden Wind stets

— bis zu dessen Einfall von Norden und weiter westlich — von der Steuerbordseite zu nehmen. Hierbei hätten die Rahen mehr und mehr *angebraßt* und die Segel »am Wind« geführt werden müssen.

Für beide Fälle war die größtmögliche Geschwindigkeit geboten. Beim Lenzen ist sie notwendig, um von der achterlichen See nicht überlaufen zu werden (Wendt IV, 80, Lehmberg IV, 79). Beim Ablaufen nach Norden war sie im vorliegenden Fall erforderlich, um das Wettrennen gegen den Hurrikan zu gewinnen.

Für das Lenzen hätte in diesem Fall, weil ständig raumer Wind wehte, vielleicht auch »kleine« Besegelung genügt — letztlich das Groß-Untermarssegel —, um trotzdem große Fahrt zu laufen (Wendt IV, 80 bis 84). *Hingegen mußten für das Segeln auf Nordkurs mehr Segel geführt werden (Piening V 20, 21), nämlich soviel, wie das Schiff überhaupt tragen konnte* (vergleiche auch Ballehr V, 85, Bundesbeauftragter SPR 229). Es ist dieser wichtige Unterschied zwischen diesen beiden Möglichkeiten, den das Seeamt offenbar nicht erkannt hat.

Ist die Frage — Lenzen oder Beibehalten des Nordkurses — erst einmal richtig gestellt, kann auch erst nach der Antwort gesucht werden, die für das eine oder andere maßgeblich ist.

Wie sehr das Seeamt die Problemlage verkannt hat, wird aus seiner folgenden Ausführung (SPR 265) deutlich:

»... Dennoch konnten beachtliche Gründe für ein Weitersegeln nach Norden sprechen, und der Entschluß hierzu würde auch dann nicht als ein Verstoß gegen die Regeln der sog. Orkanstrategie zu bezeichnen sein, wenn die Schiffsleitung über die wirkliche Lage im Bilde gewesen wäre, also gewußt hätte, daß es zwar gelungen war, die Orkanbahn zu kreuzen, daß das Zentrum aber in nur geringem Abstand südlich vorüberzog. Wenn man sich unter solchen Umständen zum Weitersegeln entschloß, dann konnte nur ein Lenzen mit Steuerbordachterlichem Wind in Frage kommen...«

Aus dem Widerspruch, der in dieser Ausführung liegt — nämlich: wenn schon *Nordkurs*, dann nur Lenzen (mit *westlichen* und später mit *südlichen* Kursen) — gewinnt man den Eindruck, daß das Seeamt auch diese in den verschiedenen Kursen liegenden Unterschiede zwischen Lenzen und Ablaufen von der Bahn nach Norden nicht gesehen hat. Mit diesem doppelten Blick vorbei konnte es daher auch nicht zu einer sachkundigen Abwägung des Für und Wider kommen.

Kapitän Diebitsch hatte, wie die Sachverständigen meinten, folgendes zu bedenken: Das Lenzen hat den Vorteil, daß der Winddruck — mit den Segeln »vor dem Wind« — relativ günstig pariert wird. Es hat den Nachteil, daß die See von achtern genommen werden muß. Denn dabei besteht die Gefahr, daß das Schiff von ihr überlaufen wird; außerdem erfolgt durch achterliche See ein gefährlicher Stabilitätsabbau (vergleiche Gutachten Wendel/Platzoeder VI 50 bis 54, SPR 159ff, 203ff). Hierzu hat Kapitän Lehmberg in der Verhandlung folgendes ausgeführt (IV, 79):

»... Lenzen vor dem Wind ist immer eine sehr gefährliche Angelegenheit. Wenn man sich aber dazu entschlossen hat, muß man möglichst viel Segel setzen, damit das Schiff nicht von achtern überrollt wird. Das habe ich bei Kap Horn gehabt; wir mußten lenzen, konnten aber nicht mehr beidrehen, da die See von achtern haushoch über das Heck fiel und sämtliche Aufbauten und Bootsachtersteven glatt wegrasierte. Es kommt darauf an, möglichst den Widerstand gegen eine kommende See dadurch zu brechen, daß man dem Schiff möglichst mehr Fahrt gibt; denn die See brandet gegen einen festliegenden Felsen mit größerer Wucht, als wenn sich der Gegenstand in derselben Richtung mit fortbewegt...«

Es kommt folgender schwerwiegender Nachteil hinzu. Bei der ständigen Kursänderung über Westen nach Süden, die der Drehung des Windes zu folgen hat, bewegt sich das Schiff auf die Orkanbahn zu. Bemerkenswert ist übrigens, daß Kapitän Lehmberg auch für diesen Fall von »möglichst viel Segeln« spricht, die man setzen müsse.

Der *Nordkurs* hat den Nachteil, daß der Druck des weiterdrehenden Windes — mit den Segeln »am Wind« — weniger günstig als beim Lenzen hingenommen wird. Er hat dagegen den Vorteil, daß der Seegang nicht von achtern genommen werden muß. Deshalb ist die Stabilitätseinbuße geringer. Es kommt der wichtige Vorteil dazu, daß man sich im rechten Winkel von der Orkanbahn entfernt. Hierbei kann schon ein Streckengewinn von 20 bis 30 sm — erzielt in vielleicht zwei bis drei Stunden —von lebensentscheidender Bedeutung sein.

Die Entscheidung über die grundsätzliche Frage, was er nun tun solle, *Lenzen oder Ablaufen nach Norden*, lag aber gar nicht mehr bei Kapitän Diebitsch. Sie wurde ihm durch die Lage seines Schiffes zum Hurrikan diktiert, und die war verzweifelt genug.

Er hatte die ganze Nacht und noch bis in die Morgenstunden des 21. September hinein mit zunächst achterlichen und danach mit etwas mehr von Steuerbord achtern einfallenden Winden Nordkurs gesteuert und damit das getan, was — auch nach Meinung der Kapitäne Piening, Wendt, Ballehr und Schütz — das einzig Richtige war. Als der Wind am Morgen des 21. September und im Laufe des Vormittags auf seiner Linksdrehung mehr und mehr vorlicher und damit aus schon östlichen Richtungen kam, war der Zeitpunkt gekommen, in dem er sich sonst zu entscheiden gehabt hätte, ob er mit dem Wind mitdrehen und damit (nunmehr zunächst in westliche, später in südliche Richtungen) *lenzen oder ob* er *strikten Nordkurs beibehalten solle.* Aber die Entscheidung war ihm bereits zuvor aufgezwungen worden. Er befand sich nämlich am 21. September morgens zwischen 7.00 und 8.00 MGZ — wie wir jetzt aus dem richtigen Untergangsort entnehmen können — nur etwa 20 sm von der späteren Bahnlinie des Hurrikans entfernt. Zwar hatte er seinen Standort — wie aus seinen Meldungen hervorgeht — um etwa 20 sm weiter nördlich gehalten. Aber um die gleiche Entfernung hatte er auch den Standort des Hurrikans weiter nördlich angenommen, weil er zu dieser Zeit dessen Lage zum Schiff aus der Windpeilung erkennen konnte. Die Entfernung der *Pamir* zur (späteren) Bahnlinie war mithin zu dieser Zeit die gleiche, nämlich nur etwa 20 sm.

In diese gefährliche Lage war sie geraten, weil »Carrie« ihr in geradezu teuflischer Weise mit einer erneuten Richtungsänderung gefolgt war. Jetzt gab es für Kapitän Diebitsch nur eins: *weg von der »Bahn«*. Wäre er nämlich in der Zeit zwischen 7.00 und 12.00 MGZ (4.00 und 9.00 Bordzeit) mit dem Wind mitdrehend nach westlichen Richtungen abgefallen, hätte er den geringen Abstand zur Hurrikanbahn nicht um soviel vergrößert, wie es nötig gewesen wäre, um aus dem zerstörerischen inneren Orkan*feld* herauszukommen. Er wäre sogar mit den nunmehrigen »Lenz-Kursen« hineingelaufen. Somit verbot sich für diese Zeit ein Weiterlenzen *unter allen Umständen*. Die einzig richtige Entscheidung konnte und durfte nur sein, mit größtmöglicher Geschwindigkeit, d.h. *mit soviel Segeln* — immer mehr und mehr »am Wind« — *wie nur möglich* nach Norden zu laufen und den geringen Abstand zur Hurrikanbahn (im rechten Winkel) um soviel wie möglich zu vergrößern und damit aus dem tödlichen Bereich herauszukommen. Daß dies richtig und im Laufe des Spätvormittags (theoretisch) auch gelungen war und weiter so gemacht werden mußte, ergab sich auch am Barometer. Denn dieses stieg um 12.00 MGZ (V, 124) und signalisierte, daß das Schlimmste »hinter« der *Pamir* geblieben sein und die Verhältnisse sich auf dem Nordkurs mehr und mehr bessern müßten, daß mithin das sog. fahrbare Viertel erreicht sei. Es stellte sich jedoch heraus, daß dies ein grausamer Irrtum war, denn es gehörte zu den Absonderlichkeiten des Hurrikans »Carrie«, daß auch seine Struktur anders als üblich war und daß gerade in seinem normalerweise fahrbaren Teil die schwersten Stürme tobten. Diese überfielen die *Pamir* und entfesselten ihre Gewalten und die der See in einem kaum zu überbietenden Inferno. Bei diesen See- und Windverhältnissen — ab 9.00 MGZ (6.00 Bordzeit) herrschte ohnehin Stärke neun bis zehn und ab 11.00 MGZ (9.00 Bordzeit) Stärke elf bis zu weiteren schlimmen Steigerungen — noch abzufallen und vor dem Wind zu lenzen, war unmöglich.

Kapitän Diebitsch war also in einer verzweifelten Lage.

Solange vielleicht noch ein Abfallen und Lenzen vor dem Wind mit westlichen Kursen möglich gewesen wäre, hätte dies den Lauf in den Bereich des Orkans bedeutet, der normalerweise der zerstörende ist, so daß *nur* ein Weglaufen auf Nordkurs mit größtmöglicher Geschwindigkeit in Frage kam. Als das Lenzen später nicht mehr den Lauf in diesen gefährlichen Teil des Orkans bedeutet haben würde, war es infolge der See- und Windverhältnisse unmöglich geworden. Der Hurrikan »Carrie« hatte seinen tödlichen Bereich anders plaziert.

Das ist die große Tragik.

Solche mit schwerer Verantwortung belasteten Ermessensentscheidungen, vor denen Kapitän Diebitsch hier bei der Frage Lenzen oder Nordkurs stand und vor denen jeder Schiffskapitän so häufig — und letzten Endes allein — steht, können nur an »Ort und Stelle« getroffen werden, insbesondere, wenn sie so stark von den örtlichen Wind- und Seeverhältnissen abhängen. Es ist ausgeschlossen, sie nachträglich vom »grünen Tisch« aus voll und richtig zu übersehen. Das ist es wohl auch, was Kapitän Wendt, der erfahrene Rahseglerkapitän, vor dem Seeamt gerade zu der Frage des Lenzens oder Nordkurses gesagt hat. Er leitete dies ein, indem er zunächst feststellte (IV, 69):

»... Im Laufe des Vormittags des 21. September noch an ein Aufgeben dieses Vorhabens (Anmerkung: Nordkurs mit größtmöglicher Geschwindigkeit) zu denken, würde mir, soweit ich das von hier aus beurteilen kann, nicht in den Sinn gekommen sein. Denn die Fortführung dieses Manövers schien erfolgversprechend zu sein ...«

Sodann erklärte er (IV, 70):

»... Das einzige, das ich bisher aus dem Kartenmaterial, das in so hervorragender Weise uns Sachverständigen zur Verfügung gestellt wird, entnehmen kann, das einzige, was *vielleicht* anders hätte gemacht werden können — und zwar *am Schluß des Dramas*, das ja seinen Höhepunkt eben darin fand, daß ›Carrie‹ mit einer sagenhaften Bosheit hinter der *Pamir* hergezogen ist und dadurch den Untergang dann endgültig bewerkstelligt hat, — daß ich *vielleicht* das Lenzen bis zur letzten Konsequenz durchgeführt hätte. Ich hätte bei Ost zu südlichem Wind noch nicht an den Wind gebraßt. *Vielleicht* aber wäre es möglich gewesen — das hätten die *Umstände an Ort und Stelle sagen müssen, das kann man nach der Theorie nicht entscheiden; ich will das nur möglich offenlassen*, daß Kapitän Diebitsch — das ist meine Ansicht — alle seine Segel bis auf Groß-Untermarssegel einpackte ...«

Hätte Kapitän Wendt noch gewußt, was heute bekannt ist, nämlich daß die *Pamir* dem Hurrikanzentrum viel näher stand, als damals angenommen wurde — 21. September morgens um 7.00 MGZ / 8.00 MGZ nur ca. 20 sm nördlich der späteren Bahnlinien — so hätte er sicherlich sogar sein »vielleicht« gestrichen und auch darin übereingestimmt, daß es gar keine andere Wahl gab, als weiter so schnell wie möglich nach Norden zu laufen und zu versuchen, dem zerstörenden Bereich des Hurrikans zu entfliehen.

Es ist schließlich noch zu bedenken, daß — wie freimütig von ihnen eingeräumt wurde — keiner der Sachverständigen, geschweige denn von den Beisitzern des Seeamtes, jemals als Rahseglerkapitän einem Hurrikan begegnet war. Man könnte also sehr wohl denken, daß sich das Seeamt bei Beurteilung der so außerordentlich schweren Frage — Lenzen oder Nordkurs mit der jeweils notwendigerweise verschiedenen Segelführung — aus gutem Grunde (schon deshalb) Zurückhaltung hätte auferlegen müssen. Hinzu kommt, daß es das Problem verkannt und die Sachverständigen mißverstanden hat. Seiner Schlußfolgerung mangelt es daher an Kompetenz.

Mit Deutlichkeit und Überzeugungskraft geht das auch aus dem Gutachten Schmidt hervor. Faßt man die Ausführungen über »Orkanstrategie und Segelführung — verzweifelter Kampf gegen ›Carrie‹« zusammen, so kann wieder auf das Gutachten Schmidt hingewiesen werden:

»... Zusammengefaßt ergibt die vorliegende Untersuchung folgendes: Bei dem Ablauf des Geschehens sind, zeitlich gesehen, bestimmte Abschnitte zu erkennen, deren Folge ein ständiges Anwachsen der Gefahr bedeutet.

1. 18. September 16h und 22h bzw. 19. September 04h MGZ:
Erstmalig wird eine östliche Zugrichtung vorhergesagt. Diese war nach der bisherigen Kenntnis über Orkanbahnen höchst unwahrscheinlich und mußte nach der warhscheinlich richtigen Meldung der kanadischen Station und vor allem sorgfältiger eigener Überlegung als nicht zutreffend, jedenfalls als unhaltbar erscheinen. Bei einem Abstand von 800 sm um 04h MGZ war ohnehin noch hinreichende Gelegenheit zum Ausweichen vorhanden.

2. 19. September 10h und 16h MGZ:
Erstmalig wurde in der Vorhersage eine ostsüdöstliche Bahnrichtung als möglich angesehen. Aus Gründen, die in der vorliegenden Untersuchung besonders eingehend ausgeführt wurden, war die *Pamir* berechtigt, die 16h-Meldung abzuwarten, um dann, wenn es entgegen aller Voraussicht doch notwendig wurde, mit besseren und vollständigeren Unterlagen ein Ausweichen einzuleiten, das bei ca. 605 sm Abstand noch immer möglich war.

3. 19. September ab 16h MGZ:
Eine nicht zu erwartende und völlig unwahrscheinliche Änderung der Orkanbahnrichtung nach OSO war eingetreten. Durch die Schwenkung der Orkanbahn stand die *Pamir* plötzlich auf der linken Bahnseite. Wie versucht wurde, eingehend darzulegen und zu begründen, entschied sich die *Pamir* von den drei vorhandenen Möglichkeiten für die nach Lage der Dinge richtige: nach Norden abzulaufen. Dies war richtig, weil die *Pamir* damit das fahrbare Viertel, also die günstigere Seite erreichen mußte.

4. 20. September ab 10h MGZ:
Eine erneute Bahnänderung zurück in östliche Richtung konnte erkannt werden. Der Entschluß, der nach der Meldung 16h gefaßt wurde, mußte einer erneuten Prüfung unterzogen werden. Diese ergab, daß der 16h-Entschluß auch nach der Bahnänderung richtig blieb. Das gleiche wurde durch die Meldung für 22h bestätigt. Als Passierabstand ergab sich zu dieser Zeit noch 190 sm.

5. 20. September ab 16h MGZ:
Die Vorhersage gibt eine östliche Bahnrichtung an. Die beste noch vorhandene Möglichkeit des Entkommens war nach wie vor, mit möglichst großer Segelführung nach Norden abzulaufen.

6. 20. September ab 22h MGZ:
Die nunmehr eingeschlagene nordöstliche Bahn wurde möglicherweise erkannt. Nach wie vor bleibt die einzige Möglichkeit, den Abstand von der Bahn zu vergrößern, also das Ablaufen nach Norden.
7. 21. September morgens:
Das nun folgende Verhalten der *Pamir* kann nur noch als äußerste Notmaßnahme angesehen werden. Nachdem die *Pamir* durch das durch die Verhältnisse erzwungene ›Ablaufen nach Norden‹ (so lange wie möglich) auf Backbordbug gezwungen wurde, war ein Beidrehen auf Steuerbordbug nicht mehr möglich.
Die Umstände, die in erster Linie wirkend zum Untergang der *Pamir* geführt haben, enthält der Schluß des Hauptteils der vorliegenden Untersuchung.
Ursächlich für den Untergang der *Pamir* war, daß der Hurrikan ›Carrie‹ einen Bahnverlauf nahm, der in seiner Gesamtheit einmalig war und in gleicher Art bisher nicht beobachtet wurde, und daß ›Carrie‹ von diesem in seiner Gesamtheit völlig ungewöhnlichen, einmaligen Weg dann am 19. September 04h MGZ südöstlich, am 20. September 10h MGZ östlich und am 20. September 16h nordöstlich schwenkte. Erst diese drei kurz aufeinander folgenden Schwenkungen dieses ›most intense hurricane of the year‹ (nach ›Mariners Weather Log‹ number six) besiegelte das Schicksal des Schiffes.
Es lag ohne Zweifel ein furchtbares, schicksalhaftes Verhängnis sowohl in dieser mehrfachen, ungewöhnlichen Bahnänderung, wie auch darin, daß gerade der hintere linke Quadrant des Hurrikans hinsichtlich der Wind- und Seegangsstärke systemwidrig der gefährlichste war.
Man gewinnt den Eindruck, daß ›Carrie‹ hinter dem Schiff herlaufend, dieses dann in diesen gefährlichen Quadranten trieb und so alle Überlegungen zum Scheitern verurteilte ...«

Fazit

Zieht man das Fazit, so muß man feststellen, daß die Zweifel an der Richtigkeit des *Pamir*-Seeamtsspruches nicht nur berechtigt sind, sondern auch durchschlagen. Abgesehen von einigen allgemeinen Erkenntnissen und Lehren, die — für sich gesehen — als eine Art »Goldene Regeln« gewiß von Wert sind, bringt er keine Aufklärung des konkreten *Pamir*-Falles. Das Seeamt ist an wesentlichen Tatsachen und wichtigen Erkenntnissen vorbeigegangen und hat Kapitän Diebitsch, den Schiffseignern und dem Korrespondentreeder in der Sache und in der Form Unrecht getan. Es hat eine Unfallursache als feststehend angenommen, die mit größter Wahrscheinlichkeit ausscheidet. Die falsche Annahme eines Stabilitätsunfalles durch Ladungsübergang liegt in der Unterstellung eines Sachverhaltes, den es sich zum Teil selbst vorgegeben hatte, der aber nicht zutraf. Leider hat es sich davon nicht abbringen lassen, vielmehr sich selbst — unter Herabsetzung Kapitän Diebitschs — zu der These geführt, der Untergang der *Pamir* sei vermeidbar gewesen, mithin durch eine falsche Schiffsführung verursacht worden.
Von entscheidender Bedeutung für die Beurteilung des *Pamir*-Unglücks waren folgende Tatsachen:

1. Die *Pamir* hat im Hurrikan Beschädigungen am Schiffsrumpf erlitten, durch die zunehmender Wassereinbruch erfolgte. Das ist bewiesen
a) durch Zeugenaussagen,
b) durch Wasser- und Luftfontänen aus Öffnungen des kieloben treibenden Schiffsrumpfes,
c) durch schnelles Sinken der *Pamir* und
d) durch Funksprüche.
2. Die zerstörerische Gewalt des Hurrikans war viel größer als das Seeamt angenommen hat, insbesondere in den unheimlichen Böen.
3. Die Bahn des Hurrikans »Carrie« war abartig, verfolgte dazu mit abnormer Struktur die *Pamir* geradezu teuflisch und ließ ihr kein Entkommen.
4. Die Segelführung und das gesamte seemännische Verhalten des Kapitäns Diebitsch sowohl vor als auch in dem Hurrikan entsprach den anerkannten nautischen und meteorologischen Regeln, insbesondere hinsichtlich der Zahl von Segeln, mit denen die Flucht vor dem Orkan versucht wurde. Das haben die Sachverständigen anerkannt. — Das Seeamt hat sich den Blick auf diese Tatsachen selbst verbaut.

Statt Anerkennung und Lob zu spenden, beides war verdient, hat es getadelt. Dabei hatte es doch selbst ausgeführt (SPR 285), eine Windgeschwindigkeit von weit über 100 kn hätte für die *Pamir* eine Katastrophe durch »höhere Gewalt« bedeuten können. Daß in den Böen des Hurrikans eine derartige Geschwindigkeit, Wucht und Zerstörungskraft herrschte, ergibt sich aus Zeugenaussagen und Sachverständigenäußerungen. In diesem Zusammenhang kann an die zerstörerische Gewalt anderer Orkane erinnert werden, z.B. an den Orkan »Vivien« und »Wiebke« Anfang 1990. Abschließend ist festzustellen, daß die *Pamir* mit an Sicherheit grenzender Wahrscheinlichkeit »höherer Gewalt« zum Opfer gefallen ist und nicht eigenem Versagen. Das mindeste, was man sagen muß, ist: ein Schiffsunfall durch übergehende Ladung ist *nicht »höchstwahrscheinlich«*, sondern *»höchst unwahrscheinlich«*.

Es ist ein ausgesprochenes Anliegen dieser Schrift, der unverantwortlichen Apodiktik des *Pamir*-Seeamtsspruches und seinen unhaltbaren Schuldvorwürfen und anmaßenden »Ist-Feststellungen« entgegenzutreten und damit zur Rehabilitierung Kapitän Diebitschs, der Schiffseigner und des Korrespondentreeders beizutragen, nicht zuletzt auch um den Hinterbliebenen der auf See gebliebenen Besatzungsmitglieder der *Pamir* deutlich zu machen, daß ihre Angehörigen nicht Opfer von »Schuld«, sondern von »höherer Gewalt« geworden sind.

Das ist jedenfalls gewiß: Mit seinen »Ist-Feststellungen« und Schuldvorwürfen ist der Spruch des Seeamtes Lübeck unrichtig.

Abschließend könnte man mit dem römischen Satiriker Juvenal (60 bis 140 v. Chr.) sagen: »Difficile est satiram non scribere.« (Es ist schwer, hierüber keine Satire zu schreiben.) Warum das Seeamt so einseitig untersuchte und unhaltbar entschied, könnte sich — jedenfalls zum Teil — aus dem folgenden Abschnitt ergeben.

Mögliche Hintergründe des Seeamtsspruches

Gäbe es ein Buch über die wahren Gründe von Gerichtsurteilen oder vergleichbaren Entscheidungen, es hätte keine leeren Blätter. Oft genug haben sich hinter den offiziellen Gründen von Urteilssprüchen andere verborgen, die schließlich (hintergründig) für die Entscheidung den Ausschlag gegeben haben.
Man wird unwillkürlich an dieses Phänomen erinnert, wenn man darüber nachdenkt, was denn wohl die eigentlichen Gründe für den *Pamir*-Seeamtsspruch gewesen sein könnten.

Das Seeamt hat abgelehnt, die Möglichkeit des Vorliegens »höherer Gewalt« eingehend zu untersuchen.
Es hat den Betroffenen das rechtliche Gehör verweigert, wodurch es insbesondere das Thema »höhere Gewalt« abschnitt.
Es hat den Unfall als vermeidbar bezeichnet und auf Fehler der Schiffsführung zurückgeführt.
Es hat in wesentlichen Punkten Kapitän Diebitsch menschliches Versagen angelastet.

Die Häufung von (unzutreffenden) Behauptungen schwerwiegender Fehler läßt sich nicht in die Kategorie ungewollter und beachtlicher »Irrtümer« einordnen. Es ist mehr.
Sie ließe sich auch nicht mit einer etwaigen Unerfahrenheit des Seeamtsvorsitzenden erklären. Denn er war alles andere als das. Zu oft war er in Seeamtsverfahren als Vorsitzender tätig gewesen. Außerdem war er, wie der Verfasser aus Unterredungen mit ihm weiß, ein begeisterter Segler und betrachtete die Seefahrt nicht nur als notwendig, sondern auch als Hobby. Vielleicht liegt aber gerade hierin der Schlüssel für den Spruch. In dessen Begründung heißt es (SPR 318):

»... Damit ist die *Untersuchung* des eigentlichen Unfallhergangs abgeschlossen. Sie *hat* — bei völliger Ausschaltung der Schuldfrage — *ergeben, daß die Pamir den Hurrikan durchaus hätte überstehen können.* Alle die Stimmen, die — aus menschlich begreiflichen Beweggründen — die Ansicht vertreten, daß die Viermastbark einem unvermeidlichen Geschick zum Opfer gefallen sei, verkennen nicht nur Tatsachen und ursächliche Zusammenhänge, sondern übersehen auch wohl vielfach einen wichtigen Punkt: daß ihre Auffassung den Betrieb von Segelschulschiffen in der vorliegenden Form als mit einem zu hohen Risiko belastet erscheinen lassen würde. Wenn ein solches Segelschiff im Feld eines Hurrikans zugrundegehen *müßte*, dann wäre der Einsatz zu hoch; trotz der verhältnismäßigen Seltenheit tropischer Orkane würden noch so gute Ausbildungserfolge es dann nicht rechtfertigen, die Blüte des Nachwuchses der deutschen Handelsmarine in der Jahreszeit der größten Hurrikanhäufigkeit mitten durch die hurrikangefährdeten Meeresgebiete segeln zu lassen. Die seeamtliche Untersuchung hat gezeigt, daß der Unfall der *Pamir* nicht zu einem solchen Schluß nötigt. Die *Pamir* hätte den Gewalten von Sturm und Seegang, denen sie ausgesetzt gewesen ist, nicht zu erliegen brauchen.«

Das ist sehr aufschlußreich. Anders ausgedrückt, besagen diese Ausführungen doch: der »Betrieb von Segelschulschiffen in der vorliegenden Form« ließe sich nicht fortsetzen, wenn ein solches Segelschiff im Feld eines Hurrikan — auf Grund »höherer Gewalt« — zugrunde gehen müßte; denn »dann wäre der Einsatz zu hoch«. Anderes gelte aber dann, wenn der Unfall nicht auf »höhere Gewalt«, sondern auf vermeidbare Fehler in der Schiffsführung zurückgeführt werden müsse.

Man spürt geradezu heraus, was das Seeamt *nicht* wollte, nämlich die Einstellung des Segelschulschiff-Betriebes. Geradezu erleichtert, so fühlt man, führt das Seeamt schließlich aus:

»... Die seeamtliche Untersuchung hat gezeigt, daß der Unfall der *Pamir* nicht zu einem solchen Schluß nötigt...«

Aus diesem Grund, so könnte man annehmen, ist es an der »höheren Gewalt« vorbeigegangen. Denn damit blieb nach seiner Auffassung der Weg zur Fortsetzung der Segelschulschiffahrt offen. Daß diese Rechnung dennoch nicht aufging, war eine Tragik besonderer Art.

Das Schwesterschiff *Passat* wurde stillgelegt und aus dem Verkehr gezogen. Der Norddeutsche Lloyd blieb für seine Kadetten zwar zunächst noch bei einer Segelschulschiff-Ausbildung, führte diese aber nicht mehr auf Rahseglern durch, sondern auf der gaffelgetakelten Ketsch *Seute Deern*, bei der die Segel von Deck bedient werden. Aber auch er stellte im Jahre 1967 die Segelschulschiff-Ausbildung seines Nachwuchses ein.

Nur bei der Bundesmarine zeigte der Seeamtsspruch Erfolge in der aufgezeigten Richtung. Denn dort war nach dem Untergang der *Pamir* überlegt worden, den Bau des Segelschulschiffes *Gorch Fock* — auf deren Vorgängerin der Verfasser übrigens gedient hat — aufzugeben. Der damalige Inspekteur der Bundesmarine, Vizeadmiral Friedrich Ruge, konnte das aber mit dem Hinweis verhindern, daß die *Pamir*-Katastrophe nach den Feststellungen des Seeamtes ein vermeidbarer Einzelfall gewesen sei, der keine allgemeinen Rückschlüsse erlaube (Schiff mit geringer Stabilität, Ladung nicht fachmännisch gestaut, Kapitän zu wenig Erfahrung mit Segelschiffen, zwar theoretisch richtiges Verhalten im Sturmtief, jedoch Eindruck, daß

Beidrehen oder Ablaufen mit Gegenkurs besser gewesen wäre). Nachzulesen ist dies im Buch von Jochen Brennecke und Karl-Otto Dummer »Viermastbark *Pamir* — ihr Schicksal im Zentrum des Hurrikans ›Carrie‹« (Seite 244).
So blieb wenigstens die Segelschulschiff-Ausbildung bei der Bundesmarine erhalten, damit übrigens auch die Möglichkeit für viele Nautiker, die — über einen Dienst in der Bundesmarine — ihre berufliche Erfüllung in der Handelsmarine finden.
Allerdings: Ging schon die möglicherweise im Kopf befindliche Spekulation bei der Feststellung eines angeblich vermeidbaren *Pamir*-Verlustes, die Segelschulschiffahrt erhalten zu können, nur »halb« auf, so wäre auch die Sorge vor einem Zwang zur Aufgabe im Falle der Unvermeidbarkeit des Verlustes, also von »höherer Gewalt«, nicht zwingend gewesen. Denn solange Schiffahrt betrieben wird, und das sind Jahrtausende, hat es immer Schiffsverluste (auch) aufgrund »höherer Gewalt« oder unbekannter Ursachen gegeben, auch von Seglern, ohne daß die Schiffahrt aufgegeben worden ist.
Allein schon die Beispiele der Viermastbark *Admiral Karpfanger*, Schulschiff der Hamburg-Amerika Linie, und des Segelschulschiffes *Niobe* der Reichsmarine beweisen es. Und sollte jemand behaupten wollen, das alles gelte doch wohl nicht mehr für die heutige Welt und ihre überragende Sicherheitstechnik, dann brauchte man nur auf die *München*-Katastrophe aus dem Jahre 1978 hinzuweisen. Hier war ein Superschiff mit modernster Technik im Orkan untergegangen. Das Seeamt Bremerhaven hatte in seiner Verhandlung vom 12. Juni 1980 zu diesem Fall einen Spruch verkündet, aus dem folgendes zitiert wird:

». . . Am 12. Dezember 1978 befand sich das deutsche Leichterträgerschiff *München* auf der Reise von Bremerhaven nach Savannah/USA im Nordatlantik. An Bord waren 28 Personen, und zwar 27 Besatzungsmitglieder und die mitreisende Ehefrau des II. Ingenieurs. Die Ladung bestand überwiegend aus in 83 Leichtern gestauten Stahlprodukten. Die Leichter waren in Rotterdam, Antwerpen und in den Weserhäfen geladen worden. Nördlich der Azoren geriet das Schiff in außergewöhnlich schlechtes Wetter. Mit orkanartigem Sturm und Orkanböen aus westlichen Richtungen mit außergewöhnlich schwerer See und Wellenhöhen, die bis zu 30 m betragen haben können. Um 0.07 MGZ hatte der Funkoffizier des MS *München* Funkspruchverbindung mit dem deutschen MS *Caribe*, wobei er erwähnte, daß schweres Wetter herrsche, die Brücke beschädigt und Bullaugen eingeschlagen seien. Um 3.10 MGZ und um 3.15 MGZ gab das MS *München* eine Seenotmeldung ab, die von dem griechischen Bulkcarrier *Marion* verstümmelt empfangen und weitergeleitet wurde. Der Funkoffizier der MS *Marion* versuchte vergeblich, mit dem MS *München* Verbindung aufzunehmen.
Eine alsbald eingeleitete und umfangreiche Suchaktion mit Flugzeugen und Schiffen blieb erfolglos. Die angegebene SOS-Position 46 Grad 15 'N, 27 Grad 30 'W gab, wie sich später herausstellte, den wahren Stand des Schiffes, der ca. 100 sm südsüdöstlich lag, nicht an. Am 12. Dezember 1978 werden keine weiteren unmittelbar

von dem MS *München* stammende Notrufe gehört. Es fanden bei dem Schiffsuntergang den Tod (es folgen die Namen der 27 Besatzungsmitglieder und der mitreisenden Ehefrau)...«

»... Ursächlich für den Untergang des MS *München* war vermutlich schwerer Seeschlag, der zum langsamen Sinken des Schiffes führte und den Ausfall der Funk- und Maschinenanlage bewirkte. Andere Unfallursachen sind nach Auffassung des Seeamtes mit großer Wahrscheinlichkeit ausgeschlossen...«

Berührt allein schon der vorsichtige und zurückhaltende Duktus — »vermutlich« — dieser Spruchformel angenehm, so fällt im Vergleich mit dem *Pamir*-Fall noch einiges auf, was dort das Vorliegen »höherer Gewalt« besonders deutlich macht.

1. Es handelte sich bei der *München* um ein modernes, nur zwei Jahre altes Lash-Schiff mit ca. 37.000 BRT, einer Tragfähigkeit von 44.600 to, einer Länge von rund 261 m und einer Breite von rund 32 m sowie einer Seitenhöhe von 18,4 m und einem Tiefgang von 11,27 m.
   Lehre: Selbst ein solches (vergleichsweise) Riesenschiff kann ein Orkan-Opfer werden.
2. Von einem Übergang der Ladung konnte keine Rede sein.
   Lehre: Auch ohne Ladungsübergang kann ein Schiff im Orkan untergehen.
3. Es handelte sich nicht um einen Hurrikan, sondern um »außergewöhnlich schlechtes Wetter mit orkanartigem Sturm und Orkanböen«.
   Lehre: Schon ein gegenüber dem »Carrie«-Hurrikan minderstarker orkanartiger Sturm mit Orkanböen kann zerstörerische Gewalt haben.
4. Das Seeamt hielt schon bei diesem Wetter Wellenhöhen bis zu 30 m für möglich.
5. Unfallursache war »vermutlich schwerer Seeschlag«.
   Lehre: Schon ein gegenüber dem »Carrie«-Hurrikan minderstarker Sturm mit Orkanböen kann vermutlich zu schwerem Seeschlag führen.

Trotzdem ist nach dem Untergang der *München* niemand auf den Gedanken gekommen, Sorge vor einer Einstellung der Seeschiffahrt wegen unvermeidbarer »Höherer-Gewalt«-Katastrophen haben zu müssen.
Wohlgesonnenheit gegenüber der Segelschiffahrt und der Wunsch, sie voll zu erhalten, haben das Seeamt Lübeck möglicherweise geleitet und zu »Irrtümern« und zu einem Fehlurteil geführt. Könnte man das als Entschuldigung gelten lassen? Wohl kaum.
Nur eine Feststellung hat Bestand: *»Navigare necesse est.«*

Anhang

1. Liste der auf See gebliebenen und der geretteten Besatzungsmitglieder der *Pamir*
2. Seekarte mit der Bahn des Hurrikans »Carrie« (siehe Karte auf dem vorderen Vorsatz)
3. Karte des Gebietes, in dem die *Pamir*-Katastrophe geschah
4. Segelriß der Viermastbark *Pamir*
5. Wahrscheinliche Segelführung der *Pamir* am 21. September 1957
6. Stellungnahme von Kapitän Eggers (*Pamir*) vom 7. März 1958 zum Thema »Unterschiede beim Verrutschen bzw. Übergehen der Ladung auf SS *Passat* und SS *Pamir*«
7. Stellungnahme von Kapitän Grubbe (*Passat*) vom 6. Februar 1958 zum Thema »Unterschiede beim Verrutschen bzw. Übergehen der Ladung auf SS *Passat* und SS *Pamir*«
8. Bericht über ein Gespräch mit dem Präsidenten des Bundesoberseeamtes am 10. Dezember 1958
9. Schreiben von Kapitän Bauer über Kapitän Diebitsch vom 25. Februar 1958
10. Schreiben von Rechtsanwalt Dersch über Kapitän Diebitsch vom 1. Januar 1958
11. Schreiben von Graf Geldern-Egmond über Kapitän Diebitsch vom 2. Januar 1958
12. Schreiben von Kapitän Flörcken über Kapitän Diebitsch vom 3. Dezember 1957
13. Lebensweg der Viermastbark *Pamir*
14. Bericht des Kapitäns M/S *Ludwigsburg* über eine Gedenkfeier auf See für die *Pamir* vom 11. Oktober 1957
15. Schreiben von Kapitän Dominik vom 24. August 1990
16. Notiz von Kapitän Dominik vom 21. Dezember 1957
17. Schreiben von Kapitän Greiff vom 3. Februar 1991
18. Schreiben von Eberhard Westerkamp vom 4. Februar 1991
19. Schreiben von Kapitän Memmen vom 26. Januar 1991
20. Schreiben von Professor Gabler vom 25. Februar 1991
21. Schreiben von Admiral a.D. Karl Peter vom 3. März 1991
22. Schreiben von Admiral a.D. Dieter Wellershoff vom 14. Oktober 1991

Anhang 1: Liste der auf See gebliebenen und der geretteten Besatzungsmitglieder der *Pamir*

Auf See blieben:

Diebitsch, Johannes	Kapitän
Köhler, Rolf-Dieter	I. Offizier
Schmidt, Alfred	I. Offizier
Buschmann, Gunther	II. Offizier
Buscher, Johannes	II. Offizier (Oberleutnant zur See)
Ruppert Dr., Heinz	Schiffsarzt
Richter, Kurt	I. Ingenieur
Halbig, Erich	II. Ingenieur
Schinnagel, Günter	Ingenieur-Assistent
Krohn, Günther	Ingenieur-Assistent
Siemers, Wilhelm	Funkoffizier und Zahlmeister
Kühl, Richard	I. Bootsmann
Lütje, Helmuth	II. Bootsmann
Stober, Julius	Segelmacher
Walter, Hermann	Zimmermann
Eggerstedt, Werner	Koch
Hamburger, Ingo	Kochsmaat
Daiser, Alois	I. Steward
Scheer, Hans-Peter	Messesteward
Holzapfel, Gerd	Segelmacher-Matrose
Arfsten, Volkert	Matrose
Koppmann, Dieter	Matrose
Lühring, Rolf	Matrose
Dellit, Rolf	Matrose
Gundermann, Hartmut	Matrose
Kehr, Wilfried	Jungzimmermann
Hein, Gert	Leichtmatrose
Schlüter, Helmut	Leichtmatrose
Leppert, Wolfram	Leichtmatrose
Geller, Hermann	Leichtmatrose
Schmitz, Jürgen	Leichtmatrose
Meier, Klaus	Jungmann
Schmidt-Brinkmann, Heiner	Jungmann
Beck, Karl-Otto	Jungmann
Grunewald, Klaus	Jungmann
Dierbach, Artfried	Jungmann
Riemann, Christiano	Jungmann
Frederich, Peter	Jungmann
Woite, Dietrich	Jungmann
Kröger, Jan-Peter	Jungmann
von Minden, Rüdiger	Jungmann
Westerkamp, Helmut	Jungmann
Strigler, Eberhard	Jungmann

Fleischmann, Jürgen	Jungmann
Fischer, Peter	Jungmann
Schüler, Winfried	Jungmann
Hensel, Peter	Jungmann
Hastedt, Manfred	Jungmann
Hutschenreuter, Franz	Jungmann
Stever, Uwe	Jungmann
Driebold, Klaus	Jungmann
Wippermann, Bertel	Jungmann
Küper, Bernhard	Jungmann
von Bechtold, Friedrich	Jungmann
Fluck, Werner	Jungmann
Lind, Olaf	Jungmann
Bollmann, Hans-Dieter	Jungmann
Stöcke, Peter	Jungmann
Thorborg, Klas-Dietrich	Jungmann
Andresen, Sönke	Jungmann
Born, Hans-Gerd	Schiffsjunge
Dorow, Gerhard	Schiffsjunge
Ellinghaus, Raimund	Schiffsjunge
Förster, Klaus	Schiffsjunge
Gerstenberg, Manfred	Schiffsjunge
Hartmann, Holger	Schiffsjunge
Hasselmann, Uwe	Schiffsjunge
Hepe, Albrecht	Schiffsjunge
Holst, Manfred	Schiffsjunge
Jensen, Axel	Schiffsjunge
Krumm, Manfred	Schiffsjunge
Meine, Jürgen	Schiffsjunge
Rosenbrock, Heiner	Schiffsjunge
Scheider, Peter	Schiffsjunge
Schnalke, Jochen	Schiffsjunge
Stampe, Hans-Jürgen	Schiffsjunge
Stangl, Erwin	Schiffsjunge
Streeck, Dieter	Schiffsjunge
Thies, Gerd	Schiffsjunge
Wittrock, Peter	Schiffsjunge

Gerettet wurden:

Dummer, Karl-Otto	Kochsmaat
Haselbach, Günther	Leichtmatrose
Fredrichs, Klaus	Leichtmatrose
Wirth, Hans-Georg	Leichtmatrose
Anders, Volker	Schiffsjunge
Kraaz, Karl-Heinz	Schiffsjunge

Anhang 2: Seekarte mit der Bahn des Hurrikans »Carrie«
(siehe Karte auf dem vorderen Vorsatz)

Anhang 3: Karte des Gebietes, in dem die *Pamir*-Kastastrophe geschah

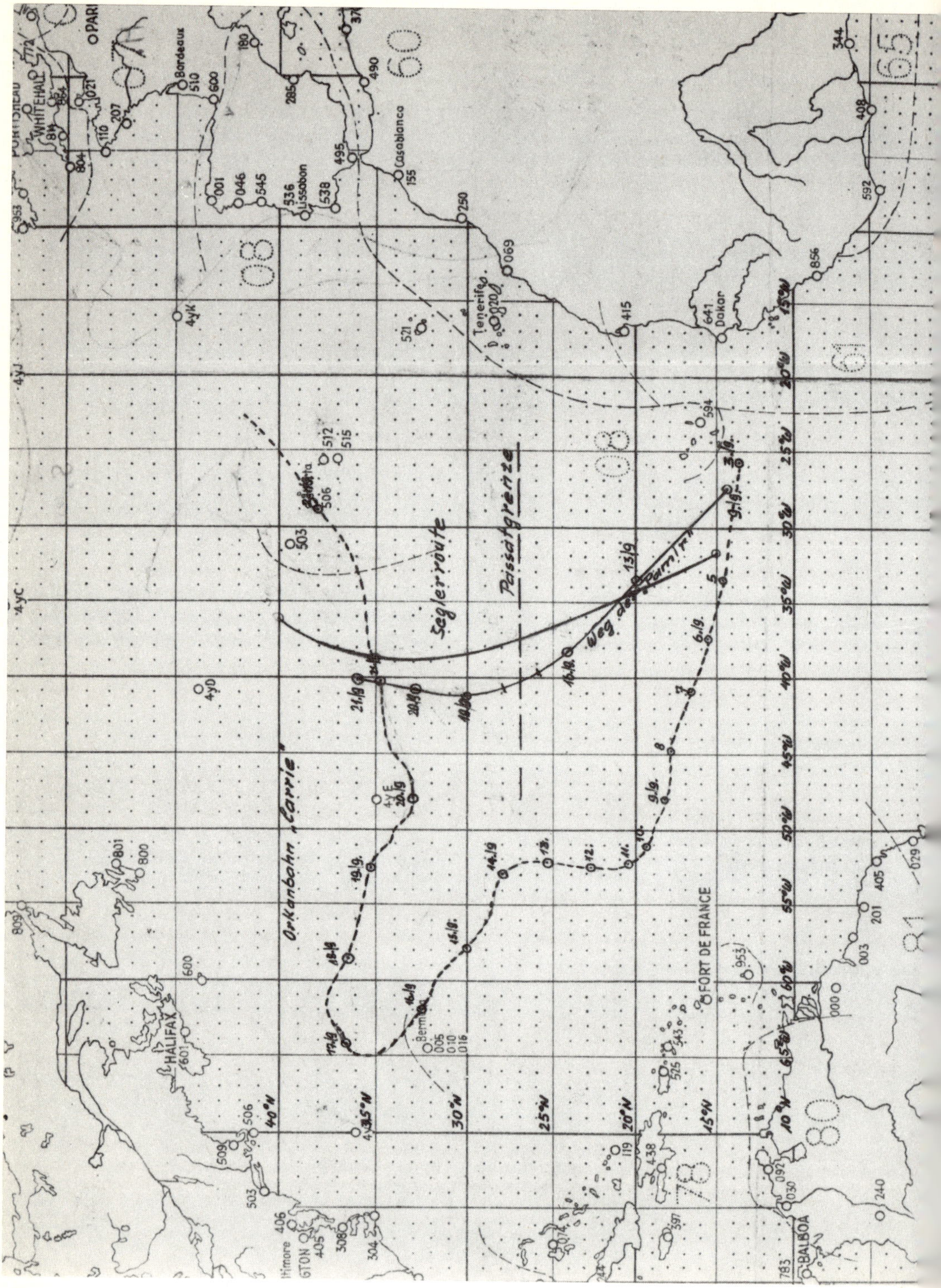

Anhang 4: Segelriß der Viermastbark *Pamir*, erbaut 1905 von Blohm + Voss, Hamburg

1 Vorroyal
2 Voroberbramsegel
3 Vorunterbramsegel
4 Vorobermarssegel
5 Voruntermarssegel
6 Fock
7 Großroyal
8 Großoberbramsegel
9 Großunterbramsegel
10 Großobermarssegel
11 Großuntermarssegel
12 Großsegel
13 Kreuzroyal
14 Kreuzoberbramsegel
15 Kreuzunterbramsegel
16 Kreuzobermarssegel
17 Kreuzuntermarssegel
18 Kreuzsegel (Bagien)
19 Unterbesan
20 Oberbesan
21 Gaffeltoppsegel
22 Außenklüver
23 Mittelklüver
24 Innenklüver
25 Vorstengestagsegel
26 Großbramstagsegel
27 Großstengestagsegel
28 Kreuzbramstagsegel
29 Kreuzstengestagsegel
30 Besanstengestagsegel
31 Besanmittelstagsegel
32 Besanstagsegel

Mastbezeichnungen:

A Fockmast
B Großmast
C Kreuzmast
D Besanmast

Anhang 5: Wahrscheinliche Segelführung der *Pamir* am 21. September 1957

Anhang 6
Stellungnahme von Kapitän Eggers

Hermann Eggers, Kapitän

Alexandria, den 7. März 1958

Unterschiede beim Verrutschen bzw. Übergehen der Ladung auf SS *Passat* und SS *Pamir*

Segler *Passat* hatte mehrere Tage im Sturm und schwerer See auf Steuerbord-Halsen hart am Wind beigedreht gelegen. Nach Aussagen von Kapitän Grubbe hat das Schiff 50 bis 60 Grad nach Lee übergeholt. Auf einen langen Zeitraum hat diese starke Neigung ein langsames Verrutschen der Ladung verursacht. Gegenfluten in dem Steuerbordtieftank auf eine erträglichere Schlagseite und eintretende Wellenberuhigung ergaben keine Gefahr mehr für das Schiff. Ich konnte mich persönlich davon überzeugen, daß im Zwischendeck und im Unterraum die Bordwand an Steuerbordseite ca. ein Fuß breit unter den Decksbalken frei war. An Backbordseite war die Gerste bis unter die Decks aufgestaut. Ein weiteres Übergehen der Ladung hätte nicht mehr erfolgen können.

Segler *Pamir* ist, wie bekannt, mit vier-kant-gebrassten Rahen vor dem Wind gesegelt, um viel Nord und Abstand von dem Hurrikan zu bekommen. Mit dem schralenden Wind wurden die Rahen Knoten für Knoten nach Backbord angebrasst, bis sie hart anlagen. (Es wurden Unter- und Obermarssegel geführt.) Bei zunehmender Windstärke sind dann die Segel weggenommen worden. Von einem Verrutschen der Ladung kann während dieser Segelführung keine Rede sein.

Anmerkung: Ich habe mit Pamir *bei Windstärke elf mit derselben Segelführung ca. zehn Stunden lang mit 30 Grad Schlagseite gelegen, die Gerstenladung ist nicht verrutscht.*

Das Schiff hat dann ca. 1 1/2 bis zwei Stunden ohne Segel beigedreht gelegen. Dann erst ist es durch die Wucht des Hurrikans so weit nach Lee gedrückt worden, bis die Nocken der Unterrahen in die See eintauchten. Von diesem Moment an kann von einem Übergehen der Ladung gesprochen werden und von Wassereinbruch in das Schiff. Es ist also nicht die gesamte hohe Segelführung die Ursache des Ablaufes der Vorgänge, sondern die schweren Böen des Hurrikans mit dem unvorstellbaren Druck auf die Takelage.

Anmerkung: Es ist laienhaft vom Seeamt, von einer zu hohen Segelführung zu sprechen bei vollabgeladenem Schiff, Obermarssegel zu führen. Demnach wäre das Schiff bei einer plötzlichen Boe, die man bei aller Vorsicht noch in die stehenden Royals oder Oberbramsegel bekommt, schon auf meinen Reisen gekentert.

Bei jeder Ladung, auch bei Sackgut, muß bei solcher Schräglage einmal der Moment eintreten, wo die Ladung sich verschiebt, es gibt keine Stauung, die so perfekt ist, die Hohlräume ausschließt.

gez. Hermann Eggers

Anhang 7
Stellungnahme von Kapitän Grubbe

Kapitän Helmut Grubbe

Hamburg 21, den 6. Februar 1958
Auguststraße 8
Ruf: 22 15 02

Firma
Zerssen & Co.
Abt. Inspektion
Hamburg 1
Ballindamm 8

Betr.: Unterschiede beim Verrutschen bzw. Übergehen der Ladung auf SS *Passat* und SS *Pamir*

Auf der *Passat* waren die Verhältnisse wie folgt:
Bereits im Südatlantik hatte das Schiff mehrfach grobe See, wobei das Schiff zeitweise erheblich gearbeitet hat. So weist das Schiffstagebuch an sechs Tagen bis zum Passieren der Azoren aus, daß das Schiff zeitweise schwer in hoher Dünung bzw. grober See arbeitete. Nach dem Passieren der Azoren in der Nacht vom 1. zum 2. November 1957 arbeitete das Schiff ununterbrochen in schwerer See und nahm auch sehr viel Wasser über. Die Windstärken wechselten täglich zwischen sechs und neun und nahmen am 4. November in Böen bis zu zehn zu. Am 4. November 1957 drehte ich das Schiff auf Steuerbord-Hals bei Windstärke zehn bei, wobei das Schiff außerordentlich schwer in hoher und steiler See arbeitete. Es wurden dabei Neigungen bis 31 Grad beobachtet. In der Nacht vom 4. zum 5. November, in der wir laufend Windstärke acht bis elf, zeitweise bis zwölf hatten und die See noch sehr viel grober und steiler wurde, wurden laufend Neigungen über 40 Grad festgestellt (das Klinometer zeigt nur bis 40 Grad an). Das Schiff lag in den Böen zeitweise zehn Minuten und länger mit solchen Schlagseiten. Erst am Mittag des 5. November wurde ersichtlich, daß Ladung übergegangen sein mußte; denn das Schiff kam jetzt nicht mehr über die senkrechte Lage hinaus, auch nicht bei den unter dem Schiff durchlaufenden schweren Seen. Im Verlaufe von zehn Stunden bei weiter zunehmender schwerer und außerordentlich steiler See, wobei drei Offiziere unabhängig voneinander Seen von über 11 m Höhe gemessen haben (hierbei handelte es sich nicht um Spitzenseen), nahm die Neigung weiter zu. Gegen 17 Uhr wurde in Raum 1 Ladung übergetrimmt sowie die restlichen Ölvorräte nach Steuerbord gepumpt. Da dies keine Erleichterung für das Schiff brachte, wurde dann um 22.30 Uhr gegengeflutet. In der Zwischenzeit holte das Schiff nach Schätzungen bis 60 Grad über und bewegte sich etwa zwischen 15 und 60 Grad. Die Bewegungen des Schiffes wurden auch sehr viel träger, und grüne See stand vom Feuerturm über Hochdeckschanzkleid bis zur Poop.
Hieraus ergibt sich, daß der gesamte Vorgang des Verrutschens der Ladung sich mindestens über zwölf Stunden abgespielt hat, aber erst, nachdem das Schiff tagelang in sehr schwerer und grober See gearbeitet hatte und darüber hinaus im Verlaufe der Reise mehrfach schwere Seeverhältnisse hatte.
Von der *Pamir* ist — nach Aussagen der Geretteten — nicht bekannt, daß während der Reise von Buenos Aires bis zum Unfallort schlechte Seeverhältnisse aufgetreten sind. Offensichtlich trat erst am Unglückstage grobe See auf.
Nach den Aussagen der Geretteten ist am Unfalltag, auch als das Schiff noch vorm Wind lief, wobei ja eine Schlagseite sofort bemerkbar wird, nichts dergleichen beobachtet worden.

Auch als das Schiff sich im Verlaufe des Wegbrassens wegpackte, ist man noch nicht auf die Vermutung gekommen, daß Ladung übergegangen sein könnte. Daher ist anzunehmen, daß das Schiff bei dem Durchgehen der Seen wieder in die annähernd Senkrechte zurückgekommen ist, da man ja sonst, wenn ein Schiff stetig auf der Seite liegen bleibt, zwangsläufig annehmen muß, daß Ladung übergegangen ist, wovon aber, nach Aussagen der Geretteten, keiner gesprochen hat.

Aus dem Ablauf der Funktelegramme, deren Daten mir nicht genau geläufig sind, geht aber einwandfrei hervor, daß sich, wenn überhaupt, der Vorgang des Übergehens der Ladung in sehr kurzer Zeit abgespielt haben muß, was ich nach meinen Erfahrungen mit der *Passat* für ziemlich unwahrscheinlich halte.

Es wurden von den Sachverständigen festgestellt, daß die *Pamir* fast genausogut wie die *Passat* beladen worden war. Auch bei Annahme von größeren Windstärken bei der *Pamir* dürfte die See hier nicht viel schwerer gewesen sein als bei der *Passat*, da es ja bei uns tagelang aus derselben Richtung wehte und die errechneten Wellenhöhen vom Meteorologischen Amt sowohl für die *Passat* wie für die *Pamir* als gleich hoch angesehen werden. Daraus wäre zu schließen, daß bei der *Pamir* annähernd die gleiche Zeit erforderlich gewesen sein müßte, um die Ladung übergehen zu lassen wie bei der *Passat*.

Mir scheint in diesem Zusammenhang sehr wesentlich die Meldung in einem der Funktelegramme »machen Wasser«, woraus ich schließe, daß das Liegenbleiben des Schiffes auf der Seite eher hierauf zurückzuführen ist.

Hochachtungsvoll
gez. Grubbe

Anhang 8
Bericht über ein Gespräch mit dem Präsidenten des Bundesoberseeamtes am 10. Dezember 1958

Streng vertraulich

13. Dezember 1958

1. An den Vorstand der
   Stiftung *Pamir* und *Passat*
   Hamburg
   Ballindamm 25
2. An die Geschäftsleitung
   Zerssen & Co.
   Hamburg
   Ballindamm 8
3. Herrn Consul
   Thomas Entz
   Rendsburg
   Hollesenstr. 2

Betr.: SS *Pamir*

Am 10. Dezember des Jahres hat — in Gegenwart des Bundesbeauftragten, Herrn Kapitän zur See a.D. Wesemann — die Unterredung mit dem Präsidenten des Bundesoberseeamtes, Herrn Doktor Vogler, stattgefunden. Sie verlief in einer hervorragend guten Atmosphäre. Bedauerlich war nur, daß keiner der Herren von der Stiftung bzw. von Zerssen & Co. teilnehmen durfte.

Da die Unterredung auf meinen Wunsch erfolgte, bat Herr Doktor Vogler mich um Äußerung meines Anliegens. Ich erklärte, dieses Anliegen bestehe darin, dem Präsidenten des Bundesoberseeamtes und dem Bundesbeauftragten persönlich die Gründe vorzutragen, die überhaupt zum Einlegen eines Rechtsmittels gegen den Lübecker Spruch bewogen haben. Die Darlegung dieser Gründe habe ich alsdann durch Zitate aus Briefen von Angehörigen und aus Presseveröffentlichungen — wie ich sie gemäß der Beilage zu diesem Schreiben zusammengestellt hatte — unterstützt. Diese Zitate beeindruckten beide Herren stark.

Sie äußerten, daß sie vollstes Verständnis für die Schritte der Berufungsführer hätten, und sie selbst nicht anders gehandelt haben würden. Auf die anschließende Frage des Präsidenten, ob irgendwelche Verfahren eingeleitet seien, wies ich auf den sowohl bei einem Schiedsgericht wie bei dem ordentlichen Gericht anhängig gemachten Anspruch der Ladungsseite sowie auf Äußerungen von Angehörigen hin, die anläßlich der Einweihung der Gedenktafel dahingehend gemacht worden sind, daß eine Anzeige wegen fahrlässiger Tötung und die Einleitung eines Zivilprozesses unmitttelbar bevorstehen sollen.

Herr Doktor Vogler ging sodann auf die formellen Schwierigkeiten ein, die bezüglich der Zulässigkeit der Berufung bestehen. Ich antwortete, daß wir diese Schwierigkeiten durchaus gesehen und in deren voller Erkenntnis, aber ohne Rücksicht darauf gehandelt hätten, ja, aus den geschilderten Gründen auch gar nicht anders hätten handeln können. Herr Doktor Vogler stimmte zu. Ich betonte, daß die Berufungsführer es aber tief bedauerten, daß die *Pamir*-Tragödie überhaupt noch Gegenstand eines seeamtlichen Verfahrens sei, es sei vielmehr der Wunsch — und das gelte insbesondere auch für die Zukunft — ihr endlich Ruhe zu geben. Gerade das habe jedoch der Lübecker Seeamtsspruch unmöglich gemacht, der in seinem Kern nach unserer festen Überzeugung objektiv unrichtig sei, darüber hinaus die Berufungsführer mindestens in einem Zwielicht erscheinen lasse, und der letztlich der Zeit der Großrahsegler — jedenfalls für die deutsche Schiffahrt — einen unehrenhaften Abschied gegeben habe. Hier griff der Präsident ein und erklärte, daß er nach dem Studium der Berufungsbegrün-

dungsschrift unserem materiellen Begehren, das insoweit um Abhilfe ersuche, die Berechtigung nicht versagen könne. Wenn auch das Oberseeamt in seiner Gebundenheit an seine Kompetenzen über die formellen Schwierigkeiten schwer hinwegkommen könne, so bitte er mich, davon überzeugt zu sein, daß das Oberseeamt dem Verfahren ein für alle »Beteiligten« ehrenvolles Ende bereiten werde. Er hielte es für möglich, daß ein Beschluß des Bundesoberseeamtes u.a. vielleicht folgende Gedanken enthalten könnte:
Ein Berufungsrecht müsse — und zwar unmittelbar aus § 34 SUG — zugebilligt werden, wenn der Spruch des Lübecker Seeamtes die Feststellung eines schuldhaften Verhaltens enthalte. Das Oberseeamt stelle aber klar, daß ein Verschulden nicht ermittelt worden sei. Das Seeamt hätte eine dahingehende Feststellung auch gar nicht treffen dürfen, sie aber auch nicht treffen wollen. Wenn es trotzdem gewisse Formulierungen gebraucht habe, die in diese Richtung deuten könnten, so handele es sich um Mißgriffe im Ausdruck. Da somit gegenüber keinem der Berufungsführer eine Schuldfeststellung getroffen worden sei, könne ein Berufungsrecht nicht zugebilligt werden.
Ich habe Herrn Doktor Vogler daraufhin erklärt, eine eindeutige Klarstellung, daß kein schuldhaftes Verhalten ausgesprochen worden sei, sowie eine gewisse Zurechtweisung des Lübecker Spruches liege im Rahmen unseres Begehrens, werde daher insoweit begrüßt. Wenn damit zugleich eine Wiederherstellung des Ansehens und der Berufsehre verbunden sei, könnte ein solcher Beschluß geeignet sein, allen weiteren Verfahren vorzubeugen.
In dem anschließenden Gespräch machte der Präsident des Bundesoberseeamtes — inoffiziell — noch einige Äußerungen zu dem Spruch, die doch eine tiefe Befriedigung auf unserer Seite auslösen können. Er sagte, daß nach seiner Ansicht, die er sich nach dem Studium der Berufungsbegründungsschrift gebildet habe, das Seeamt einigen entscheidenden Irrtümern unterlegen sei. Das gelte z.B. für die Frage der Segelführung wie überhaupt der Navigation in den letzten Stunden. Hier habe das Seeamt die Probleme »offenbar nicht mitgekriegt«. Man müsse wohl auch zu der Feststellung gelangen, daß die *Pamir* leckgeschlagen worden sei und der wesentliche Wassereinbruch hierauf beruhe (— auch die Bullaugen seien zwar spät geschlossen worden, jedoch zu gewesen). Dann aber werde das Stabilitätsgutachten — und da müsse er uns folgen — völlig umgeworfen. Die eigentliche Ursache der Tragödie liege doch wohl in den Abnormitäten und der Gewalt des Hurrikans. Jedenfalls sei der Spruch mit seinen »Ist-Feststellungen« unhaltbar. Er enthalte zudem einige bedeutsame Widersprüche zu dem von uns produzierten, übrigens ausgezeichneten Verhandlungsprotokoll. Das Seeamt Lübeck sei wohl überfordert und diesem Fall nicht gewachsen gewesen. Er müsse jedenfalls sagen, daß dem Lübecker Spruch durch die Berufungsbegründungsschrift doch die Wirkung genommen sei. Schließlich sei auch das taktische Verhalten der Berufungsführer im seeamtlichen Verfahren, soweit dieses ein solches überhaupt zugelassen habe, absolut richtig gewesen. Das gelte insbesondere besonders für den Antrag auf Erlaß eines Beschlusses, mit dem das Oberseeamt genötigt gewesen sei, den jetzigen Berufungsführern vor Beginn der Verhandlung zu bescheinigen, daß sie sich nicht äußern dürften. Dieser Beschluß und die Berufungsbegründung sollten wohl jedem Vorwurf die Substanz nehmen.
Abschließend bemerkte der Präsident, daß voraussichtlich im Januar des nächsten Jahres mit einer Entscheidung des Oberseeamtes gerechnet werden könne.
Ich bitte, den Inhalt dieses Schreibens *streng vertraulich* zu behandeln, da sich ja auch Herr Präsident Doktor Vogler nur vertraulich äußern konnte und wollte (was auch seinen Wunsch erklärt, die Unterredung allein mit dem Herrn Bundesbeauftragten und mir zu führen).

Mit vorzüglicher Hochachtung
(Dr. Willner)

Anhang 9
Schreiben von Kapitän Bauer über Kapitän Diebitsch

Kapitän Otto Bauer
Betriebsleiter
Emder Heringsfischerei AG.

Emden, den 25. Februar 1958

Herrn Rechtsanwalt
Dr. Willner
Bremen
Domshof 17

Sehr geehrter Herr Dr. Willner,
ich danke Ihnen für Ihr Schreiben vom 24. dieses Monats und beantworte es umgehend, zumal ich an der Seeamtsverhandlung in Lübeck teilgenommen habe und bei der ich mich leider — und darüber kann ich mich heute noch ärgern — nicht zu Wort gemeldet habe. Ganz bestimmt hätte ich etwas zu sagen gehabt, wenn ich geahnt hätte, welchen Spruch das Seeamt Lübeck fällen würde. Damit hatte ich nicht gerechnet.
Zur Sache:
Von 1933 bis Ende 1946 war ich zwei Jahre als Wachoffizier, zwei Jahre als I. Offizier und neun Jahre als Kapitän auf dem Schulschiff *Schulschiff Deutschland* tätig. Als ich 1933 an Bord der *Deutschland* kam, hatte der damalige I. Offizier Diebitsch kurz vorher das Schiff verlassen und war zu seiner Stammreederei, dem Norddeutschen Lloyd, zurückgekehrt. Ich entsinne mich gut, daß in der Offiziersmesse des öfteren von den Kameraden, die unter und mit Diebitsch mehrere Jahre auf *Deutschland* gefahren hatten, vielfach von »Väterchen« Diebitsch gesprochen wurde, und ich konnte aus Gesprächen entnehmen, daß er bei seinen Offizieren in höchster Achtung stand und vielfach nur Rühmliches von seinen seemännischen Kenntnissen durchdrang. — Ende Januar dieses Jahres habe ich vor dem hiesigen Nautischen Verein ein Referat über meine Eindrücke von der *Pamir* — Seeamtsverhandlung in Lübeck gehalten. Es würde zu weit führen, wollte ich brieflich darlegen, inwiefern sich Kapitän Diebitsch in den kritischen Lagen, in genauer Kenntnis der Wetterverhältnisse, vollkommen seemännisch — nautisch und auch in der Segelführung richtig verhalten hat, was ja auch drei der nautischen Sachverständigen bekundet haben.
Nur *ein* älterer Kapitän hätte anders manövriert, was nach meiner vollen Überzeugung bestimmt verkehrt gewesen wäre und was ich jederzeit bereit bin, zu beweisen. —
Ich halte es nicht für zweckmäßig, wenn Herr Kapitän Dominik nach Emden kommt. Schlage deshalb vor, entweder kommen Sie, Herr Doktor Willner, nach hier, eventuell wäre es auch möglich, daß ich Sie in Bremen aufsuche. Übrigens sind wir uns aus verschiedenen Verhandlungen beim Bundesoberseeamt in Bremerhaven, wo ich zeitweise als Beisitzer fungiere, nicht unbekannt.

Ergebenste Grüße!
Ihr
Otto Bauer

Anhang 10
Schreiben von Rechtsanwalt Dersch über Kapitän Diebitsch

Heinrich Dersch
Rechtsanwalt

Hamburg-Altona, den 1. Januar 1958
Palmaille 29
Tel.: 42 49 81

Betr.: Kapitän J. Diebitsch und seine Reise mit der *Pamir*

Herrn
Kapitän Dominik,
Inspektor der Reederei Zerssen & Co.,
Hamburg
Ballindamm 8

Sehr geehrter Herr Dominik!
Nach dem Untergang der *Pamir* berichtete die Presse auch über Kapitän Diebitsch. Einige Schreiber beurteilten ihn sowohl als Schiffsführer als auch als Menschen. Offensichtlich besaßen sie dabei weder Fachkenntnisse noch kannten sie den Kritisierten persönlich. Ihre Angriffe, die teilweise Lügen sind oder üble Nachrede darstellen, können nicht unwidersprochen hingenommen werden.

Den Verstorbenen kenne ich seit 1930. Zwei Jahre war er damals mein Vorgesetzter (Erster Offizier) auf dem *Schulschiff Deutschland*. Als ich als Schiffsjunge an Bord kam, war ich bereits 19 1/2 Jahre alt und konnte daher Kapitän und Offiziere bereits genauer betrachten als die Mehrzahl der jüngeren Kameraden. Im zweiten Dienstjahr als Leichtmatrose hatte ich mit D. dienstlich viel zu tun. In dieser Zeit war ich »Divisionsführer der Alten Leichtmatrosen«, Bootsführer der I. Kuttermannschaft und später Lazarettfunktionär; dies waren Aufgaben, für die sich der Erste Offizier besonders zu interessieren hatte; dieser Pflicht kam D. sorgfältig nach. Hierbei lernte ich ihn kennen, wie er wirklich war. Als Junge war mir zwar aufgefallen, daß er große körperliche Kräfte besaß, daß seinen scharfen Augen im Dienstbetrieb nichts entging, daß seine Stimme auch im Sturm nicht zu überhören war. Nun erlebte ich ihn aber von einer anderen Seite; ich erfuhr, wie gewissenhaft er seine Pflicht als Seemann, als Offizier **und als Erzieher** auffaßte und erfüllte. Er sorgte sich wirklich um das Wohl der Jungen; aus väterlicher Fürsorge versuchte er, aus den halben Kindern Männer zu machen, die später tüchtige Matrosen würden und eines Tages die Tradition deutscher Schiffsführer fortsetzen könnten. Mehrfach erlebte ich, wie er Kapitän Walker energisch darauf aufmerksam machte, wenn die Jungen nicht rechtzeitig die erforderlichen Ruhepausen erhielten. Wenn Jungen etwas nicht sofort begriffen, nahm er sich ihrer besonders an. Dabei erwies er viel Mutterwitz. Und der Schalk blinzelte aus seinen Augen, wenn er seiner ohnehin dröhnenden Stimme etwas mehr Lautstärke verlieh, um ein Manöver oder auch nur das Verhalten eines trägen Mannes zu beschleunigen. Wir verübelten ihm das damals nicht; denn wir waren ja freiwillig zur See gegangen und hatten nicht damit gerechnet, wie in einem Mädchenpensionat behandelt zu werden.

Waren bei schlechtem Wetter Arbeiten zu verrichten, die ein größeres Gefahrenmoment enthielten, so wählte D. hierfür nur die Erfahrensten und Tüchtigsten aus und griff selbst als erster zu. Bei schwerem Wetter habe ich mehrmals mit ihm zusammen Sturmsegel festgemacht; in diesen Augenblicken konnte ich beobachten, daß er nur Kamerad unter Kameraden sein wollte und in keiner Situation die Übersicht verlor. In der Freizeit beschäftigte er sich gern mit uns, und zwar mit nützlichen Arbeiten. Er zeigte uns, wie man seltene Knoten macht, wie man eine Harpune fertigt, um Schweinsfische zu erledigen, oder Haie angelt oder Albatrosse unbeschädigt fängt, um sie dann wieder fliegen zu lassen.

Diese Ansicht über D. haben mir im Laufe der Jahre Hunderte meiner Kameraden bestätigt, u.a. Kapitän Anders, der Vater des geretteten Volkert Anders von der *Pamir*; mit ihm hatte ich eine Reise auf dem *Schulschiff Deutschland* gemacht, als er Divisionsleichtmatrose war. Und bestätigt wird diese Ansicht auch durch die Tatsache, daß in den Jahren nach dem Kriege D. immer besonders herzlich von alten Schulschiffern begrüßt wurde, wenn er zu den Veranstaltungen des »Schulschiffer-Clubs« erschien. Daß er auch den jüngeren Offizieren gegenüber ein guter Vorgesetzter und Kamerad war, zeigt die Freundschaft, die ihn z.B. bis zuletzt mit Kapitän H. Petersen vom Norddeutschen Lloyd und mit dem Stauerei-Inhaber Kapitän Flörcken aus Bremen verband.

Im Frühjahr 1953 traf ich D. in Hamburg wieder. Gemeinsame Interessen führten uns häufig zusammen, so daß wir schließlich sämtliche Fragen betreffs Ausbildung der Seeleute und die sozialen Probleme in der Seeschiffahrt eingehend behandelten. Als D. mit der *Xarifa* aussegeln sollte, zog er mich zu den Vorbereitungen hinzu. Hierdurch erlebte ich, wie sorgfältig er sich für Ausrüstung und Sicherheit des Schiffes und seiner Besatzung bemühte; ohne Rücksicht auf seine Person drückte er bei Doktor H. Hass und der Korrespondentreederin Frau Schneider-Lindemann alle Forderungen durch, auf die er im Interesse von Schiff und Menschen an Bord nicht verzichten wollte. Er sorgte dafür, daß Berufsseeleute an Bord kamen und nicht abenteuerliche unerfahrene Amateursegler, weil diese billigere Arbeitskräfte waren. Er setzte es durch, daß ein Tarifvertrag für die Besatzung geschlossen wurde; allein auf sein Betreiben hin wurde die Besatzung den Sicherungen deutscher Sozialgesetzgebung unterstellt und die Heueransprüche der Mannschaft für die Reise sichergestellt. Meteorologisch bereitete er die Reise mit einer Sorgfalt vor, wie es sonst kaum üblich ist; an mehreren Tagen suchte er den Seewetterdienst in Hamburg auf, um sich insbesondere über die neuesten Erfahrungen mit tropischen Wirbelstürmen informieren zu lassen.

Meine eigenen Beobachtungen werden durch Graf von Geldern-Egmond bestätigt, der D. ebenfalls vom *Schulschiff Deutschland* her kannte und auf der *Xarifa* sein I. Offizier gewesen war. Nur wegen D. hatte v.G. die letzte Fahrt der *Pamir* mitmachen wollen, obwohl er damals bei einer ausländischen Reederei bedeutend mehr verdiente. Er hatte aber die *Pamir* vor ihrer Ausreise nicht mehr erreicht.

Kapitän Diebitsch hat zwar die Reise-Ergebisse der Segelschiffe *Pamir* und *Passat* aufmerksam verfolgt. Nach dem Kommando der *Pamir* hat er sich aber niemals gedrängt. Er hatte eigene Vorstellungen von einem Schulschiff, insbesondere von einem Segelschulschiff. Er hatte aber selbstverständlich seine besondere Freude, diese Reise antreten zu dürfen.

Da D. während der Hamburger Liegezeit der *Pamir* bei mir wohnte, erzählte er mir seine Gedanken über die Durchführung der Reise. Er kannte mich nun genügend und wollte mich wegen meiner Erfahrung in Ausbildungsfragen (ich habe A 6 und war im Kriege Navigationslehrer der Luftwaffe) gern als zusätzlichen Wachoffizier mitnehmen. Aus diesem Grunde unterrichtete er mich besonders über alle Fragen, die ihm am Herzen lagen. Er bemühte sich persönlich, die erforderlichen Patentinhaber zu bekommen. Nur weil die *Pamir* ein »Schulschiff« war und D. genügend Unterricht geben wollte, bestand er darauf, wenigstens vier, möglichst aber fünf nautische Offiziere anzumustern. Für die Wünsche zeigten Kapitän Dominik als Inspektor der Reederei Zerssen & Co. sowie Doktor Wachs als Vorsitzender der »Stiftung *Pamir* und *Passat*« volles Verständnis.

Mehrmals ging ich an Bord der *Pamir*, die mir früher Kapitän Grubbe schon häufig gezeigt hatte. Ich beobachtete, daß D. die *Pamir* in ihrer letzten Einzelheit kannte. Als ich mich darüber wunderte, sagte er, daß er nach dreijähriger Fahrzeit auf dem Vollschiff *Rigel* fünf Jahre auf der *Pamir* gefahren sei; sie käme ihm wie seine eigentliche Heimat vor. Im übrigen sei er über 16 Jahre auf Seglern gefahren; von ihren Kapitänen habe er seine besten Zeugnisse erhalten, die leider bei Bombenangriffen vernichtet worden seien. (Anmmerkung: Der Norddeutsche Lloyd beurteilte die Dienste von Kapitän D. in der Zeit vom 18. Juli 1927 bis zum Kriegsausbruch mit »sehr gut«!)

Das Stauen der Ladung überwachte D. persönlich, hierbei unterstützte ihn der Inhaber der Firma Buschmann, dessen Sohn als II. Offizier angemustert war. Ich hörte, wie D. gegenüber B. darauf bestand, daß die Ladung zusätzlich durch Spannschrauben gesichert würde, auch wenn dadurch besondere Kosten entstünden.
An dem Können der Offiziere zweifelte er auf Grund des persönlichen Eindrucks keine Minute, zumal der I. Offizier und II. Offizier bereits mehrere Reisen unter Kapitän Eggers erfolgreich mitgemacht hatten. Ich selbst konnte beobachten, mit welcher Ruhe und Sicherheit der I. Offizier Köhler ein Bootsmanöver leitete und daß er alle Arbeiten an Deck aufmerksam kontrollierte. Die Qualitäten des Bootsmannes standen ohnehin fest. Ich beobachtete, daß die Stamm-Mannschaft mit einer Sicherheit ihre Arbeiten an Deck verrichtete, wie es kein »alter Matrose« besser gemacht hätte. Es fiel mir auf, daß alle an Bord kräftiger waren als der Durchschnitt von Seeleuten. Und ich dachte daran, daß wir auf den Schulschiffen des Deutschen Schulschiffvereins überhaupt keine Stamm-Mannschaft außer dem Segelmacher und dem Bootsmann hatten. Sie war auch nicht erforderlich gewesen.
D. erklärte mir, daß er am und im Betrieb des Schiffes nichts Wesentliches ändern würde. Die Ausbildung läge ihm natürlich dennoch am Herzen. Einen gewissen theoretischen Unterricht müsse und wolle er durchführen. Auf keinen Fall käme es ihm auf eine schnelle Reise an. Wörtlich sagte er zu mir: »Ich habe genug Stürme erlebt; sie machen mir nichts aus. Die *Pamir* ist stärker als jeder moderne Dampfer. Die Jungens, die ich an Bord habe, sind prächtig stark. Und dennoch, für mich ist Sicherheit der Besatzung oberstes Gesetz. Wir haben ja keine Eile. Der Zweck des Unternehmens ist für mich allein die Ausbildung. Daher weiche ich nach Möglichkeit Stürmen aus, und sollte deshalb die Reise acht Wochen oder sogar ein Vierteljahr länger dauern!« D. wies auch darauf hin, daß er einen erfahrenen Funker bekäme, der ihn schon mit den nötigen Wettermeldungen versorgen würde. Und wieder wörtlich: »Die Jungen der *Pamir* machen einen ausgezeichneten Eindruck. Einige von ihnen scheinen zwar noch nicht die rechten Vorstellungen vom Seemannsleben zu haben, doch hoffen ich, daß ich ihnen die rechte Berufsauffassung beibringen werde und sie tüchtige Seeleute und hoffentlich auch Schiffsoffiziere werden.«
Nach Rückkehr von der Reise wollte D. seiner Dienststelle, dem »Verein zur Förderung des seemännischen Nachwuchses« in Bremen, einen großen Erfahrungsbericht vorlegen, von dem er sich für die Fortentwicklung des Ausbildungswesens künftiger Schiffsoffiziere viel versprach und meines Erachtens auch versprechen durfte.
Über D. als Schiffsoffizier urteilt Kapitän Peter Grau, einer der bewährtesten Handelsschiffsführer, der sich im Kriege als Korvettenkapitän auszeichnete, daß D. unter ihm auf dem M.S. *Hansestadt Danzig* ein Erster Offizier gewesen sei, wie er sich keinen besseren hätte wünschen können, sei es als Nautiker, als Seemann, als Vorgesetzter der Mannschaft, als Kamerad oder als Mensch. Daher habe er ihn getrost als seinen Nachfolger in der Schiffsführung vorschlagen können.
Im Kriege bewährte sich D. als Prisenoffizier auf dem Hilfskreuzer *Kormoran*, der nach erfolgreicher Kaperfahrt den australischen Kreuzer *Sidney* versenkte. Obwohl D. beim Untergang der *Kormoran* im Indischen Ozean schwer verletzt wurde, brachte er die Rettungsboote ohne Verluste nach Australien. Auf dieser Fahrt munterte er sogar noch die Leute auf.
In der Kriegsgefangenschaft sorgte er dafür, daß die Kameraden die trostlosen Jahre überstehen konnten. Hierüber berichtet ein Leserbrief in den »Kieler Nachrichten« vom 12. Oktober 1957; ein anderer Leser erzählt in dieser Ausgabe, daß Kapitän Diebitsch im australischen Offiziers-Gefangenenlager Dhurringile dafür gesorgt habe, daß die Kinder des Familien-Internierungslagers zum Weihnachtsfest 1945 beschenkt wurden. Ich denke, daß das Seeamt Lübeck diese Unterlagen genauso angefordert hat, wie sicherlich die Briefe, die Frau Diebitsch erhalten hat, wie es Briefe der Angehörigen der Besatzung der *Pamir* eingeholt haben soll.
Die Hilfsbereitschaft von Kapitän Diebitsch, sein soziales Mitgefühl und die Sorge für junge Menschen, die Liebe zu Kindern, entsprangen einem tiefen Glauben und aus der Überzeu-

gung von der Notwendigkeit eines praktischen Christentums. Nur aus dieser Religiösität sind die Kunstwerke erklärlich, die D. als Zeichnungen und Schnitzereien in Form von Madonnen und Christusbildern geschaffen hat. Beruflich brauchte D. für seine Person keine Interessenvertretung. Dennoch hielt er den Zusammenschluß der Nautiker für erforderlich, die Pflege der Kameradschaft unentbehrlich, so daß er ein eifriges Mitglied sowohl der Gewerkschaft ÖTV als auch des »Verbandes Deutscher Kapitäne und Nautischer Schiffsoffiziere« war. Mit seiner Kritik hielt er auch hier nicht zurück.
Im Mittelpunkt seines ganzen Interesses stand immer wieder die Sorge für das ihm anvertraute Schiff und seine Besatzung. Hierin konnten ihn weder Zeitungsartikel noch Reden unwissender Politiker beeinflussen.
Die Sorge um Schiff und Besatzung geht auch aus einem Brief hervor, den D. seiner Frau am 8. August 1957 aus Buenos Aires geschrieben hat:
»Am 4. dieses Monats wollten wir fertig werden, aber ein Streik verhinderte die Ladearbeiten. Militär besetzte den Hafen, und nun soll es demnächst auch mit ein bischen Schießerei geklärt werden, wer wieder 'mal Recht behält. Die letzten vier Tage haben wir mit den Jungens die Ladung übergenommen und getrimmt, eine Sauarbeit in Doppelschichten. Heute abend um acht Uhr sind wir fertig, und morgen früh um acht Uhr laufen wir aus. An Land war ich seit dem Streik nicht mehr, um eben da zu sein, wenn es nötig würde. War aber alles sehr rührig und ordentlich.«
So wie ich Diebitsch kenne, hätte er die Jungens niemals so schuften lassen, wenn er nicht gefürchtet hätte, daß ein längeres Verweilen im Hafen und beim Drohen des Bürgerkrieges größte Gefahr für Schiff und Besatzung bestanden hätte!
Auf die *Pamir* verließ er sich voll und ganz. So teilte er seiner Frau am 21. Juli 1957 aus Buenos Aires mit: »Das Schiff, meine alte *Pamir*, ist trotz seines Alters ein besseres Schiff als jeder Neubau, und die Reise hat mir viel Freude gemacht.«
Wenn heute die Stabilitätsverhältnisse der *Passat* geprüft werden, die Erlebnisse anderer Schiffe im Orkan herangezogen werden usw., so ergeben sich meines Erachtens daraus nur sehr schwache und hinkende Vergleiche. Niemals wird geklärt werden können, ob das Unglück nicht allein durch Verkettung besonders unglücklicher Umstände eingetreten ist, nämlich daß ein besonders hoher Wellengang, wie er erfahrungsgemäß auftritt, das Schiff auf die Seite legte, unterstützt durch ein Seebeben anläßlich der Entstehung des neuen Vulkans vor den Azoren; oder welche Bedeutung das Fehlen der Wettermeldung am 20. September hat.

gez. H. Dersch

Anhang 11
Schreiben von Marsil Graf Geldern-Egmond über Kapitän Diebitsch

Marsil Graf Geldern-Egmond

München 22, den 2. Januar 1958
Ludwigstraße 17a

Herrn Kapitän Dominik
c/o Reederei Zerssen & Co.
Hamburg 1
Ballindamm 8

Sehr geehrter Herr Kapitän Dominik!
Aus verschiedenen Pressemeldungen habe ich ersehen, daß anläßich des Unterganges des Segelschulschiffes *Pamir* an der Handlungsweise des Kommandanten desselben, Herrn Kapitän Diebitsch, zum Teil erhebliche Kritik geübt worden ist. Diese Tatsache gibt mir Anlaß, meine Eindrücke und Erfahrungen über die Persönlichkeit von Herrn Kapitän Diebitsch niederzulegen, und ich erkläre mein Einverständnis, dieses Schreiben gegebenenfalls als Unterlage bei der Seeamtsverhandlung zu verwenden. Nachdem leider nur sechs junge Besatzungsmitglieder aus der Katastrophe herausgekommen sind und sämtliche Offiziere, die doch vor allem prädestiniert gewesen wären, das ganze Geschehen objektiv zu schildern, auf See blieben, halte ich es für meine menschliche und kameradschaftliche Pflicht, dieses Schreiben abzufassen.
Ich kannte Kapitän Diebitsch schon vom Segelschulschiff *Deutschland* her, wo ich 1931 bis 1932 als Kadett meine erste seemännische Ausbildung genoß. Auf diesem Schiff war er I. Offizier. Schon damals bewunderten wir seine Ruhe und Unerschrockenheit. Er verstand es, der seemännischen Jugend ein Vorbild für ihren zukünftigen Beruf zu vermitteln.
Im Jahre 1953 bis 1954 machte ich unter dem Kommando von Herrn Kapitän Diebitsch als I. Offizier eine Reise auf dem Dreimast-Toppsegelschoner *Xarifa* mit, der sich auf Expeditionsfahrt in die Karibischen Gewässer und die Südsee befand. Dies war seine vorletzte Reise. Während dieser Fahrt hatte ich die beste Gelegenheit, Kapitän Diebitsch in seiner Eigenschaft als Schiffsführer und auch rein menschlich kennenzulernen. Er bewies auf dieser Reise seine außergewöhnlichen seemännischen Fähigkeiten und hervorragenden Eigenschaften als Schiffsführer. Die Mannschaft erfuhr unter seiner und der Offiziere Leitung eine durchgreifende, vorbildlich gute Ausbildung und Erziehung.
Bei schwerwiegenden Entscheidungen versäumte er niemals, auch die Meinung seiner Offiziere zu erfahren. Er veranlaßte in solchen Situationen eine Lagebesprechung. Die nach den vorliegenden Funkwetternachrichten bzw. den ausgearbeiteten Wetterkarten von ihm getroffenen Dispositionen waren stets klar und richtig und basierten auf seinen langjährigen Erfahrungen und seinem außerordentlichen Instinkt für die Wetter- und Seeverhältnisse. In vielen gefährlichen Situationen, die ich miterlebte, erkannte er rechtzeitig die drohende Gefahr und ergriff die notwendigen Maßnahmen. So sind wir öfter durch rechtzeitige Ausweichmanöver verschiedenen Sturmtiefen aus dem Wege gegangen oder haben unter der Küste Schutz suchen können. Alle Manöver wurden umsichtig eingeleitet und durchgeführt. Kapitän Diebitsch legte größten Wert auf schnelle, exakte Ausführung der Manöver.
Herr Kapitän Diebitsch war von der Notwendigkeit der Segelschiff-Ausbildung für den Offiziersnachwuchs vollauf überzeugt. Wir unterhielten uns oft über dieses Thema. Bei einem solchen Gespräch sagte er mir einmal, daß die Ausbildung auf Segelschiffen die hohe Schule für den Seemann ist. Mut, Umsicht und schnelle Entschlossenheit seien die Charaktereigenschaften,

die für einen Schiffsoffizier erforderlich sind und die nur auf einem Segelschiff im Kampf mit Wind und Wetter erworben werden können. Ein junger Seemann würde niemals die Kameradschaft besser lernen, als wenn er der Besatzung eines Segelschiffes angehört hat.
Seiner hohen Auffassung von der Seefahrt ist er bis zum letzten Atemzug treu geblieben.
Ich hoffe, daß diese kurze Skizzierung der Persönlichkeit Kapitän Diebitschs dazu beitragen hilft, das Bild dieses aufrechten und verantwortungsbewußten Mannes auch nach seinem Tode im rechten Licht erscheinen zu lassen.

Mit vorzüglicher Hochachtung!
gez.
Marsil Graf Geldern-Egmond

Anhang 12
Schreiben von Kapitän Flörcken über Kapitän Diebitsch

Von: Hafenstauerei Kapitän Heinz Flörcken, Bremen, Überseehafen
An: Reederei Zerssen & Co., Hamburg 1
Vom: 3. Dezember 1957

Sehr geehrte Herren!
Nachdem ich das Schicksal des Segelschulschiffes *Pamir* bis in alle Einzelheiten verfolgt habe, mußte ich leider feststellen, daß zu dieser Tragödie viel Negatives aufgeworfen wurde. Sicherlich ist es zu verstehen, daß dieses Unglück bei den Betroffenen viel Bitternis hervorgerufen hat, doch die Tatsache, daß auch in Fachkreisen teilweise ungerecht über die Schiffsleitung — besonders über Kapitän Diebitsch — gesprochen wird, veranlaßt mich, Ihnen diese Zeilen zu schreiben.
Ich selbst bin Cap Hornier und bin viele Male um Cap Horn mit Tiefwasserseglern gesegelt. Zwanzig Jahre fuhr ich beim Norddeutschen Lloyd und war während des Krieges der erfolgreichste Kommandant von Minenlegern und erhielt die höchsten Auszeichnungen.
Da ich nun vor dem Kriege einige Jahre mit Kapitän Diebitsch zusammen gefahren bin, möchte ich Ihnen heute sagen, daß es gerade Kapitän Diebitsch war, der uns Jüngeren stets ein großes Vorbild war. Sein seemännisches Können verbunden mit einer hundertprozentigen Pflichterfüllung hat uns immer mit größter Hochachtung und Bewunderung erfüllt. Ich war sehr stolz darauf, mit einem so hervorragenden Offizier fahren zu dürfen, der mir durch seine vorbildliche Haltung in jeder Lebenslage viel Wertvolles mit auf meinen weiteren Lebensweg gegeben hat. Kapitän Diebitsch hat nicht nur seine Ausbildung auf Rahschiffen erhalten, sondern war auch viele Jahre als I. Offizier auf dem *Schulschiff Deutschland*. Seine Reise mit der *Xarifa* wurde von allen Seeleuten als ein seemännisches Meisterstück angesehen. Als nun Ihre Wahl für die Vertretung Ihres sehr geehrten Kapitän Eggers auf Kapitän Diebitsch fiel, konnten Sie nach meiner Ansicht keinen geeigneteren Mann für diese Aufgabe finden. Vor der Reise habe ich viele Gespräche mit Herrn Kapitän Diebitsch geführt. Dabei wurden von Kapitän Diebitsch immer wieder betont, daß es seine größte Sorge sein würde, auf dieser Vertretungsreise die allergrößte Vorsicht walten zu lassen. Auch sein gerechtes Urteil über die Erziehung unseres heutigen seemännischen Nachwuchses war klar und überlegen. Über allem aber stand die innere Bereitschaft und die Freude, bald wieder mit einem Segelschiff in See zu gehen.
Mit diesen Zeilen wollte ich Ihnen sagen, daß diejenigen, die Kapitän Diebitsch beruflich kennen, ihn ganz besonders für diese Aufgabe geeignet hielten.

Mit besten Grüßen bin ich
Ihr sehr ergebener
gez. Heinz Flörcken

Anhang 13: Lebensweg der Viermastbark *Pamir*

Die *Pamir* lief im Jahre 1905 bei der Schiffswerft Blohm & Voss, Hamburg, unter der Baunummer 180 vom Stapel. Das Schiff wurde im Auftrage der sehr angesehenen Hamburger Segelschiffsreederei F. Laeisz, die zu der Zeit eine stattliche Flotte von 15 Großseglern mit insgesamt 35.064 NRT besaß, für die Chilefahrt gebaut. Die Segler der Reederei F. Laeisz trugen Namen mit dem Anfangsbuchstaben P und waren unter dem ehrenvollen Namen »Flying-P-Liner« weltbekannt, weil sie mit einer bisher nie gekannten erstaunlichen Regelmäßigkeit zwischen Hamburg und der Westküste von Südamerika verkehrten. Sie brachten von dort den als Düngemittel damals sehr begehrten Chilesalpeter nach Europa. Reisen von 65 Tagen nur unter Segeln von Hamburg um Kap Horn nach Valparaiso waren damals an der Tagesordnung.

Die Maße der *Pamir* (DKEF):
Länge über alles = 115,00 m
Länge zwischen den Loten = 96,34 m
Breite = 14,04 m
Tiefe = 7,99 m
Netto-Raumgehalt = 2.509,27 Registertons
Brutto-Raumgehalt = 3.102,87 Registertons
Gewicht des leeren Schiffes = 2.248,3 tons
Ladefähigkeit = 4.106,29 tons
Anzahl der durchgehenden Decks = 2
Baumaterial = Stahl
Bauart = Querspanten
Länge des Großmastes vom Kiel zum Top = 62,40 m
Segelfläche beim Wind (32 Segel) = 3.600 qm
Segelfläche mit sämtlichen Stagsegeln = 4.000 qm
Sämtliche Spieren, einschließlich der Royalrah, waren aus Stahl.
Das Gewicht der Großrah betrug 9 tons.

Unter der Flagge der Reederei F. Laeisz wurde das Schiff mit einer Besatzung von 33 Mann — einschließlich Kapitän und Offiziere — gesegelt.

Der erste Kapitän des Schiffes war Kapitän Prützmann, der 1906 eine Reise von 63 und eine von 64 Tagen Dauer von Hamburg nach Valparaiso machte.

Als im Jahre 1914 der Erste Weltkrieg ausbrach — das Schiff hatte bis dahin 18mal Kap Horn gerundet — befand *Pamir* sich mit einer Ladung Salpeter auf der Heimreise von Chile. Durch Flaggensignale mit anderen Seglern — Funktelegrafie gab es damals auf Seglern nicht — erfuhr der Kapitän vom Ausbruch des Krieges. Es gelang ihm, sein Schiff in eine stille Bucht der Insel Palma, Kanarische Inseln, zu bringen, wo es während des Krieges liegen blieb. Nach Beendigung des Krieges mußte die *Pamir* als Reparationsleistung an Italien abgegeben werden. Da aber die Italiener für den starken Kap-Horn-Segler keine lohnende Verwendung im Mittelmeer fanden, kaufte die Reederei F. Laeisz im Jahre 1924 das Schiff für 7.000 Pfund Sterling wieder an und beschäftigte es nach gründlicher Überholung wieder in der Salpeterfahrt nach Chile.

Auf der zweiten Reise nach dem Kriege geriet die *Pamir* am 20. Dezember 1925 von Hamburg kommend bei einem schweren Wintersturm im Englischen Kanal in schwerste Bedrängnis. Bei auflandigem Wind mußte das Schiff sich von Land freikreuzen und nach Verlust von drei Mann, beiden Ankern und zahlreichen Segeln am 7. Januar 1926 Falmouth als Nothafen anlaufen. Auch im Januar 1929 entging die *Pamir* nur dank der hervorragenden Führung durch den Kapitän ihrem Schicksal, als das Schiff querab von Folkestone ankern mußte. Die Ankerketten brachen, und in orkanartigen Böen kreuzte sich das Schiff mit großen Mühen von Land frei. Wegen der erlittenen Schlechtwetterschäden mußte dann Rotterdam angelaufen werden.

Im Jahre 1931 wurde das Schiff wegen der allgemeinen Wirtschaftskrise, die sehr niedrige Frachtraten für Segelschiffe mit sich brachte, verkauft. Der finnische Segelschiffsreeder Kapitän Gustav Erikson aus Mariehamn, der eine große Flotte von Kap-Horn-Seglern besaß, kaufte die *Pamir* für 60.000,— Mark. Nun wurde das Schiff unter der weißen, blaugekreuzten Flagge der Finnen, aber unter dem gleichen Namen, in der Weizenfahrt von Australien nach Europa eingesetzt und machte, unterbemannt und nur mit dem Notwendigsten ausgerüstet, noch sehr gute Reisen.
1939 — bei Ausbruch des Zweiten Weltkrieges — ließ Erikson das Schiff nicht nach Europa zurückkehren, sondern Zwischenreisen im Indischen Ozean durchführen. Im März 1941 wurde *Pamir* in Wellington, Neuseeland, von der neuseeländischen Regierung zur guten Prise erklärt und festgehalten, weil Finnland Anfang des Jahres an der Seite Deutschlands in den Krieg eingetreten war.
Die Neuseeländer, die während des Krieges jede Tonne Schiffsraum dringend benötigten, setzten das Schiff 1943 nach Überholung und Umbau als frachtfahrendes Schulschiff unter neuseeländischer Flagge, bereedert von der Newzealand Union Shipping Company, zwischen Wellington und San Francisco wieder in Fahrt. Jede Rundreise brachte der Reederei einen Reingewinn von etwa 30.000 Pfund Sterling. Gegen Ende des Krieges wurde *Pamir* vor der nordamerikanischen Westküste von dem großen japanischen U-Boot *A-12*, Kapitän Commander Kudo, angehalten. Obwohl Japan sich mit Neuseeland und den USA im Kriegszustand befand, konnte Kapitän Kudo sich nicht entschließen, diesen herrlichen Großsegler, der einer der letzten seiner Art war, zu versenken, und gab das Schiff frei. Kapitän Kudo ist mit *A-12* von dieser Fahrt nicht zurückgekehrt.
1949 machte *Pamir* mit 60.000 Sack Weizen ihre letzte Reise von Australien nach Europa. Das englische Ernährungsministerium übernahm das Schiff und legte es als Depotschiff in Penarth (England) auf.
Im Januar 1951 wurde *Pamir* — gemeinsam mit dem Schwesterschiff *Passat* - von England an eine belgische Abwrackwerft verkauft. Bevor jedoch die Abwrackarbeiten in Angriff genommen wurden, kauft der Lübecker Reeder Schliewen beide Schiffe auf und ließ sie nach gründlicher Überholung mit finanzieller Unterstüzung der Bundesrepublik Deutschland zu Segelschulschiffen umbauen. Nach dem Umbau erhielten beide Schiffe die höchste Klasse des Germanischen Lloyd und des Lloyds Register of Shipping. Der Umbau der beiden Schiffe zu frachtfahrenden Segelschulschiffen, die mit vorzüglichen Mannschaftsräumen, Lazarett, Apotheke, Baderäumen, den modernsten navigatorischen Hilfmitteln und einer Hauptmaschine von 1.000 PS sowie den erforderlichen Hilfsmaschinen ausgestattet wurden, ging über die finanziellen Kräfte der Reederei Schliewen und führte im Mai 1954 zu deren Konkurs. Im April 1954 übernahm die Schleswig-Holsteinische Landesbank, Kiel, als Hauptgläubiger der Reederei Schliewen, die *Pamir* für DM 310.000,—.
Nachdem sich kurze Zeit später eine Gruppe von namhaften Reedern, die an der Segelschiffsausbildung des Nachwuchses von nautischen Schiffsoffizieren interessiert waren, zu der Stiftung *Pamir* und *Passat* — zusammengeschlossen hatte, war die finanzielle Unterhaltung der beiden Schiffe sichergestellt. Der Vorsitz der Stiftung wurde Herrn Doktor Otto Wachs, Direktor der Hamburg-Amerika Linie, übertragen. Bereedert wurden beide Schiffe durch die Reederei Zerssen & Co., Rendsburg, deren Zweigniederlassung Hamburg als Korrespondentreeder fungierte. Reederei-Inspektor der Reederei Zerssen & Co., Hamburg, war Herr Kapitän Fritz Dominik.
Die *Pamir* machte von 1955 bis zu ihrem Untergang sechs Reisen von Hamburg nach dem La Plata, von wo sie regelmäßig und in guten Reisen eine volle Ladung Getreide nach Deutschland brachte. Die Ausbildungserfolge — das zeigten die fünf durchgeführten Reisen — entsprachen in jeder Beziehung den Erwartungen. Der Kapitän der *Pamir* während der ersten fünf Reisen war Herr Kapitän Hermann Eggers. Wegen dessen Erkrankung wurde Herr Kapitän Johannes Diebitsch vor der sechsten Reise als Kapitän eingesetzt. Nachdem die Ausreise

nach Buenos Aires sehr gut verlaufen war, ist das Schiff am 21. September 1957 im Atlantik auf 35°57'N und 40°20'W, etwa 600 sm west-südwestlich der Azoren in dem schwersten tropischen Wirbelsturm »Carrie« gesunken. Es war Herrn Kapitän Diebitsch trotz langjähriger Erfahrungen und hervorragender seemännischer Leistungen versagt geblieben, ihm zu entkommen. Nur sechs Mann der 86köpfigen Besatzung konnten zwei bzw. drei Tage nach dem Untergang in schwer beschädigten und von der See zerschlagenen Rettungsbooten völlig erschöpft geborgen werden. Die Namen der Geretteten sind:

Kochsmaat Dummer
Leichtmatrose Haselbach
Leichtmatrose Wirth
Jungmann Fredrichs
Schiffsjunge Anders
Schiffsjunge Kraaz

Herr Kapitän Diebitsch und 79 Mann seiner tapferen Besatzung haben bis zum letzten Augenblick vorbildlich ihre Pflicht getan und sind mit ihrem Schiff, nachdem sich die entfesselten Naturgewalten stärker als die Menschen erwiesen hatten, auf See geblieben.
Am 8. Dezember 1957 fand in Hamburg in der Hauptkirche St. Katharinen der feierliche Gottesdienst für die toten Seeleute statt. Sämtliche Familienangehörige nahmen daran teil.
Am 23. November 1958, dem Totensonntag, wird eine von Herrn Professor Marcks geschaffene Bronzetafel, auf der sämtliche Namen der mit dem Segelschulschiff *Pamir* auf See gebliebenen Seeleute aufgeführt sind, in St. Katharinen zu Ehren der Toten aufgestellt.

Anhang 14: Bericht über eine Gedenkfeier für die *Pamir*

M/S *Ludwigsburg* Auf See, Freitag, den 11. Oktober 1957

An die Flensburger Dampfercompagnie
Harald Schuldt & Co.
Hamburg

Gedenkfeier für *Pamir*

Da uns unser Kurs nahezu über die Stelle führte, wo vor nunmehr drei Wochen die Tragödie über die *Pamir* hereinbrach, empfanden wir es als ein Bedürfnis, einen Augenblick bei unseren toten Kameraden zu verweilen und ihnen als Gruß von uns und allen, die um sie trauern, einen Kranz in die Tiefe zu schicken. Es war uns eine Freude, daß Sie diesen Vorsatz dankbar begrüßten.

Auf den ersten Blick schien die Anfertigung eines Kranzes als ein schwieriges Problem. Mit dem Bootsmann zusammen stellte ich vorgestern Abend einen solchen im Rohbau fertig. Damit waren wir dann auch so ziemlich am Ende unserer Kunst. Es kam mir dann der Gedanke, daß am besten jeder sein Schärflein zur Vollendung des Kranzes beitrage. Ich erließ daher einen kurzen Aufruf des Inhalts, daß der Kranz im Rohbau in der Laube ausliege und daß jeder, der den toten Kameraden einen Gruß mitschicken wolle, so gut er könne eine Blume oder Ähnliches aus irgendwelchen Bordmitteln anfertige, was dann am Kranz befestigt würde.

Es war erstaunlich, wieviel schöne Sachen da zustandekamen. Blumen aus Segeltuch, Messingblech, Draht, Papier etc. Klar, daß ein Botaniker seine Schwierigkeiten haben würde, sie zu kategorisieren; aber es ist ja nicht ausgeschlossen, daß sie in der Form tatsächlich irgendwo auf der Welt wachsen. Es war gewiß rührend, wie einer nach dem andern ankam und sein Schärflein am Kranz befestigte. Am Ende war dieser dann so, wie wir ihn uns nicht besser hätten vorstellen können, vor allem wurde er auf diese Weise mit sehr viel Liebe hergestellt.

Die Bänder tragen die Aufschrift:

Den Kameraden der *Pamir* zum Gruß!
Die Besatzung der M/S *Ludwigsburg*

Nach astronomischer Beobachtung sollten wir um 11.30 Uhr Ortszeit (15.00 Uhr MEZ) auf dem Unfallort stehen. Es herrschte schönes Wetter, leichter südlicher Wind, die See war, von etwas Dünung abgesehen, nur leicht bewegt.

Um 11.20 Uhr wurde »Maschine langsam« gegeben, die Flagge auf Halbstock gesetzt, und bis 11.30 Uhr dann die Fahrt ganz aus dem Schiff herausgebracht.

Ich begab mich nun auf das Achterdeck, wo sich die Besatzung an der Reeling um den Kranz versammelt hatte, und hielt eine kurze Ansprache. Ich war nicht weniger bewegt als die übrigen Männer, und lief mir ab und zu der Faden weg; aber ich glaube, was ich sagen wollte, blieb sinngemäß erhalten.

Anschließend dann ein stilles Gebet für die toten Kameraden und Versenkung des Kranzes.

Die Besatzung blieb noch auf dem Achterdeck beisammen, bis wir mit langsamer Fahrt über Steuerbord eine Ehrenrunde gefahren waren.

Um 11.50 Uhr dann auf unserem Kurs wieder »Voll Voraus« und Flagge vorgeheißt.

Es wurden einige Aufnahmen gemacht, die ich Ihnen senden werde, sobald sie entwickelt sind. Vielleicht kann man mit einem solchen Bild den Angehörigen ein ganz klein wenig Trost bringen.

Hochachtungsvoll
gez. Andresen
Kapitän

Anhang 15: Schreiben von Kapitän Dominik an den Verfasser

Dominik
Alsterdorfer Str. 191
2000 Hamburg 60
Tel. 040/5 11 51 45

24. August 1990

Lieber Herr Dr. Willner,
vielen Dank für Ihre prompte Antwort, deren Inhalt mich nicht nur außerordentlich erfreut, sondern — In der Tat! — bewegt. Sie greifen den Seeamtsspruch *Pamir* auf, Sie haben die Veröffentlichung Ihrer Arbeit in Aussicht genommen. Keine Sentiments! Jedoch beglückt mich Ihre Arbeit und Ihr Vorhaben, denn schließlich war ja ich der verantwortliche Erfüllungsgehilfe, der dem zuständigen Korrespondentreeder, Herrn Harald Schuldt, den Kapitän vorschlug. Mich bedrückt der falsche Seeamtsspruch mit seinen schwerwiegenden Irrtümern nach wie vor, und so geht es Ihnen genauso wie mir!
Ich bemerke, daß ich hundertprozentig mit Ihren Ausführungen einiggehe. Jeder Punkt, den Sie abhandeln, trifft zu. Der Spruch war und ist falsch. Im Interesse der Geschichte der Seefahrt, insbesondere aber auch im Interesse der Hinterbliebenen, ist diese Rehabilitierung notwendig.
Mich bedrückt besonders, daß kein einziger Beisitzer des Seeamtes, das den Spruch gefällt hat, jemals als Rahseglerkapitän gefahren hat. Keiner von ihnen konnte also aus eigener Erfahrung urteilen, um so mehr ist unverständlich, daß die Meinung der erfahrenen Rahseglerkapitäne, die das Seeamt als Sachverständige gehabt hatte, nicht berücksichtigt worden ist. Diese Herren hatten nämlich Herrn Kapitän Diebitsch richtige Orkanstrategie und richtige Segelführung bescheinigt.
Nun habe ich in diesen Tagen meine ganz wenigen *Pamir*-Unterlagen herausgesucht. Wie ich Ihnen schon sagte, habe ich meine Unterlagen vor langen Jahren Herrn Dummer geliehen und trotz Mahnungen nie zurückbekommen. In dem schmalen Rest finde ich nun eine Ablichtung einer Notiz an Sie vom 21. Dezember 1957, die mir nicht ganz unwesentlich erscheint. Ich habe sie Ihnen seinerzeit geschickt. Mit guten Gründen haben wir damals keinen Gebrauch davon gemacht. Jetzt sind diese Gründe entfallen. Und da die Geschichte des Untergangs der *Pamir* neu geschrieben wird, gehören diese Tatsachen dazu.
Ich bin der Meinung, daß diese damalige Notiz aussagte, daß das Seeamt bzw. Herr L. in der Besprechung vom 20. Dezember 1957 sich wohl darüber klar war, daß man die Entscheidung bereits vorweggenommen habe und dieses in der Verhandlung wahrscheinlich auch bemerkt werden würde.
Ich zitiere aus meiner damaligen Notiz:
»... Etwa am Schluß der Besprechung hat Herr L. (Anmerkung: der damalige Seeamtsvorsitzende), der sich wohl nun darüber klar geworden war, daß man die Entscheidung des Seeamtes bereits vorweggenommen habe, und dieses in der Verhandlung wahrscheinlich auch bemerkt werden würde, sorgenvoll gefragt: Wie können wir die Sache in der Verhandlung nun etwas beleben? Die Frage blieb von den Anwesenden unbeantwortet...«
Kommentar überflüssig.
Ihre Arbeit wird das Bild über den Untergang der *Pamir* und über die Seeamtsverhandlung grundsätzlich ändern.

Mit herzlichen Grüßen
Ihr
Fritz Dominik

Anhang 16: Notiz über eine Besprechung des Seeamtes Lübeck am 20. Dezember 1957

Am 20. Dezember 1957 fand in Lübeck eine Besprechung statt, an der u.a. teilnahmen: L., sämtliche Beisitzer, W., PL. und G.L.
Nach mündlichem Bericht durch PL. hat W. eine vorläufige Fassung seines Gutachtens überreicht. Dabei wurde ausgeführt, daß das Übergehen der Ladung ursächlich sei für die Tatsache, daß das Schiff sich **nicht wieder aufgerichtet habe**, nachdem es hohe Schlagseite erhalten habe. Es würde empfohlen, in Zukunft eine höhere Anfangsstabilität für derartige Schiffe zu fordern. Das könne man erreichen dadurch, daß stark unterteilte Wasserballasttanks eingebaut würden, die auch bei stabilitätsgefährdender Ladung geflutet gefahren werden könnten. Im Ballastzustand müsse das Schiff 500 to Sandballast fahren (Zusatz von Dominik: im Ballastzustand haben wir den Schiffen außer den 750 to Wasserballast in den Ballasttanks immer ca. 1.000 to Sandballast gegeben. 500 to Sand sind viel zu wenig! Das Schiff hat mit 500 to Sandballast zu wenig Tiefgang, treibt stark ab und kann damit garnicht segeln! Also sind 500 to graue Theorie!). Von W. wurden auch Hebelarmkurven für Glattwasser und für achterlichen Seegang vorgelegt. Aus diesen Kurven war die Stabilitätsverminderung bei achterlichem Seegang erkennbar. Pl. war mit diesen Kurven nicht ganz einverstanden. Im übrigen enthält das Gutachten von W. keinerlei Eingehen auf die besonders schweren Wetterverhältnisse, und es ist auch nicht beabsichtigt, etwas derartiges in das Gutachten aufzunehmen. Alle Anwesenden stimmten uneingeschränkt dieser Auffassung von W. zu.
Von W. angesprochen zeigte dann aber schließlich Herr S. von G.L. Widerspruch, der sich versteifte. Der Grund dafür ist offenbar darin zu suchen, daß durch diese Meinung die Hauptlast der Verantwortung dem G.L. zugeschoben würde. S. berief sich darauf, daß die Stabilitätsunterlagen dem Kapitän bestimmungsgemäß erläutert worden waren, und er auf die Gefährlichkeit des Stabilitätszustandes hingewiesen worden sei. Nach Unterlagen befragt, legte S. Unterlagen vor, die aber die ersten damaligen waren, die sich später als falsch herausstellten. In diesen Unterlagen kam sogar ein MoG-Wert von 32 cm vor. Bei diesem Wert stand die Bemerkung »zu wenig«. S. sagte, daß die damalige Ansicht des G.L. von dem Kapitän auch voll und ganz geteilt wurde. Durch Unterschrift hatten damals auch alle Beteiligten ihre Teilnahme an dieser Unterrichtung bestätigt.
S. zog sich noch auf den Standpunkt zurück, daß es damals keinerlei Bestimmungen gegeben habe, die eine schärfere Handhabung erforderten.

Neuer Punkt:
Herr L. hat während der Besprechung gesagt, die Reederei könne nicht als Beteiligte zugelassen werden. Er habe sich dieserhalb auch beim Oberseeamt erkundigt, das auch die Beteiligung der Reederei ablehnte.

Neuer Punkt:
Beachtenswert ist weiter, daß Herr W. der Ansicht ist, die Ladung sei bereits etwa beim Lenzen in der Nacht vor dem 21. durch das starke Überholen übergegangen. Diesem habe aber Herr Pl. widersprochen.

Neuer Punkt:
Etwa am Schluß der Besprechung hat Herr L., der sich wohl nun klar darüber war, daß man die Entscheidung des Seeamtes bereits vorweggenommen habe und dieses in der Verhandlung wahrscheinlich auch bemerkt werden würde, sorgenvoll gefragt: Wie können wir die Sache in der Verhandlung nun etwas beleben?
Diese Frage blieb von den Anwesenden unbeantwortet.
Ansicht von Dominik:
W. sagt, »daß das Übergehen der Ladung ursächlich sei für die Tatsache, daß sich das Schiff *nicht wieder aufrichtete*, nachdem es hohe Schlagseite erhalten hat.« Hierzu ist es erforderlich, daß

1. das Schiff erst mal hohe Schlagseite *erhält* und

2. Verhältnisse vorhanden sind, die dem Schiff diese hohe, anormale Schlagseite geben. Hieran ist lediglich das Wetter schuld, das in dem Gutachten scheinbar überhaupt keine Rolle spielt. Das Faktum der höheren Gewalt ist also somit von vornherein ausgeschaltet. Tatsächlich war es doch so, daß die Hurrikan-Verhältnisse dem Schiff hohe Schlagseite gaben — sagen wir mal 60 bis 70°, — bei der ja schließlich *jede Ladung* in *jedem* Schiff übergeht. So geht meines Erachtens das Gutachten von W. völlig an den wirklichen Ursachen vorbei.

In seinem Gutachten gibt W. für das Schiff ein MoG von 55 cm an. Herr H. hat ein MoG von etwa 64 bis 65 cm errechnet.

In meiner Aktennotiz, die ich Ihnen noch abschriftlich zuleite, hat Herr S. von G.L. ein MoG von 50 cm gefordert, um auf der sicheren Seite zu sein.

gez. F. Dominik

Anhang 17: Schreiben von Kapitän Paul Greiff an den Verfasser vom 3. Februar 1991

Sehr geehrter Herr Dr. Horst Willner!
Vom 19.12.1990 bis zum 04.01.1991 lag ich wegen einer Trombose hier im Krankenhaus, d.h. 15 Tage stramm im Bett liegen, ohne aufstehen zu dürfen.
Eines Tages brachte mir meine Frau das Buch von Ihnen: »*Pamir,* der Untergang und die Irrtümer des Seeamtes« ans Bett im Krankenhaus.
Ich war überrascht, interessiert und begierig, das Buch zu lesen. In wenigen Tagen hatte ich das lesenswerte Buch in mich aufgenommen. Da ich ja viel Zeit hatte, konnte ich vieles vergleichen und aus der Erinnerung heraus manches lebendig vor mir sehen.
Ich war mehr als zufrieden und bewegt, das Buch vor mir zu haben, das nach über 30 Jahren Klarheit und Wahrheit ans Licht bringt.
Glücklich und angeregt war ich, durch das Buch einen Menschen kennenzulernen, der nicht nur bereit war zu kämpfen, sondern auch den Mut hat, Irrtümer des Seeamtes und wenig gute Vorstellungen aufzuzeigen, durch das Zusammentragen von vielen einzelnen Mosaiksteinchen, bis jedem die Wahrheit in einem hellen Licht erkennbar ist. Ich bewundere die glänzende Arbeit und bin sicher, daß die meisten Seefahrer, besonders diejenigen, die an der Seeamtsverhandlung teilgenommen haben, voll ohne »Wenn und Aber« Ihren Mut und Ihre Leistung anerkennen. Natürlich wird es auch Gegenstimmen geben. Aber das ist etwas ganz Natürliches und wird Ihre Leistung nicht im mindesten einschränken.
Als ich damals als ehemaliger Kapitän vor dem Seeamt in Lübeck geladen war, sagte ich aus, daß der Untergang der *Pamir* am 21. September 1957 auch auf eine Beschädigung der Außenwand zurückgeführt werden könnte. Denn ich hatte während meines Kommandos auf der *Pamir* im Bereich der Außenhaut von Luke 3, unterhalb der Tiefladelinie, zwei Risse erleben müssen. Einmal im Süd-Atlantik auf hoher See und einmal während der Beladung des Schiffes in Bremen 1952. Bei gleichmäßiger Beladung mit Zement erfolgte in der Außenhaut bei Luke 3 an St.B. mit lautem Knall ein senkrechter Riß von über einem Meter.
Die Behörden sprachen damals von Spannungsauslösungen zwischen der genieteten und geschweißten Außenhaut.
Wie bekannt, erhielt die *Pamir* beim Umbau zu einem Segelschulschiff zwischen Luke 2 und 3 einen großen Wasserballastraum von ca. 800 t, der auch als Laderaum verwendet werden sollte, in geschweißter Ausführung und mit der genieteten Außenhaut verbunden.
Damals — 1951 — hatte ich noch nicht die Kenntnisse in der Schweißtechnik wie heute. Damals trug ich dem Vorsitzenden der Kieler Werft, Herrn Direktor Westphal, meine Zweifel, aber auch meine Unkenntnis in der Schweißtechnik, vor.
Er versicherte mir, Schweißen sei eine absolut gute und sichere Sache, eine Nietenverbindung des großen Tanks mit der Außenhaut sei nicht möglich wegen des Fehlens von guten Nietern. Um meine Einwände zu zerstreuen, veranlaßte er, daß der Obermeister Schmidt, der zuständig war für das Schweißen auf der Werft, mich anhand von praktischen Beispielen, was Sicherheit und Belastbarkeit anbetrifft, überzeugen sollte.
Durch meine Krankheit bin ich leider verhindert, an der Vorführung Ihre guten Buches der Öffentlichkeit gegenüber teilzunehmen.
Daß es Ihnen gelungen ist, den guten Ruf des Kapitäns, der Offiziere und der Besatzung sowie das Ansehen der guten Reederei und des Reederei-Inspektors für *Pamir* und *Passat*, Kapitän Fritz Dominik, klar und deutlich wiederherzustellen, macht das Buch so wertvoll, läßt Ihre Leistung, Ihren Mut und Ihr Ansehen lebendig hervortreten, in einer Zeit, wo mutiger Einsatz für andere Menschen seltener geworden, aber sehr gefragt ist.

Mit Verehrung und den besten Grüßen
Ihr Paul Greiff

Anhang 18: Schreiben von Eberhard Westerkamp an den Verfasser vom 4. Februar 1991

Sehr geehrter Herr Dr. Willner,
es wird Zeit, mich bei Ihnen für die freundliche Zusendung Ihres Buches »*Pamir*, ihr Untergang und die Irrtümer des Seeamtes« sehr zu bedanken. Es kam kurz vor Weihnachten, und es hat mich bereits während der Feiertage sehr beschäftigt. Die Tage im Herbst 1957 wurden wieder lebendig mit all ihren Sorgen und Gedanken. Vor allem aber die Tage der Seeamtsverhandlung zogen in vielen Einzelheiten wieder an mir vorbei. Ich war damals junger Referendar in der ersten Ausbildungsstation und hatte mir für die Seeamtsverhandlung Urlaub genommen, die ich daher vom Anfang bis zum Ende miterleben konnte. Mit gefiel dabei manches nicht, ohne es aber konkret ausdrücken zu können, weil doch viele Kenntnisse nicht vorhanden waren. Mit dem Spruch des Seeamtes war ich nie einverstanden gewesen, denn: »so konnte es nicht gewesen sein«! Der unterschwellige Schuldvorwurf, den das Seeamt unausgesprochen in den Raum stellte, war für mich nach der Seeamtsverhandlung in keiner Weise gerechtfertigt. Ich freue mich, daß Sie dieses Thema aufgegriffen haben. Auch wenn seit jener Zeit über dreißig Jahre vergangen sind, wird Ihre sorgfältige Arbeit auch heute noch auf großes Interesse stoßen. Es ist mir aber auch deutlich geworden, daß dieser Seeamtsspruch Ihnen und v.a. Herrn Kapitän Fritz Dominik nie Ruhe gelassen haben kann.
Mit dem Vorsitzenden des Seeamtes, Herrn Luhmann, gehen Sie hart ins Gericht, man könnte fast den Vorwurf der Rechtsbeugung herauslesen (wenn er auf ein Seeamt überhaupt zutreffen würde). Aber Ihre sehr sorgfältig ausgearbeitete und stichhaltige Darstellung der Fakten kann ihn auch rechtfertigen. Ich bedauere, daß Sie dieses alles nicht schon damals vorbringen konnten. Ich weiß nicht, ob Herr Luhmann noch lebt, es würde mich interessieren, wie er reagiert.
Ihnen, sehr geehrter Herr Dr. Willner, möchte ich sehr herzlich danken. Sie haben keine Trauer über die damals auf See gebliebenen Jungen und Männer wieder neu ausgelöst, sondern bestätigt, was ich stets empfunden hatte: der Untergang der *Pamir* ist frei von menschlichem Verschulden.

Mit freundlichem Gruß
Ihr
Eberhard Westerkamp

Anhang 19: Schreiben von Kapitän Emil Memmen an den Verfasser vom 26. Januar 1991

Sehr geehrter Herr Dr. Willner!
Als ich kürzlich nach langem Krankenhausaufenthalt nach Hause kam, erwartete mich mit Ihrem liebenswürdigen Brief und der nachfolgenden Zusendung Ihres hochinteressanten Buches eine große Freude. Wer hätte das gedacht, daß die *Pamir* nochmals ins Schlaglicht der Öffentlichkeit käme!
Ich war damals als Zuhörer der Verhandlung nicht der Meinung des Seeamtes und bin nun befriedigt, daß Sie nach diesen langen Jahren noch den Mut besitzen, das angeblich abgeschlossene Thema wieder aufzurollen. Ich bin dankbar, daß es noch Männer Ihrer Art gibt.
Wenn Sie erlauben, werde ich meinen ehemaligen Stellvertreter im Deutschen Hydrographischen Institut, Kapt. Heinz Burmester, Autor ebenfalls eines Buches über die *Pamir* auf Ihre Ausführungen hinweisen.
Meines Wissens findet noch heute in Neu-Seeland jährlich eine Gedenkfeier für die *Pamir* statt, also steht sie auch da noch in hohen Ehren!
Ich bedanke mich sehr herzlich bei Ihnen und bin

mit freundlichen Grüßen
Emil Memmen

Anhang 20: Schreiben von Professor Dipl.-Ing. Ulrich Gabler an den Verfasser vom 25. Februar 1991

Lieber Willner!
Mit großem Interesse habe ich Ihr *Pamir*-Buch gelesen. Damals habe ich die Seeamtsverhandlung aufmerksam verfolgt, leider konnte ich aus zeitlichen Gründen nicht als Zuhörer teilnehmen. Den von Ihnen häufig erwähnten Herrn Seefisch kenne ich seit 45 Jahren als einen zuverlässigen Ingenieur.
Herr Wendel ist ein Studiengenosse von mir; über 18 Jahre habe ich parallel zu ihm am Institut für Schiffbau der Universität Hamburg gelesen. In diesem Falle waren seine Theorien vielleicht doch nur Hypothesen.
Als Student habe ich noch über den Entwurf von großen Segelschiffen gehört, und ich habe mich vor Jahren noch mit dem Entwurf solcher Schiffe beschäftigt, ohne daß es zur Ausführung kam.
Ihren Ausführungen ist in allen Teilen zu folgen, und es ist gut, daß diese nun veröffentlicht werden. Es ist und bleibt unverständlich, wie das Seeamt damals zu einem solchen apodiktischen Urteil gekommen ist.
Mit herzlichem Glückwunsch zu Ihrer exakten Arbeit!

Mit den besten Grüßen bin ich Ihr
Ulrich Gabler

Anhang 21: Schreiben von Admiral a.D. Karl Peter an den Verfasser vom 3. März 1991

Lieber Horst,
ich vermute, daß ich wohl einer der ersten Leser Deines Buches *Pamir* im Gebiet von Groß-Kiel bin — und das bereue ich nicht!
Ich gratuliere, sehr beeindruckt, zu einer glänzenden Arbeit, die mich von der ersten bis zur letzten Seite gefesselt hat. Logik des Denkens, Übersicht und das Eindringen in die Materie sind überzeugend! Well done!
Natürlich kenne ich das Buch von Brennecke/Dummer, habe mich auch seinerzeit (ein wenig) um die Seeamtsverhandlung gekümmert (unser Crew-Weg in die Jakobi-Kirche zu Lübeck wurde nicht zufällig eingeschlagen), doch bin ich naturgemäß wegen fehlender Einsicht nie zum Kern des Problems vorgedrungen. Nun hat Deine vorzügliche Arbeit mir die Augen weit geöffnet.
Abgesehen von der sachlichen Untersuchung, die ich — wie schon gesagt — logisch finde, freut mich besonders Dein der Arbeit innewohnendes Anliegen: den Beteiligten das Recht zukommen zu lassen, das ihnen das Seemannsgericht offenbar verweigert hat. Wer findet schon im Unglück einen Fürsprecher!
Sei bedankt für die Mühe, die Du Dir gemacht hast. Sie dürfte auch Trost für diejenigen sein, die sich dem Urteil beugen mußten.
Zum Schluß ein Rat:
Wundere Dich nicht, wenn Dich auch negative Kritiken erreichen. Bücher sind wie Kinder. Wenn sie das Haus verlassen, gehen sie ihre eigenen Wege!

Ich grüße Dich herzlich!
Dein
Charly P.

Anhang 22: Schreiben von Admiral a.D. Dieter Wellershoff an den Verfasser vom 14. Oktober 1991

Lieber Herr Dr. Willner!
Erst mußte ich in den Ruhestand treten, dann mich mit meiner Frau an die südwestlichste Ecke Spaniens verziehen, um endlich Ihr Buch über den *Pamir*-Unfall lesen zu können. Ich habe es in einem Sitz verschlungen, so hat mich die Sache, vor allem aber Ihre zwingende und saubere Art, die Vorkommnisse aufzuarbeiten, fasziniert. Sie hatten mit Ihrer Bemerkung beim Tabakskollegium ganz recht, die Seeamtsbehandlung schrie geradezu nach einer historisch fundierten Durchleuchtung. Übrigens, Risse im Schiff nach schwerstem Wetter gehören leider aus meiner Zerstörerzeit auch zu meinen Erfahrungen.
Mich würde sehr interessieren, ob und welche Reaktionen von Betroffenen, Zeugen, Seeamtsmitgliedern oder Gutachtern Sie bekommen haben.
[...]
In der Hauptsache wollte ich Ihnen deshalb, wenn auch mit Verspätung, spontan Dank und Glückwunsch zu Ihrem Buch sagen. Sie haben damit den beiden Elementen Ihres Berufslebens, der Seefahrt und dem Recht, einen großen Dienst erwiesen.
Ich hoffe, es geht Ihnen gesundheitlich gut.

Mit herzlichen Grüßen
Ihr
Dieter Wellershoff

Quellenverzeichnis

1. Mündliche Seeamtsverhandlung 1958
2. Spruch des Seeamtes, veröffentlicht in den »Entscheidungen des Bundesoberseeamtes und der Seeämter der Bundesrepublik Deutschland«, Band V, Heft 1 bis 5, herausgegeben vom Bundesminister für Verkehr.
3. Im Seeamtsspruch:
   a) Ausführungen des Bundesbeauftragten
   b) Stabilitätsgutachten Professor Wendel/Kapitän Platzoeder
   c) Meteorologisches Gutachten Doktor Rodewald
   d) Stellungnahme von Sachverständigen zu nautisch-meteorologischen Fragen
   e) Sachverständigen-Gutachten für Seefunkverkehr
   f) Zeugenaussagen
4. Stenografisch aufgenommenes Wortprotokoll der Seeamtsverhandlung vom Januar 1958
5. Besonders: Gutachtliche Äußerungen folgender sachverständiger ehemaliger Rahseglerkapitäne
   a) Piening, Laeisz-Reederei
   b) Wendt, Laeisz-Reederei
   c) Ballehr, Norddeutscher Lloyd
   d) Lehmberg, Norddeutscher Lloyd
   e) von Zatorski, Norddeutscher Lloyd
6. Meteorologisch-nautisches Gutachten »Zum Untergang der *Pamir*« von Kapitän Schmidt, (damals) Lehrer an der Seefahrtschule Hamburg, erstattet für die Stiftung *Pamir* und *Passat*
7. Stabilitätsgutachten von und Gespräche mit dem Stabilitätssachverständigen Doktor Hebecker.
8. Anträge der Stiftung *Pamir* und *Passat* (Eigner *Pamir*) und der Reederei Zerssen & Co. (Korrespondentreeder der *Pamir*) an das Seeamt auf Zulassung einer Verteidigung vom 3. Dezember 1957
9. Ablehnungsspruch des Seeamtes vom 28. Dezember 1957
10. Beschwerde gegen diesen Spruch vom 2. Januar 1958
11. Ablehnungsspruch des Bundesoberseeamtes vom 6. Januar 1958
12. Berufung gegen den Spruch des Seeamtes seitens der Witwe des Kapitäns Diebitsch, der Stifung *Pamir* und *Passat* und der Reederei Zerssen & Co. vom 3. Februar 1958

13. Ablehnungsspruch des Seeamtes vom 30. Juni 1958
14. Sofortige Beschwerde mit Berufung vom 8. Juli 1958
15. Begründung der Berufung vom 30. September 1958
16. Zurückweisung der Sofortigen Beschwerde (und Berufung) durch das Bundesoberseeamt am 12. Januar 1959
17. Gespräch mit dem (damaligen) Präsidenten des Bundesoberseeamtes am 10. Dezember 1958.
18. Stellungnahmen der Kapitäne Eggers (*Pamir*) vom 7. März 1958 und Grubbe (*Passat*) vom 6. Februar 1958 zur Frage des Ladungsüberganges
19. Gespräche mit folgenden Kapitänen
    a) Dominik, (damaliger) Inspektor der Korrespondentreederei Zerssen & Co., zuständig für die *Pamir*
    b) Eggers, (damaliger) Stammkapitän der *Pamir*
    c) Greiff, (Deutscher Schulschiff-Verein) und (ehemaliger) Stammkapitän der *Pamir*
    d) Grubbe, (damaliger) Stammkapitän der *Passat*
    e) Lomnitz, (damaliger) nautischer Inspektor des Norddeutschen Lloyd
20. Gespräche mit Doktor Wachs, (damals) Vorsitzender der Stiftung *Pamir* und *Passat* und Vorstandsvorsitzender der HAPAG AG, Hamburg
21. Gespräche mit Herrn Schuldt, Teilhaber der Reederei H. Schuldt, Hamburg, und Generalbevollmächtigter der Reederei Zerssen & Co.
22. Gespräche mit dem (damaligen) Vorsitzenden des Seeamtes
23. Schreiben zur Person von Kapitän Diebitsch:
    a) Kapitän Bauer (dreizehn Jahre, davon neun Jahre Kapitän auf dem Segelschulschiff *Schulschiff Deutschland*) vom 25. Februar 1958
    b) Rechtsanwalt Dersch vom 1. Januar 1958
    c) Marsil Graf Geldern-Egmond (Kadett und Offizier auf Segelschiffen unter Kapitän Diebitsch) vom 2. Januar 1958
    d) Kapitän Flörcken (Cap Hornier, »Fahrensmann« mit Kapitän Diebitsch) vom 3. Dezember 1957
24. Presse-, Rundfunk- und Fernsehberichte im Zusammenhang mit der Seeamtsverhandlung
25. Jochen Brennecke, Karl-Otto Dummer: »Viermastbark *Pamir*, ihr Schicksal im Zentrum der Hurrikans ›Carrie‹«, Koehlers Verlagsgesellschaft mbH, Herford, 1986
26. Schreiben Kapitän Dominik vom 24. August 1990
27. Notiz Kapitän Dominik vom 21. Dezember 1957